VULTOS DA REPÚBLICA

Coleção Jornalismo Literário — Coordenação de Matinas Suzuki Jr.

A sangue frio, Truman Capote
Berlim, Joseph Roth
Chico Mendes: Crime e castigo, Zuenir Ventura
Dentro da floresta, David Remnick
Esqueleto na Lagoa Verde, Antonio Callado
Fama e anonimato, Gay Talese
A feijoada que derrubou o governo, Joel Silveira
Filme, Lillian Ross
Hiroshima, John Hersey
O imperador, Ryszard Kapuscinski
O livro das vidas, org. Matinas Suzuki Jr.
O livro dos insultos de H. L. Mencken, seleção, tradução e posfácio de Ruy Castro
A milésima segunda noite da avenida Paulista, Joel Silveira
Na pior em Paris e Londres, George Orwell
Radical Chique e o Novo Jornalismo, Tom Wolfe
O segredo de Joe Gould, Joseph Mitchell
Stasilândia, Anna Funder
O super-homem vai ao supermercado, Norman Mailer
A vida como performance, Kenneth Tynan
Vida de escritor, Gay Talese
A vida secreta da guerra, Peter Beaumont
Vultos da República, revista *piauí*

FSC
www.fsc.org
MISTO
Papel produzido a partir de fontes responsáveis
FSC® C019498

A marca FSC é a garantia de que a madeira utilizada na fabricação do papel deste livro provém de florestas que foram gerenciadas de maneira ambientalmente correta, socialmente justa e economicamente viável, além de outras fontes de origem controlada.

Vultos da República

Os melhores perfis políticos da revista piauí

JORNALISMO LITERÁRIO
COMPANHIA DAS LETRAS

Grafia atualizada segundo o Acordo Ortográfico da Língua Portuguesa de 1990, que entrou em vigor no Brasil em 2009.

Capa
João Baptista da Costa Aguiar

Revisão
Isabel Jorge Cury
Marise Leal

Dados Internacionais de Catalogação na Publicação (CIP)
(Câmara Brasileira do Livro, SP, Brasil)

Vultos da República : os melhores perfis políticos da Revista Piauí. — São Paulo : Companhia das Letras, 2010.

Vários autores.
ISBN 978-85-359-1702-4

1. Brasil – Política e governo 2. Jornalismo 3. Políticos – Brasil 4. revista *piauí*.

10-05843 CDD-324.2092

Índice para catálogo sistemático:
1. Políticos : Brasil : Ciência política 324.2092

[2010]

EDITORA SCHWARCZ LTDA.
Rua Bandeira Paulista, 702, cj. 32
04532-002 — São Paulo — SP
Telefone (11) 3707-3500
Fax (11) 3707-3501
www.companhiadasletras.com.br

Sumário

Orlando Brito/ Obritonews 2008

Francenildo dos Santos Costa

J. R. Duran 2007

José Dirceu

Arquivo pessoal/ Marcela Bastos

Márcio Thomaz Bastos

O andarilho: Fernando Henrique Cardoso

João Moreira Salles

Plim! Fernando Henrique Cardoso girou a cadeira e se aproximou do computador: "Vejamos se é algo importante". Não era. Ao término de sua temporada anual na Universidade Brown, no minúsculo estado de Rhode Island, ao norte de Nova York, as mensagens que chegavam pelo correio eletrônico eram todas meio sem graça: questões administrativas, pedidos de alunos para agendamentos de última hora. O ex-presidente pelejava por mudar o horário de seu voo para Little Rock, a capital do Arkansas, onde teria de estar dentro de dois dias. Fernando Henrique se via às voltas com o mundo bizantino dos e-tickets e suas infinitas alternativas. "Estou mal-acostumado, as pessoas tomam conta de mim. No Brasil, são praticamente babás", resignava-se, arrastando sem muita desenvoltura o mouse.

Era um tedioso dia de inverno, com largos intervalos de inatividade. Ainda assim, sua agenda indicava quatro compromissos: entrevista a um jornal da Flórida, duas conversas com alunos e jantar com o embaixador chinês nos Estados Unidos. FHC e os EUA não formam uma parceria ideal. A América, para ele, é como a madrinha excêntrica, que provê — convive-se com ela mais por necessidade que por gosto. Naquele dia, o ex-presidente se queixava dos hábitos alimentares de seus anfitriões: "Essa coisa de comer com as mãos, eu não sei fazer isso. E eles gostam de conversar enquanto comem sanduíche. Eu digo não: ou eu falo, ou eu como".

Às onze em ponto, três pessoas entraram na sala. Não que ele soubesse do que se tratava. Seu *modus operandi* é simples: as pessoas ligam, ele marca e seja o que Deus quiser. Atende a todos com inegável paciência. "Sou professor *at large*, o que significa que posso fazer o que eu quiser". Ele se levantou abotoando o paletó azul-marinho. Havia trazido dois ternos para a temporada americana — o outro, de risca de giz —, comprados por quatrocentos dólares cada na liquidação da loja de departamentos Sacks Fifth Avenue ("Ótimo negócio", congratulou-se). "É uma entrevista?", perguntou ao ver um gravador. A jornalista se apresentou: Jane Bussey, do *Miami Herald*. "Ela já ganhou um Pulitzer", acrescentou a moça que a acompanhava, meio a troco de nada. "Ah", FHC sorriu educadamente.

Durante a próxima meia hora, respondeu com entusiasmo a perguntas triviais, dando à jornalista a impressão de que suas perguntas eram melhores do que pareciam. Comunica-se com facilidade, apesar dos esbarrões no idioma. Ainda segue — e não abdicou de influenciar — a política no Brasil, mas longe do país suas preocupações são outras. América Latina, poder do sistema financeiro internacional e destino da democracia estão entre elas. Quando a jornalista chegou ao tema Hugo Chávez, FHC reagiu: "Vocês perguntam sobre a democracia na América Latina, mas a questão maior é o que acontecerá com a democracia americana. Marx e Tocqueville eram fascinados pela democracia de vocês, pela participação das pessoas na vida pública. Hoje estranhariam muito. Há uma grande mudança em curso. A força do sistema financeiro é tão grande, que acaba por transformar a essência do sistema.

Como as corporações se integrarão a essa democracia?". Ele havia lido no *Wall Street Journal* daquele dia uma notícia que o impressionara: um grupo de investidores tentava tomar o controle acionário do *New York Times* das mãos da família Sulzberger, proprietária do jornal há mais de setenta anos. "É um perigo", reclamou com a jornalista, que já guardava o gravador e agradecia.

Em tempos de rebuliço político na América Latina, pedem-lhe cada vez mais que opine sobre Chávez. Lula deixou de ter graça nas universidades americanas. "Ele perdeu pontos quando decidiu ser sensato. A sensatez não apaixona. Lula não quebra, Chávez quebra. Esse pessoal de esquerda gosta dos nietzschianos. Lula é cartesiano — a seu modo, pelo menos. Está sempre do lado do senso comum."

Plim! "Vejamos", disse, virando-se de novo na cadeira. Era a confirmação de que o voo para Little Rock havia sido remarcado. Percebeu que teria de acordar às cinco e meia da manhã, o que de imediato o fez voltar aos desencontros com os Estados Unidos. "Ainda bem que aqui eu durmo cedo", disse. "No clube em que fico hospedado, o jantar é servido das dezessete às vinte horas. Mas me disseram que, se for muito necessário, podem fazer uma concessão." Permitem-lhe jantar depois das 8? "Não", esclarece com desalento. "Antes das cinco."

Ao meio-dia, um rapaz apareceu na porta. De esguelha, FHC deu uma espiada na agenda. Daniel Ferrante, paulista, trinta anos, desde 2000 nos Estados Unidos, doutor em física por Brown e agora aluno do pós-doutorado. Tinha hora marcada. "Como posso te ajudar?", perguntou o ex-presidente, indicando-lhe a mesa redonda. Ferrante se ajeitou na cadeira e, em voz baixa, disse: "Presidente, eu quero voltar. Então a minha pergunta é: existe um projeto de nação no Brasil?".

Fernando Henrique está instalado na sala 218 da Rhodes Suite, no Thomas J. Watson Jr. Institute for International Studies.

É uma sala confortável e impessoal: bancada para o computador, mesa redonda para reuniões, duas fileiras de estantes repletas de *journals* de estudos latino-americanos, dezenas de exemplares do mesmo número. FHC guarda seus livros, não mais de vinte, na prateleira sobre o computador, ao alcance da mão. Uma grande janela dá para a rua. Brown significa honorários. "Quando deixei a Presidência, fiquei assustado e me perguntei: como vou sobreviver?"

Alguns meses antes de terminar o segundo mandato, Fernando Henrique convidou um grupo de empresários para jantar no Alvorada, explicou-lhes que pensava criar uma fundação nos moldes das bibliotecas presidenciais americanas — conservaria ali toda a sua documentação presidencial e promoveria palestras e debates sobre o futuro do país — e pediu contribuições. Do encontro nasceu o Instituto Fernando Henrique Cardoso, com dotação inicial de 7 milhões de reais, sua base de operações no Brasil.

Fora do país, o ex-presidente firmou um contrato de cinco anos com a Universidade Brown. "Eles me pagam um dinheirão, setenta mil dólares por ano, com a obrigação de eu passar no mínimo quatro semanas aqui. Tirando os impostos, dá uns cinco mil por mês. Faz as contas, é muito bom. Antes recebi um convite de Harvard, não aceitei. Brown me pagava o dobro. A Ruth ficou indignada: 'Mas é Harvard!'. Eu disse: 'Ruth, a esta altura do campeonato, eu não preciso de glórias. Preciso é de dinheiro'. Nem sabia que dava pra ganhar esse dinheirão todo com uma palestra só. Fiquei cliente do Harry Walker, o mesmo agente do Clinton. Em média, me oferecem quarenta mil dólares; ele fica com vinte por cento. Minha vantagem é que eu me viro em quatro línguas, três delas muito bem. Em Praga, uma vez, como nós éramos um grupo de palestrantes, não cheguei a falar nem vinte minutos — pagaram sessenta mil dólares. O Clinton chega a ganhar cento e cinquenta mil."

Fernando Henrique está à vontade no mundo. Itamar Franco não se deu bem em Roma e voltou para Juiz de Fora. José Sarney foi até o Amapá para poder retornar ao Senado. Collor passou anos em Miami, voltou a Maceió e agora está de novo em Brasília. Com FHC, há sempre a suspeita de que suas afinidades eletivas estejam mais ligadas a Paris ou Madri que a São Paulo ou Goiânia. Fora do país, ele tem prestígio em círculos acadêmicos e entre ex-governantes. No Brasil, tem influência, mas não poder. Segundo ele, o poder se mede pela quantidade de votos futuros e, por essa conta, seu cacife é nenhum. "Meu tempo passou. Queriam que eu concorresse ao governo de São Paulo. Eu disse: aí eu ganho e no dia seguinte tem rebelião em presídio e prefeito querendo encontro. O Senado é igual. Aquela convivência é muito desinteressante. Chega." Fala com convicção, parece sincero: depois de trocar ideias com Chirac e Clinton, deve ser meio desanimadora a perspectiva de puxar conversa com Epitácio Cafeteira.

Por que, então, não se estabelecer no exterior? "Ainda me interesso pelo Brasil. É uma espécie de disciplina intelectual. Vivo bem em qualquer lugar, mas essa coisa de ser brasileiro é quase uma obrigação." A palavra é forte. Significa, na lógica de FHC, comprometer-se com um país que continuará a ser medíocre: "Que ninguém se engane: o Brasil é isso mesmo que está aí. A saúde melhorou, a educação também e aos poucos a infraestrutura se acertará. Mas não vai haver espetáculo do crescimento algum, nada que se compare ao da Índia ou ao da China. Continuaremos nessa falta de entusiasmo, nesse desânimo".

"Qual é a tua área?", pergunta a Daniel Ferrante. "Física teórica, partículas elementares, altas energias..." "Mas isso está muito fora de moda!", interrompe-o o ex-presidente: "Houve um avanço tremendo no campo da física de partículas, mas faz tempo". Imediatamente dá meia-volta: "Eu não entendo de física, mas fui vizinho do Mario Schenberg". Se a conversa fosse um jogo de xadrez, esse primeiro lance levaria o nome de *abertura FHC*: primeiro movimento, impressionar o interlocutor; segundo movimento, desarmar-se em seguida, quando a primeira impressão já está sedimentada. Ferrante sorriu: "É verdade, no momento a minha área não é a mais popular". O ex-presidente se acomodou na cadeira e passou a responder. Falou sem nenhuma pompa. (Ferrante descreveria o encontro como uma "conversa de cozinha" que lhe trouxe "a sensação de paz interior".)

"Um projeto de nação...", FHC começou. "A pergunta pressupõe que exista um centro decisório, alguém que planeja. Não há mais. O Brasil é um dos últimos países a ter Ministério do Planejamento; na América Latina, acabaram todos. É um dos efeitos do neoliberalismo. Dito isso, acho que tem lugar para você lá. Agora, você vai ganhar pouco..."

Não é o que inquieta Ferrante: "Emprego eu consigo", diz o rapaz. "O senhor me perdoa, mas existe o projeto da UniLula, em São Bernardo, eu podia ir pra lá. E sei que vou ganhar pouco. Minha pergunta é outra: existe curiosidade no Brasil? Existe desejo de ciência?". Ele hesita antes de completar: "É que eu sinto essa obrigação de devolver. Minha ideia é criar um fórum de discussão na internet, uma rede de divulgação científica para a comunidade lusófona. Quero tornar o conhecimento acessível a mais gente. É possível, ou eu vou morrer na praia?".

"Não precisa morrer na praia, não. Mas repito: falta centro." Fernando Henrique se aproxima de um dos temas que mais o têm ocupado, o da desintegração nacional: "Quais são as instituições que dão coesão a uma sociedade? Família, religião, partidos, escola. No Brasil, tudo isso fracassou. Na América Latina, em certos lugares, cinquenta por cento das crianças não têm pai, a família se dissolveu. A religião preponderante é a católica, que vive uma crise danada depois que decidiu se lançar na política. As igrejas pentecostais são a própria expressão da fragmentação. Os partidos fracassaram. O último deles foi o PT, que cumpria um papel importante como aglutinador de entusiasmo. No meu governo, universalizamos o acesso à escola, mas pra quê? O que se ensina ali é um desastre. A única coisa que organiza o Brasil hoje é o mercado, e isso é dramático. O neoliberalismo venceu. Ao contrário do que pensam, contra a minha vontade".

Meses antes, o ex-presidente já abordara o tema: "Em que momento nos sentimos uma coisa só, uma nação? Talvez só no futebol. O Carnaval é uma celebração. A parada de 7 de Setembro é uma palhaçada. Quem se sente irmanado no Brasil? O Exército, e talvez só ele. Os americanos têm os seus *founding fathers*. Pode ser uma bobagem, mas organiza a sociedade. A França tem os ideais da Revolução. O Brasil não tem nada. Eu disse para os homens de imaginação, para o Nizan Guanaes: olha, a imaginação do povo é igual à estrutura do mito do Lévi-Strauss, ou seja, é binária: existem o bem e o mal. Eu fui eleito presidente da República porque fiz o bem — no caso, o Real. O Real já está aí, eu disse. Chega uma hora em que a força dele acaba. O que vamos oferecer no lugar? Ninguém soube me dar essa resposta. Eu também não soube encontrá-la". E, oscilando entre Lévi-Strauss e Nizan Guanaes, Fernando Henrique encerrou o assunto.

Daniel Ferrante agradeceu a conversa, embora tivesse saído da sala sem uma resposta clara. Meses depois, cumprindo seu plano original, estendeu a temporada nos Estados Unidos por mais um ano. Ainda não sabe quando volta para o Brasil e o que o espera aqui.

Providence, uma cidade pequena, ostenta como sua maior façanha gastronômica o recorde de lojas de *donuts* dos Estados Unidos. Fernando Henrique costuma almoçar nas ruas adjacentes ao campus. Ao sair do Watson Institute, caminha dois quarteirões e entra no restaurante Spice, tailandês. O cardápio traz fotografias dos pratos, todos a menos de dez dólares. "Aqui pelo menos eu como um arrozinho com frango que lembra um pouco a comida do Brasil", disse ao pedir.

Fernando Collor fizera dias antes seu primeiro discurso no Senado. Durante mais de três horas, comparara seu calvário ao de d. Pedro I, d. Pedro II, Getulio Vargas e João Goulart, classificando de "grande farsa" o processo que o tirara da Presidência. Os parlamentares, quase sem exceção, se solidarizaram com o senador, Tasso Jereissati entre eles. A reação impressionou Fernando Henrique. "Li que o Collor nem sequer pagou os impostos sobre as sobras de campanha. Embolsou e pronto. Como pode? O pessoal do meu partido diz que o que ele fez é menos grave que os escândalos do PT. E isso lá é desculpa? O problema do Brasil não é nem o esfacelamento do Estado. É algo anterior: é a falta de cultura cívica. De respeito à lei. Sem isso, como fazer uma nação?", pergunta, acabrunhado.

FHC volta a pé pelas alamedas do campus. Cruza com Richard Snyder, professor de sociologia. Snyder pergunta se no dia seguinte ele poderia conversar com seus alunos. "Qual o assunto?", quis saber o ex-presidente. "Liderança na América Latina. A sua experiência", responde o professor. "Ah! Se é pra falar de mim mesmo, então é fácil." E com um sorriso: "É uma das coisas que mais gosto de fazer".

Uma aluna o aguardava na porta da sala 218. FHC, como de hábito, não sabia do que se tratava. A garota, estudante de relações internacionais, havia marcado uma entrevista para o jornalzinho da faculdade e trazia um exemplar de *The Accidental President of Brazil*, as memórias de FHC, cheia de *post-its* espetados. O autor sorriu, garboso. As perguntas, quase colegiais — Por que o senhor publicou este livro? Qual foi a reação do público? O senhor escreve como ex-presidente ou como sociólogo? —, novamente receberam respostas elaboradas. A cada uma delas, a garota exclamava "Oh, thank you!". Ao explicar a recepção do público à obra, FHC não resistiu: "Na Amazon, os leitores avaliam os livros por um sistema de estrelinhas. My book is full of stars". "Oh, thank you!"

Presidencial, de terno escuro e sobretudo azul-marinho pesado, às duas da tarde do dia seguinte Fernando Henrique atravessa o campus ao lado do professor Snyder. Tem as mãos enfiadas nos bolsos. "Odeio frio", murmura. Faz quatro graus. Logo antes de alcançarem o prédio, Snyder informa: "O curso se chama 'Desenvolvimento, mercados e Estados'". Lutando com os cabelos que uma rajada de vento tornara selvagens, FHC comenta: "Mercados e Estados? É um diálogo de surdos". Na sala de aula, apertada, há cerca de cem estudantes. Um deles veio cochichar no ouvido do professor: "A gente vai ter que sair mais cedo pra protestar contra a presença do embaixador chinês". Snyder suspira. Leva o convidado até uma cadeira espremida entre a primeira fila e o quadro-negro, pede silêncio e faz uma breve apresentação do palestrante, "um dos grandes teóricos do desenvolvimento". FHC se levanta.

Abertura FHC II, a estratégia da autoesculhambação: "Quero corrigir o professor de vocês. Não é verdade que estudo a questão do desenvolvimento há quarenta anos. Estudo há cinquenta". Funciona, em parte. Ouvem-se risadinhas. Toca um celular, alguém boceja, uma menina abre o caderno e, de caneta em punho, se prepara para anotar.

FHC fará uma recapitulação do conceito de desenvolvimento, da década de 1960 até o presente. "Nosso trabalho era uma crítica ao capitalismo. Falávamos em dependência, em subdesenvolvimento, nunca em países *em desenvolvimento*, porque os países centrais não desejavam o desenvolvimento dos periféricos." Didaticamente, explicita a pergunta que dominou sua carreira de sociólogo: "Como se desenvolver nesse quadro?". Os modelos da época vislumbravam uma só alternativa: ruptura e revolução. Explica que sua contribuição foi "introduzir complexidade" na teoria. Países de economia mais diversificada, como o Brasil, seriam capazes de se desenvolverem com capitais externos. A posição teórica de Fernando Henrique afastou-o da opção revolucionária. O livro que escreveu com o sociólogo chileno Enzo Faletto, *Dependência e desenvolvimento na América Latina*, até hoje sua obra mais importante, abriu caminho para uma reforma do sistema, dentro do sistema. Sessenta minutos depois, usará na conclusão o que lhe restou do marxismo: "É preciso ter consciência de que todos os processos são históricos e, portanto, passíveis de mudanças. Ao mesmo tempo, é preciso saber que as estruturas são resistentes e limitam as alternativas. Quando mudei da academia para a política, sabia o que podia ou não fazer. Não sei se isso é bom. Conhecer de antemão as consequências e as limitações pode ser frustrante". Certamente, não permite pensar o impensável, ou, para usar um termo dele, não permite "quebrar". "A lucidez é um estorvo", declarou.

O grupo de alunos que vai protestar deixa a sala. Os que ficam fazem perguntas. Uma menina levanta a mão: "Qual a diferença entre ser ministro da Fazenda e chanceler?". Ele não hesita: "O Brasil não tem guerras, não tem inimigos. É uma beleza ser chanceler. Nosso adversário era a inflação, e foi onde me jogaram, na Fazenda: é o pior emprego do mundo".

No final da aula, já fora do prédio, cinco alunos o rodeiam. Apesar do frio, um rapaz ruivo e sardento está de sandália de dedo, camisa havaiana e uma toalha molhada em torno do pescoço. FHC, tentando domar os cabelos, se vira à esquerda e à direita para atender à diminuta plateia. Não podia estar mais feliz. "Eles gostam muito disso", comenta minutos depois, a caminho da palestra do embaixador chinês. Para entrar no auditório, é preciso atravessar um corredor polonês de jovens que protestam. Entregam-lhe um panfleto que proclama: "Genocídio em Darfur — A

China é cúmplice". Ele sorri: "Como eu ia dizendo, é bom ser brasileiro: ninguém dá bola".

No pequeno e tumultuado aeroporto de Providence, a fila no balcão da US Air se espichava em zigue-zague até o meio do saguão. Passava um pouco das sete da manhã. De terno, carregando na mão uma pasta e o sobretudo, o ex-presidente ia empurrando uma mala espantosamente vermelha. "As malas têm de ser berrantes, senão levam a sua sem querer." Seu bilhete para Little Rock, com escala em Chicago, estava marcado para as 8h24. Quinze minutos depois, a fila não avançara um passo. FHC decide assuntar.

Descobrindo que o voo seria operado pela Delta Airlines, cruzou o saguão até o balcão da companhia. Não havia filas. Entregou o passaporte e a passagem e pôs a mala na balança: 28 quilos, oito a mais do que lhe dava direito a classe econômica. Vem a conta: cinquenta dólares. "*Expensive, no*?" Abre a carteira. Na esperança de um desconto, tenta passar uma conversa: "Estou aqui há um mês, sou professor, são meus livros...". Nada. Paga resmungando e, a pedido da funcionária, arrasta a mala até a esteira dos raios X. Na fila da segurança, tira os sapatos, põe o casaco na bandeja, os sapatos, a pasta. "Não, não tenho laptop", responde ao agente. Passa pelo detector de metais, recupera os sapatos, senta-se para calçá-los. Não há porte presidencial que resista.

"Eu podia pedir o acompanhamento do Secret Service" — privilégio pessoal, não necessariamente extensivo a todos os ex-chefes de Estado —, "o que evita essas filas, isso de tirar o sapato, mas aí os americanos sabem que estou aqui e vira uma chatice. Sou obrigado a ir a recepção, a jantar. Prefiro sozinho. Além do mais, não acho que minha honra ou a do Brasil caiam por terra abaixo quando tiro os sapatos..." Como não havia tido tempo de tomar café e o painel avisava que o voo atrasaria, FHC entra numa lanchonete T.G.I. Friday's. Corre os olhos pelo cardápio gorduroso e, desanimado, encomenda um misto-quente. Entre goles de um café hediondo, relembra alguns dos homens que conheceu no poder.

"Tenho horror ao Bush, horror pessoal." Tiveram o primeiro encontro na Casa Branca. "O Bush se gabou de que seria conhecido como o maior poluidor do planeta. 'Vou abrir o Alasca para o petróleo. Podem reclamar, mas o mundo precisa que os Estados Unidos sejam fortes.' O incrível é que ainda assim consegue ser um homem simpático, desses que dão soquinho no ombro da gente. Mas não sabe nada. Uma hora, falei da nossa diversidade racial, os espanhóis, portugueses, japoneses... Ele perguntou: '*And do you have blacks*?'. A Condoleezza deu um pulo: 'Senhor presidente, o Brasil tem a maior população de negros fora da África!'. Ele não sabe nada", recorda com desapreço.

Bill Clinton, Nelson Mandela e Felipe González são os três líderes que FHC mais admira. "O González e o Clinton são assim: quando entram na sala, todos se viram. São naturalmente maiores. Agora, o Mandela é a força moral. Até o Clinton se sente humilde quando se aproxima dele." Com Chirac, se dá muito bem. São ambos hedonistas, antipuritanos. Putin é outra coisa, um obcecado pela força: "Vai reconstruir a Rússia. É um autocrata que foi subestimado no início. Eu teria medo do Putin".

O avião decola com uma hora de atraso. FHC tenta cochilar, mas está num assento de corredor e é acordado duas vezes — a primeira, pelo passageiro da janela; a segunda, pelo do meio.

Com 76 milhões de passageiros por ano, o Aeroporto O'Hare, em Chicago, é o mais movimentado dos Estados Unidos. Ao desembarcar no terminal A, Fernando Henrique é informado de que a conexão para Little Rock partirá do terminal C, dali a dezoito minutos. Para ir de um a outro, cruza-se por salões e corredores abarrotados. Tomam-se passagens subterrâneas. Escadas rolantes. Esteiras. Alças de conexão. Há gente por todo lado — dormindo, comendo, comprando, correndo, bocejando, gritando, espirrando, digitando. "Que venha a depressão", murmura Fernando Henrique, olhando o relógio e apertando o passo.

A placa indica que é por ali. Depois, que é por ali. Logo adiante, aparecem duas setas — em desacordo. Entra-se por um corredor, volta-se atrás. Às 11h27, o ex-presidente alcança enfim o portão C-18. Aproxima-se num quase trote, braço esticado, passagem e passaporte em riste. A funcionária balança a cabeça. O voo das 11h25 fora encerrado havia alguns minutos. Fernando Henrique olha pelo vidro. O avião está ali, à vista, inatingível. "E a minha mala, que foi etiquetada para esse voo?", pergunta serenamente. "Deve seguir no próximo avião para Little Rock", responde a funcionária, sem tirar os olhos dos cartões de embarque dos que *não* perderam o voo. "E quando sai o próximo?", continua o ex-presidente, imune ao desinteresse da moça. Com um suspiro eloquente, ela deixa os cartões de lado e analisa o monitor: "Dentro de três horas. Mas é preciso ver se não está lotado".

Na melhor das hipóteses, ele chegará para a palestra com folga de apenas uma hora e meia. Saca um celular da pasta — é a primeira e última vez que será visto com o aparelho nas próximas duas semanas — e tenta falar com Brown, para que o ajudem a avisar seus anfitriões sobre a conexão perdida. O telefone não funciona (ou ele não sabe operá-lo). Desiste, mas consegue remanejar a passagem. Como Inês é morta, decide investigar o cardápio de um restaurante italiano que descobre entre dois portões. Escolhe, e come sem pestanejar, um duvidoso fettuccine Alfredo, acompanhado de Coca light.

Serão quase duas horas de Chicago a Little Rock. Apertado num avião regional fabricado por canadenses — "canadenses miudinhos", segundo a comissária de bordo —, Fernando Henrique retoma a narrativa de seu trajeto político e intelectual. Ele pertence a uma geração que teve a ambição de mudar a história. Ao chegar ao poder, constatou que as possibilidades de transformação eram limitadas; acertadamente ou não, julgou que inexistiam alternativas. Levou adiante seu projeto de governo com convicção pragmática, mas sem adesão ideológica — é o que se infere. "Fiz o que fiz *faute de mieux*", afirma. "Lamento não ter podido contar com melhores instrumentos. Imagine, eu ser confundido com a ideia de Estado mínimo..."

Esse é seu drama. Quando está entre alunos e professores, gasta boa parte do tempo defendendo-se da tese de que sua agenda e seu legado pertencem ao ideário neoliberal. É enfático: "Acontece que nunca fui um idealista, no sentido de utópico. Sou um realista, sei até onde é possível ir. Há um momento em que a realidade se impõe. Sou um pragmático, no sentido americano. Diante do Estado inepto e da prevalência da burguesia estatal, privatizar era o jeito". Tenta explicar: "Batizaram de Consenso de Washington a constatação de que o Estado estava falido e de que não se pode gastar o que não se tem; se tivessem batizado de Consenso de La Paz, não teria havido problema".

Por trás da retórica do pragmatismo, detecta-se uma lassidão. No *18 Brumário* — um dos três livros que FHC recomenda ao leitor no prefácio das suas memórias —, Marx fala em "verdades sem paixões" e "história sem acontecimento". O sentimento é semelhante.

O avião estava prestes a aterrissar em Little Rock. FHC espiou pela janela. "Parece o Mato Grosso...", disse, com um muxoxo. Não soou a elogio. No embarque, esperavam-no dois funcionários da Biblioteca Clinton e a argelina Danielle Ardaillon, sua assistente por anos, uma mulher bonita, de rosto anguloso, que viera a Little Rock apenas para a ocasião. Há um outro brasileiro na chegada. Também estava viajando havia mais de dez horas. Reparava agora, aflito, que às cinco da manhã, zonzo de sono, vestira paletó e calça de ternos diferentes e que não daria tempo de passar no hotel para trocar de roupa. "Sem problema", tranquilizou-o Fernando Henrique, "do Brasil eles esperam tudo."

Com 200 mil habitantes, Little Rock está para Bill Clinton como a torre Eiffel está para Paris. Na Clinton Avenue, pode-se entrar na Clinton Store e comprar bonecos Clinton que tocam sax, pequenos Clintons falantes (21 frases memoráveis do ex-presidente), camisetas e gravatas com seu rosto, livros de culinária com suas receitas prediletas. Ainda que o Arkansas seja a sede da Walmart, a maior rede de varejo do mundo, Clinton é uma indústria de peso para o estado. O William J. Clinton Presidential Center domina a cidade. Inaugurado em 2004 a um custo de 165 milhões de dólares, reúne a biblioteca presidencial, escritórios administrativos e a Clinton School of Public Service, que oferece o único mestrado em serviço público do país.

A agenda de FHC lembra as excursões que fazem doze países em sete dias. Cada hora é minuciosamente ocupada. Das 16h30 às 17h30, levam-no a uma recepção no amplo apartamento pessoal de Clinton, no último andar da biblioteca, com vista infinita para a cidade, o rio e a planície. Clinton não está presente. Há políticos e empresários locais, gente da sociedade. Umas cem pessoas se espalham pelos cômodos. Todas sorriem institucionalmente. Um pianista negro toca "Garota de Ipanema". Em estantes repletas de livros meticulosamente arrumados, nota-se um ecletismo incapaz de refletir os interesses de um só leitor: madre Teresa de Calcutá ao lado de Naipaul, Edna O'Brien junto a tratados sobre protestantismo americano. A ideia de vigor e juventude, tão cara à imagem rock-and-roll que Clinton fez questão de projetar, se traduz em quadros de inspiração expressionista cujo tema quase invariável é o ex-presidente e seu sax; certos traços, elétricos, parecem ter sido feitos por um gato que, sem sucesso, tentou se agarrar à tela. Fernando Henrique é levado ao quarto dos Clinton: visita o guarda-roupa deles, o banheiro. Com rigor prussiano, o apartamento se esvazia às 17h25.

Os próximos quinze minutos determinam uma visita à biblioteca presidencial. O anfitrião é Mack McLarty, um homem de 61 anos, baixo, impecavelmente educado e de mãos muito pequenas. Amigo de infância de Clinton, foi chefe de sua Casa Civil. O roteiro é compacto: réplica em tamanho natural do Salão Oval, arquivos com a documentação presidencial e, por fim, num golpe de coreografia perfeita, um grande painel intitulado "Comunidade global", com imensas fotografias dos doze líderes de que Bill Clinton se sentiu mais próximo. Entre eles, dois ex-presos políticos (o checo Vaclav Havel e o sul-africano Nelson Mandela), um ditador (o chinês Jian Zemin), um rei (Hussein, da Jordânia, que contribuiu para a construção da biblioteca) e Fernando Henrique, que sorri, envaidecido.

Das 17h45 às 18h, descanso. FHC é levado a um quartinho com duas poltronas e um sofá curto. Tira a almofada da poltrona, ajeita-a na cabeceira do sofá, deita-se. Vira-se de lado e encolhe as pernas — a posição fetal é a única viável. Pede que apaguem a luz.

Às 18h10, McLarty apresenta "o mais bem-sucedido presidente da história do Brasil". Da soleira do grande salão, o homenageado ouve as palavras que costumam acompanhar discursos sobre o país: *Amazon*, *The girl from Ipanema* e, novidade recente, *ethanol*. Na plateia, aguardam-no cerca de trezentas pessoas, entre as quais o prefeito, o vice-governador, empresários e senhoras da sociedade local, além dos 21 alunos da Clinton School. O convidado está cansado, pede desculpas — gostaria de falar de improviso, mas estava viajando havia quase treze horas. Começa a ler sua palestra, "Desafio à democracia na América Latina". Falta ao Brasil "a convicção profunda de que a lei conta", dirá. Uma hora depois, encerra a conferência com um floreio retórico: "Hoje, só o mercado produz coesão. Mas o mercado é bom para produzir lucros, não valores".

É aplaudido de pé, e pelos vinte minutos seguintes autografará uma pilha de *The Accidental President of Brazil*, além de posar para dezenas de fotos. Sorri em todas, mas desiste de arrumar o cabelo, que a essa altura adquiriu vida própria. Consulta a agenda numa brecha: das 19h30 às 21h, jantar na casa de McLarty.

Às 21h30, quinze horas depois de sair do seu quarto em Providence, FHC é deixado na porta do hotel. Faz seu próprio *check-in*.

Sapatos, casaco, pasta, raios X: às 8h45, estava a postos para o voo Delta com destino a Atlanta, com conexão às 15 horas para Raleigh Durham, na Carolina do Norte. Desta vez, bilhete de executiva. O avião pousou às 11 horas em Atlanta, sem atrasos, o que significaria quatro horas de espera. Fernando Henrique buscou uma área tranquila para rever seus papéis e fazer emendas na conferência programada para dali a dois dias, na Universidade da Carolina do Norte, em Chapel Hill. Sentou-se ao lado de uma senhora que folheava a revista *People* e chupava um picolé. Meia hora depois atinou que, se era executiva, então dava direito à sala VIP. "E eu sofrendo no meio do povo à toa", deduz, recolhendo seus papéis à pasta.

Às 13h30, sai em busca de um restaurante, sempre espantado com a quantidade de gente, com a obesidade generalizada, e com o excesso de tudo. Ao avistar dois assentos vazios no balcão de um bar, instala-se antes que sejam ocupados. Acima de sua cabeça, há três tevês ligadas em três canais diferentes, um deles de rap. "Este é um país muito barulhento", constata, quase gritando para ser ouvido. Sua salada Caesar lhe chega direto da geladeira, envolta em celofane. Ele ajuda com Coca light.

Anima-se com o compromisso em Chapel Hill, onde estará em um de seus ambientes naturais. Suas reminiscências se dividem entre a vida acadêmica — que trata com seriedade — e a vida política — de que gosta, embora tente disfarçar com doses de ironia.

"O melhor professor que tive no Brasil foi o Antonio Candido. As aulas, impecáveis, começavam e terminavam no horário, sem um minuto a mais ou a menos. Um raciocínio límpido, extraordinário. Candido é meu amigo, a ligação dele com o PT jamais foi um entrave. Nunca tive problemas com pessoas que discordaram de mim politicamente. Roberto Schwarz é meu amigo, esteve em casa outro dia mesmo. Agora, quando a divergência escorrega para o terreno pessoal, aí eu me desaponto. Quando dizem que fiz isso ou aquilo em busca de vantagem pessoal, acho imperdoável. Foi por isso que acabei me afastando de dois amigos — e só de dois: o Chico de Oliveira e a Maria da Conceição Tavares", disse, referindo-se ao sociólogo que foi seu colega no Cebrap e à economista filiada ao PT.

FHC sai em defesa de seu sucessor quando o tema são ataques pessoais. "Não acredito que Lula tenha práticas de enriquecimento pessoal", diz. "O que há é que ele é um pouco leniente. O partido ajuda daqui, ajuda dali e ele vai deixando, acha que é normal. No fundo, não há nada de muito grave nisso. Mas era melhor dizer: fulano me ajudou a comprar o apartamento, o partido me deu tal dinheiro. Lula não pensa em dinheiro. Ele gosta do poder, e gosta da vida boa." É semelhante sua opinião sobre José Genoino e José Dirceu: "Genoino não é desonesto, Dirceu também não. Dirceu é outra coisa...". Sorri. Espera o raciocínio se completar: "Dirceu é o Putin que fracassou".

Dentre amigos e colaboradores, é imensa a admiração intelectual por Pérsio Arida e André Lara Resende. Lamenta que tenham se retirado da vida pública e deixado de produzir: "Não deviam ter parado tão cedo. É que existe essa mania de ganhar dinheiro. Ganharam, e agora não sabem o que fazer. Eu digo: 'André, você não pode ficar assim, volta a trabalhar'. Ele fica lá com o aviãozinho dele, pra cima e pra baixo. É uma loucura", diz, enquanto fecha a conta. Não guarda canhotos de cartão de crédito. "Ruth guarda todos. Eu não, sou muito desorganizado", gesto de quem não liga para dinheiro ou privilégio de quem não precisa mais se preocupar com essas coisas.

Se há um político brasileiro de quem Fernando Henrique não gosta é Delfim Netto. Em seu cauteloso livro de memórias, *A arte da política*, trata praticamente todos os personagens com luvas de pelica. Delfim é a exceção. "Não gosto mesmo", reitera. "Ele atrapalhou muito o Real, mas isso não é o mais importante. Um brigadeiro me trouxe um documento, nem sei se isso mais tarde se tornou público. Era uma reunião do Conselho de Segurança Nacional, Costa e Silva presidente. A questão era cassar ou não o Covas. O ministro da Marinha, Rademaker, era um duro, defendia a cassação. Costa e Silva, que no fundo era um bonachão, contemporizava: 'Por que não cassamos sem tirar os direitos políticos?'. Rademaker argumentava que não ia adiantar, ele se reelegeria. Havia um impasse. Foi quando se manifestou o ministro da Fazenda, o Delfim: 'Esse eu conheço, é de Santos, um comunista'. Aí acabou: cassaram. Delfim mentiu. Covas nunca foi comunista, não era sequer ligado à esquerda. Era um janista, um conservador. Tenho horror ao Delfim."

Delfim Netto nega a história com veemência. Afirma que não se faziam atas de processos de cassação e que chegou a ajudar Covas a arrumar emprego depois da cassação. "Que o Fernando apareça com a ata", desafia, "ou vai passar por mentiroso."

O presidente está hospedado numa residência que pertence à Universidade da Carolina do Norte em Chapel Hill, a mais antiga instituição pública de ensino superior dos Estados Unidos.

As instalações são estupendas. Chão de tábua corrida, solenes sofás de couro, poltronas de espaldar alto, mesas de jacarandá, retratos a óleo de personagens históricos, cenas de caça e uma mesa de bilhar de pano vermelho. O quarto de Fernando Henrique tem cama com baldaquino.

Às onze da manhã ele aparece no salão, de jeans. Junto à lareira, com uma equipe amadora de filmagem, espera-o o professor de sociologia Arturo Escobar. Ao se dar conta de que a entrevista será gravada, FHC declara: "*Estos pantalones non son presidenciales*". Vai até o quarto e volta de blazer e gravata. As perguntas, bem elaboradas, retomam concepções que desenvolveu há décadas. Como de hábito, ele se vê desafiado a defender a continuidade entre suas ideias como sociólogo e as que implementou como presidente. O neoliberalismo é uma espécie de assombração que ele se vê forçado a exorcizar a cada entrevista.

"O que houve não foi uma ruptura epistemológica no meu trajeto intelectual, mas uma ruptura ontológica no mundo", afirma. "No final da década de 1980, não estávamos mais enfrentando teorias, mas realidade. Olhamos o que existia e estava tudo aos pedaços. Estávamos falidos. Fomos forçados a privatizar, não havia outro jeito. Mesmo assim, não privatizei tudo — porque não era necessário. Acredito no papel do Estado." Para Fernando Henrique, seu verdadeiro legado acadêmico é de ordem metodológica e não ideológica. Foi uma lição que aprendeu com Florestan Fernandes: "Colete todos os dados, compreenda todos os pontos de vista", ensinava Florestan. "Minha mente não é tomista, estou sempre ligado à realidade, nunca me orientei por abstrações."

Reage à ideia de que a América Latina estaria se voltando para a esquerda: "Não é esquerda, é populismo: o líder falando diretamente com as massas, sem o intermédio das instituições". Esse é um ponto crucial. Se Chávez é percebido como progressista, imediatamente FHC se torna um conservador, rótulo do qual tenta se livrar a todo custo. Repetirá inúmeras vezes que o populismo é autoritário e regressivo. "Esquerda clássica é o Allende, esse sim queria romper com o sistema capitalista. Chávez opera no nível ideológico. Na prática, ele vende para os americanos e a burguesia venezuelana está ganhando dinheiro", argumenta.

Antes de almoçar, volta ao quarto para repassar a programação. Entre aulas, almoços, palestras, conversas com alunos e jantares, a agenda prevê um compromisso a cada duas horas. Receberá honorários? "Acho que sim. Essas coisas eles não conversam comigo, mas vou perguntar lá no Brasil, porque do jeito que estão me fazendo trabalhar, tomara que o dinheiro seja bom." Torce para que chegue a 10 mil dólares, no mínimo.

Depois de três dias à base de lanchonetes de aeroporto, Fernando Henrique senta-se feliz à mesa de um restaurante de verdade. Como é domingo, o que encontra é um *brunch*. Desconfiado, investiga o conteúdo de salvas de prata e rescaldeiros. Pega um prato e se serve, não sem antes consultar o cartãozinho diante de cada iguaria. Evita combinações menos ortodoxas. Ao redor, pessoas misturam costeletas de carneiro com panquecas, salmão com rabanada. "A Ruth sempre diz que os Estados Unidos precisavam ler Lévi-Strauss. O cru e o cozido, o doce e o amargo, esses contrastes. Uma coisa é uma coisa, outra coisa é outra coisa. Eles misturam tudo", diz, apontando um prato vizinho com indícios de peixe e melancia.

Ele come lentamente. Fala das diferenças entre os dois grandes nomes de seu partido e, certo de que seu tempo ficou para trás, não precisa mais sopesar cada palavra. "Sou mesmo a única oposição, mas estou me lixando para o que o Lula faz. O problema é a continuidade do que foi feito. Serra quer ser presidente e então vai àquele encontro dos governadores em que a Lei de Responsabilidade Fiscal foi posta em xeque. De concessão em concessão, a vaca vai pro brejo. Serra não disse nada porque vai se beneficiar com isso. Ele seria um bom presidente. Quebra lanças. Aécio é mais conservador, acomoda mais. Isso dito, politicamente Aécio é fortíssimo. Pode ser menos preparado que o Serra, mas é popularíssimo. Não precisa provar mais nada. Serra precisa. O governo dele em São Paulo é que decidirá, e o início não foi brilhante. Agora, o Aécio gosta demais da vida privada dele. Pode parecer banal, mas é assim que as coisas funcionam. Com a Presidência, muda tudo. Como ele não poderia mais ter a liberdade de que goza hoje, prefere pensar que tem tempo pela frente."

Fernando Henrique atravessa o campus em direção ao clube, onde descansará até o próximo compromisso. Gosta de conversar enquanto caminha a passos lentos, as mãos trançadas nas costas: "Sou cartesiano com um pouco de candomblé. Porque, no Brasil, sendo só cartesiano não se vai longe. Já o Lula é o Macunaíma, o brasileiro sem caráter, que se acomoda". A frase não soa pejorativa nem parece comportar um juízo moral. Para ele, Lula é aquele que se amolda, que nunca bate pé ou explicita suas posições. Um camaleão.

FHC é capaz de elogiar adversários históricos e criticar aliados. "Os militares fizeram coisas benfeitas. De certa maneira, construíram um Estado. Telecomunicações é coisa deles. Collor, este sim, seguiu uma receita neoliberal burra e destruiu o Estado. Mas, antes dele, quem realmente desmanchou a máquina do Estado fomos nós da oposição, o PMDB, no governo Sarney. Foi quando começou o loteamento dos cargos, todo mundo querendo uma fatia, uma sede tremenda, e o Sarney entregando. Tudo foi trocado contra favores, uma vergonha. O regime militar tinha ocupado as empresas estatais, militares reformados em diretorias, essas coisas. Com o PMDB, o que se loteou foi a máquina do Estado: ministérios, hospitais, todo tipo de órgão, até o mais insignificante, tudo. O Estado desapareceu, virou patrimônio dos políticos." O próprio Fernando Henrique, no entanto, ao chegar à

Presidência, parece ter concluído que política no Brasil era assim mesmo. Protegeu os três ministérios que considerava essenciais — Saúde, Educação e Fazenda — e entregou o resto aos de sempre, sob o argumento de que era isso ou a paralisia. Acomodou-se, a seu modo. Renan Calheiros foi seu ministro da Justiça.

Depois do almoço, novo encontro, agora com alunos escolhidos por mérito e excelência. FHC chega às 16 horas em ponto e troca palavras com quem já está ali. Quando chega finalmente a professora, traz um exemplar de *Dependência e desenvolvimento*. Para espanto de todos, Fernando Henrique estica o braço e, fulminante, furta-lhe o livro. "Vejamos que edição é esta", diz. "É que eles nunca me informam qual a edição e não me pagam" — *abertura FHC III*, a do homem comum, que se preocupa com as contas. Os vinte e tantos alunos estão ganhos. Diante de seu realismo cético, um rapaz quer saber: "Quem explica o mundo de hoje?". "O maior erro dos pensadores sociais clássicos foi o sonho de produzir um mundo homogêneo. Isso jamais acontecerá. Hoje, o que falta é uma síntese, uma atualização de Marx e os outros. Quem sabe você não a faz?", devolve ao rapaz. "Se fizer, por favor me cite." E encerra com o velho sorriso do sedutor em tempo integral.

De banho tomado e terno repassado, FHC assumia na noite seguinte o pódio do auditório de Chapel Hill. Era o seu quarto compromisso do dia, uma palestra para quinhentas pessoas. Numa sala adjacente, outra centena o acompanharia por um telão. Falou durante uma hora, lendo vinte páginas de texto. Estava cansado, as palavras em inglês se atropelavam. Para adiantar o expediente, foi comendo etapas do raciocínio, acrescentando *and so on and so forth*, "e assim por diante", às opiniões sobre Hugo Chávez, Evo Morales, globalização, fracasso da democracia. Aplaudiram-no de pé, talvez mais como reconhecimento ao esforço que à clareza das ideias. Depois de uma longa sessão de fotografias — a invenção dos celulares que fotografam foi um mau momento para as celebridades, mesmo as acadêmicas —, terminou a noite numa lanchonete de estudantes especializada em pizza em fatias. O jantar custou seis dólares.

Às 8 horas da manhã, comia com gosto um prato de panquecas regadas a *maple syrup*, seguidas de morangos com iogurte. Ia respondendo a perguntas. Como comem os supremos mandatários? Banquetes de Estado são suculentos? Como é a comida em Buckingham, por exemplo? "Péssima!", garante. "Agora, é de uma formalidade extraordinária. Primeiro, a rainha vem te receber em Victoria Station. Aí nós entramos numa carruagem para o trajeto até o palácio. Como estava frio, eles estenderam uma manta. Eu do lado da Elizabeth, a manta por cima da gente. Pensei: 'Ai, meu Deus, agora é que minha perna encosta na da rainha'." No palácio, foi apresentado a seus aposentos: "Ela mostra tudo: abre as gavetas, abre os armários, mostra o banheiro, mostra o chuveiro, é estranhíssimo. Depois vem a troca de presentes. Só que o Itamaraty nunca me dizia o que eu ia dar e eu peguei o primeiro que estava na minha frente. Ela ficou espantadíssima: '*But it is my horse*!' — era um óleo do cavalo dela. Fiquei contente, ela havia gostado. Só então me dei conta do desastre: eu tinha acabado de presentear a rainha com o presente que ela ia me dar. O Rubens Barbosa, o embaixador, preparara durante meses o jantar de homenagem que ofereceríamos na nossa embaixada. Os *royals* chegaram todos, e nos sentamos à mesa. A Margaret, que é meio diferente, às tantas gritou para a rainha, lá do outro lado da mesa: '*Lilibeth, this wine is very bad*!' — aquele silêncio. A rainha ficou vermelha, furiosa. E não é que tinha razão? O vinho havia passado do ponto. Ela é divertida. Durante a recepção, apontava a Elizabeth e repetia: '*The queen wants a dry martini*'. E a rainha respondia, cada vez mais vermelhinha, bravíssima: '*I do not want a dry martini*'."

Fernando Henrique é cavaleiro da Ordem de Bath: "Minhas filhas podem se casar na catedral de Westminster, eu posso ser enterrado lá e tenho direito a tomar banho com a rainha". Não pretende exercer o terceiro privilégio e tentou em vão convencer a filha Bia a fazer uso do primeiro. Quanto ao segundo, "já disse à Ruth: junto o meu dinheirinho e quando morrer vou pra lá de avião, direto pra Westminster". Ele brinca, mas gosta das liturgias do Velho Mundo. No Brasil, seria difícil manter qualquer sonho hierático. "Parada militar no Brasil é pobre pra burro", observa o homem que teve de presidir a oito festejos de 7 de Setembro. "Brasileiro não sabe marchar, eles sambam. Somos o povo menos marcial do planeta." Chateação sem tamanho: "A cada bandeira de regimento, a gente tinha de levantar, era um senta-levanta infindável", lembra-se com um esgar de pavor. Sem falar dos cabelos: "Em setembro venta muito em Brasília, então o cabelo fica ao contrário".

Fernando Henrique termina o café e segue para o aeroporto. Seu destino é Madri, com escala em Nova York, em classe executiva na travessia do Atlântico. Depois do jantar a bordo, alterna a leitura de *A marcha da insensatez*, da historiadora americana Barbara Tuchman (em tradução), com um *thriller* estrelado por Nicolas Cage. No aeroporto de Barajas, de manhã, pela primeira vez recebe tratamento de ex-chefe de Estado. Um carro e dois funcionários do Itamaraty o aguardam na pista. É levado a uma sala onde alguém se encarrega dos trâmites de imigração e alfândega.

Dali a seis horas estaria sentado em torno de uma mesa em forma de U, numa sala confortável no subsolo do hotel Gran Meliá Fénix. Era a reunião do comitê executivo do Clube de Madri, que já presidira. A organização reúne 66 ex-governantes. Clinton é presidente honorário, o gigante ausente sobre o qual todos falam. Estão ali, entre outros, dois ex-presidentes da Colômbia, Andrés Pastrana e César Gaviria, que não larga o celular;

as ex-presidentes da Irlanda e da Islândia, a severa Mary Robinson e a silenciosa Vigdis Finnbogadóttir; o ex-presidente de Moçambique Joaquim Chissano; os ex-primeiros-ministros da Bulgária e da Romênia Philip Dimitrov e Peter Roman (que passa parte da reunião folheando um jornal). À direita de FHC, está o ex-primeiro-ministro da Noruega ("Esse é novo, caiu há pouco tempo", explicará mais tarde). Ricardo Lagos, do Chile, é o novo presidente do Clube.

É uma reunião árida. Questões administrativas, financeiras e de agenda são tratadas ao longo de três horas. O aperto fiscal parece premente. César Gaviria, dadas as dificuldades financeiras, chega a sugerir que o Clube vá buscar recursos junto a empresas espanholas. "Podíamos até pôr o logotipo delas naqueles painéis atrás de nós quando a gente fala em eventos..." A sugestão é prontamente rechaçada por Mary Robinson, com voz de chumbo: "Não me agradaria ver o Clube associado a determinadas empresas".

Fernando Henrique sugere restringir um pouco a extensa agenda do ano: aquecimento global, Darfur, apoio à reforma constitucional no Equador, liberdade de associação em países muçulmanos da África, construção de uma sociedade democrática no Kosovo. Passam a uma longuíssima discussão — quarenta minutos — sobre a situação kosovar. Está em causa a conveniência ou não de enviar um representante do Clube a um seminário sobre a independência da região. Alguns membros fincam olhares perdidos nas paredes brancas, outros se distraem com rabisquinhos em papel timbrado do Clube.

À noite, Fernando Henrique vai a um restaurante especializado em cabrito, sua primeira refeição europeia. Para quem veio de uma temporada nos Estados Unidos, a alegria é grande.

O ex-presidente dormiu bem aquela noite. Tão bem que, às nove da manhã, um ônibus com todos os ex-governantes a bordo esperava por ele — em vão. O Clube de Madri copatrocinava uma conferência internacional sobre cidades globais e era imperativo que seus membros chegassem na hora, sob pena de fazer naufragar o evento. Ricardo Lagos abriria a conferência. A responsável pelo protocolo, uma moça eficientíssima, decidiu que não esperava mais. O ônibus partiu com quinze minutos de atraso, a reboque de batedores que lhe abriam caminho para o centro de conferências. FHC surgiu no lobby do hotel a tempo apenas de ver o comboio se afastar. Esticou o braço e foi de táxi.

A primeira mesa-redonda, "Protagonismo da grande cidade e o papel das políticas públicas", dura quase duas horas. Na primeira fila, César Gaviria dorme à larga, a cabeça para trás. Fernando Henrique cochila discretamente, com o rosto apoiado na mão, como se refletisse. Na segunda mesa, "Instrumentos 'suaves' de política urbanística", caberá a ele sintetizar as ideias expostas. Duas horas depois, assume o microfone: "Não tenho muito a acrescentar porque minha única experiência com cidades foi a eleição que perdi para prefeito de São Paulo", desdenha, numa típica *abertura FHC II*. Passa então a rechear sua fala com a "coesão mecânica" e a "coesão orgânica" de Durkheim (mais tarde, no táxi: "É o bê-á-bá da sociologia. Olhei em volta, vi que não tinha um sociólogo e mandei ver") e citações ao sociólogo alemão Tönnies, que explora os conceitos de *sociedade* e *comunidade* ou, no original, *Gemeinschaft* e *Gesellschaft*, como soltou Fernando Henrique em bom sotaque. Foi o quanto bastou para inspirar pasmo e aplausos de admiração. (No mesmo táxi: "São as únicas palavras que sei em alemão".)

No dia seguinte, Ruth Cardoso e a neta Julia juntaram-se a Fernando Henrique. A menina acabara de completar dezoito anos e passaria uma semana viajando pela Espanha com os avós. Por volta das onze horas, foram ao Museu Thyssen-Bornemisza, ver uma exposição temporária de retratos. Fernando Henrique faz fila diante do caixa, paga e volta exultante: "É a vitória do proletariado. Só dez euros, pra mim, Ruth e Julia! E a moça ainda me pediu a carteira de identidade, pra comprovar se eu tinha mesmo setenta e cinco anos".

O presidente admira um Picasso neoclássico — *Olga na cadeira*, de 1924, à moda de Ingres —, o que lhe dará ocasião de praticar um de seus divertimentos prediletos: implicar com as ideias progressistas de dona Ruth. "Mas isso é absolutamente acadêmico", ela se choca. "Ele só pintou porque ela estava cansada de ser retratada com dois olhos do mesmo lado. Deve ter pedido: 'Faz um retrato bonito, vai'. Aí, ele fez." FHC rebate: "Não é isso, não. É que Picasso é absolutamente genial. Dá cambalhota. É Deus". Dona Ruth: "Gênio, mas não por isso. Pelo que pintou antes". Ele: "É gênio, Ruth. Faz de tudo". E, antecipando o gostinho, encerra o *sparring*: "Aliás, eu me identifico muito com Picasso". Dona Ruth se vira para a neta e aconselha: "Não ouve isso, Julia".

À noite, amigos convidam a família Cardoso para um show de flamenco. A mesa é colada ao palco. A cada arranco do dançarino, que bate furiosamente os pés no chão, o presidente recua na cadeira, assustado.

Para o último jantar de FHC em Madri, no dia seguinte, ele, dona Ruth, Julia e um casal de amigos vão a um restaurante simplíssimo, quase um botequim. Oito mesas, se tanto. O ex-presidente vai direto para a cozinha e volta feliz: "Ganhei quatro votos", anuncia. As paredes são cobertas de fotografias — toureiros, políticos, o príncipe das Astúrias. "Vou ver as fotos", diz, e levanta de novo. Chegam croquetes, morcela, aspargos, queijo. Ele se farta. "A Ruth tinha essa educação comunista com os filhos, essa história de dividir tudo, inclusive a comida boa que de vez em quando eu trazia pra casa. Depois de um tempo, passei a lamber o chocolate na frente deles, pra ninguém meter a mão." "O camembert ele escondia no armário", confirma Ruth Cardoso. De sobremesa, Fernando Henrique bate um prato de arroz-doce e se encanta quando descobre que ali servem rabanada também. Come rabanada a valer. Ao saberem quem é o cliente, dono e funcionários do restaurante pedem fotos — volta à minúscula cozinha e, junto do forno, posa com quatro empregados, todos com cara de mexicano. "Pronto, agora consolidei o voto", comemora. Alguém comenta: "Consolidou. No México".

Ruth Cardoso registra tudo, sem dar muita atenção. Se há alguém que não cai nos números do marido, é ela. Conta de uma viagem a Buenos Aires, quando passeavam pelo bairro da Recoleta e foram reconhecidos por um ônibus de turistas brasileiros. Confusão instalada, desceram todos e começaram a bater fotos. O sorriso de FHC se abre feito uma cortina. "Olha só pra ele", alfineta Ruth Cardoso. "Deviam ser todos petistas, Fernando, e você não passava de atração turística." Ele não se dá por vencido: "Em restaurantes de Buenos Aires eu sou aplaudido quando entro. É que eu traí os interesses da pátria, então lá eles me adoram". A neta Julia balança a cabeça: "Como é que ele diz essas barbaridades..."

Agosto de 2007

O consultor: José Dirceu

Daniela Pinheiro

José Dirceu de Oliveira e Silva escolheu uma mesa no fundo do restaurante de um hotel caro e discreto, localizado entre os bairros do Ibirapuera e da Vila Mariana, onde se hospeda quando está em São Paulo. Era o começo da tarde de um sábado de novembro e ele vestia uma calça escura, camisa polo com o decote forrado por um estampado Burberry e mocassins sem meias. Chegou atrasado, se desculpou e disse que desembarcara de viagem na madrugada, acordara quase em cima da hora e, quando ia sair do quarto, recebera telefonemas urgentes. Atravessou o salão vazio encarando o visor do celular por cima dos óculos. As sobrancelhas arqueadas lhe davam um ar de espanto. Deu uma rápida olhada no bufê de saladas antes de se acomodar em uma cadeira estofada com tecido florido, de costas para a entrada. Explicou que um problema na coluna — produto das horas seguidas que passa na frente do computador — o obriga a optar pelas de espaldar alto. O garçom, que o tratou pelo nome, lhe ofereceu uma garrafa de vinho. "Nem pensar", respondeu. "Não bebo mais no almoço. Tomo vinho no máximo duas vezes por semana. Tenho que perder essa barriga."

Ele havia ido a um casamento na véspera, encontrado amigos e tomado espumante. Depois de descrever a festa, falou de seus negócios. Contou que tem uma carteira de quinze bons clientes, na maioria estrangeiros, aos quais presta consultoria. Os brasileiros lhe pagam entre 20 mil e 30 mil reais. Deu como exemplo de cliente de peso o banco Azteca, do empresário mexicano Ricardo Salinas, que quer se estabelecer no Brasil e, como faz em outros países, cobrar tarifa zero dos correntistas. Outro cliente é o também mexicano Carlos Slim, o homem mais rico do mundo, que planeja implantar no Brasil a televisão a cabo com mensalidade de quarenta reais. "Mas não sou consultor dele no Brasil", disse. "Como defendo coisas contrárias ao interesse dele aqui, temos um acerto informal de buscar negócios em outros países da América Latina. Eu disse a ele: 'Don Carlos, aqui não'. Podemos até trabalhar juntos, mas fora do Brasil", afirmou. "Ele me chamou para ir à casa de praia dele, eu nem fui para não haver mal-entendido."

Em março passado, uma reportagem de *Veja* lhe atribuiu rendimentos mensais na casa dos 150 mil reais. Dirceu negou: "Eu disse a eles que faturamento não é lucro, mas botaram assim mesmo. Quem fatura isso embolsa menos do que a metade. Mas, na verdade, o Roberto Civita [dono da revista] me fez foi um grande favor publicando isso: aumentou o meu passe".

Perguntado sobre os serviços que presta ao empresário Nelson Tanure, respondeu que foi contratado para ajudar na reestruturação da *Gazeta Mercantil* e para escrever uma coluna no *Jornal do Brasil*. Não haveria, no entanto, a expectativa de que, com os seus contatos em Brasília, ele conseguisse propaganda de estatais e do governo para a TV JB e os jornais de Tanure? Dirceu replicou com outra pergunta: "Você acha que se eu ligar para um ministro, pedindo alguma coisa, isso não vaza em dois minutos? Eu não sou qualquer um. Outra coisa, bem diferente, é que eu acho que se deveria ter posto propaganda na televisão do Tanure". (A TV JB fracassou e saiu do ar poucas semanas depois de estrear.)

Quando chegaram os pãezinhos, passou a discorrer sobre o que acredita ser o motivo da cassação de seu mandato de deputado federal. "Tudo tem uma explicação", disse, usando uma frase que, ao longo dos dias, repetiria em ocasiões distintas. "Um amigo me disse e eu percebi: se eu não tivesse sido cassado pela Câmara, voltaria aclamado, aplaudido, ovacionado. Seria facilmente eleito presidente do PT", falou. "Estando fora do governo, o Lula teria que me oferecer alguma coisa, uma embaixada, a presidência de uma estatal... Se eu ainda tivesse a petulância de me candidatar à Presidência da República, era capaz até de ser eleito." E concluiu: "Como a minha absolvição, além de ser ruim para a oposição e a imprensa, traria dificuldades para o governo, não havia outro resultado possível".

O ex-ministro chefe da Casa Civil, que junto com o ministro Antonio Palocci, da Fazenda, era o pilar do governo Lula, foi cassado em dezembro de 2005, pelo voto de 293 deputados. Meses depois, foi apontado como o "chefe da quadrilha" do mensalão pelo procurador-geral da República, Antonio Fernando de Souza. Está inelegível até 2015, quando terá 69 anos. José Dirceu responderá pelos crimes de corrupção ativa e formação de quadrilha. Acredita que seu julgamento no Supremo Tribunal Federal deva ocorrer em 2009 ou 2011. "Em 2010, seria politizar ainda mais um processo que não é jurídico, é político", disse. "Não sinto falta do governo, sinto falta das amizades que fiz. Foi um jogo que joguei. A conta caiu no meu colo, eu sei. Eu era o mais conhecido, o mais visado."

Na semana seguinte, em uma manhã de calor abafado, José Dirceu foi votar na eleição dos novos dirigentes do Partido dos Trabalhadores. Chegou ao diretório da Vila Mariana numa caminhonete Chrysler preta dirigida por um amigo, Bob Marques, assessor do PT na Assembleia Legislativa de São Paulo. Repórteres o aguardavam para saber sua opinião sobre a possibilidade de um terceiro mandato para o presidente Lula. Enquanto ele falava aos jornalistas, sua namorada, Evanise Santos, uma brasiliense simpática e extrovertida, mas discreta, se protegeu do sol embaixo de uma marquise por quase vinte minutos. Ao entrar, Dirceu foi cercado por petistas. Alguns pediram para tirar fotos. Ele assentiu e se postou sempre entre dois fãs, para abraçá-los enquanto sorria para as câmeras.

Evanise se sentou sozinha numa sala enquanto o ex-ministro continuava a maratona de fotos e conversas com militantes. "Tá com Botox, é, Zé Dirceu?", perguntou uma mulher de cabelos curtos e grisalhos. "Não, não", ele respondeu. "É um creme que compro em Cuba, de um tratamento da Alicia Alonso. É feito de placenta, uma beleza. Um tubinho dura mais de mês." Ouviu todo tipo de pergunta: de como arrumar verbas para trocar o teto de zinco do diretório até quais seriam seus planos para janeiro. "Vou ver se fico um mês nos Estados Unidos fazendo imersão de inglês. E depois vamos para Cuba!", exclamou.

Mesmo ganhando a vida como consultor, a política ainda é o dínamo de José Dirceu. Nas semanas anteriores, ele havia "trabalhado bem", conforme disse, na campanha do prefeito de Araraquara, Edinho Silva, para a presidência do diretório paulista. Reuniu-se com líderes locais e telefonou para caciques do partido. Quando não está viajando, se encontra semanalmente com Antonio Palocci, a quem considera o "melhor deputado do Congresso". Semanas antes, os dois haviam jantado na casa do deputado João Paulo Cunha, em companhia de José Genoino, igualmente envolvidos no caso do mensalão. Em 2007, esteve três ou quatro vezes com o presidente Lula. Para o vereador José Américo Dias, que teve o apoio dele na disputa pelo comando petista paulistano, "não há ninguém com tanto diálogo com a militância do PT quanto o Zé Dirceu". Tanto Dias como Edinho Silva foram eleitos.

A churrascaria Prazeres da Carne, perto do Ibirapuera, sempre lota aos domingos. A clientela é de famílias de classe média, com crianças barulhentas, avós, primos e cunhados. Depois da votação no diretório, José Dirceu, que frequenta o restaurante há dez anos, foi almoçar lá com a filha mais nova, Camila, de dezessete anos, Evanise, o motorista e o prefeito de Manágua, Dionisio Marenco. Foi recebido com abraços pelo proprietário, que o guiou até uma mesa bem longe da entrada principal. Dali, ele via todo o salão. Pediram caipirinha. "A minha é de moça, bem fraquinha", orientou Dirceu. Evanise foi fazer o prato do namorado. Do bufê, trouxe uma farta porção de salada. Ofereceu-lhe polenta, brincando de fazer aviãozinho com o garfo, mas ele não quis.

José Dirceu comia o segundo pedaço de cupim quando, sem que percebesse, um homem loiro e jovem se aproximou e pôs a mão no seu ombro. Talvez porque imaginasse se tratar de um conhecido, o ex-ministro sorriu quando o homem se inclinou, como que para cochichar no seu ouvido. Com o rosto quase colado ao de Dirceu, no entanto, o desconhecido gritou: "Seu safado, safado, SA-FA-DO!". O sorriso do ex-ministro se desmanchou e sua expressão facial se esvaziou. Ele não demonstrou surpresa, raiva, medo, constrangimento ou nenhuma outra emoção. Ficou olhando fixo para a frente, impassível, enquanto os berros continuavam e eram ouvidos nas mesas vizinhas. Com a mão ainda no ombro de Dirceu, o intruso vociferou: "Sou eu que pago minha comida! Não é o PT ou o governo, seu safado!". Pelo inesperado e pela virulência da agressão, os que estavam à mesa ficaram paralisados e silenciosos. A filha do ex-deputado desviou o rosto para o lado oposto ao da cena. O motorista não tirou os olhos do próprio prato. O prefeito nicaraguense ficou atônito.

O homem finalmente tirou a mão de Dirceu e se afastou com lentidão. Gesticulando, de dedo em riste, continuou a berrar, mesmo de longe: "Safado, safado, safado!". A cena durou menos de vinte segundos. A namorada e o prefeito ainda mantinham a cabeça virada, para acompanhar o sujeito sumir no salão, quando José Dirceu sacou o celular (um BlackBerry, no qual recebe e responde a e-mails, se conecta à internet e, às vezes, até escreve no seu blog) e, sem nenhum comentário, começou a manuseá-lo.

Pouco depois, Evanise se levantou. Sem que ninguém da mesa se desse conta disso, foi atrás do rapaz, que estava acompanhado de duas mulheres. "O que você ganha com isso, hein? Quer brigar com ele? Chama ele num canto e fala. Agora, na frente da filha, da família?", foi o que ela lhe perguntou, conforme me contou. "E você também é uma safada por estar com um safado desses", disse-lhe o homem. "Estou com ele com muito orgulho porque ele é muito mais educado do que você", respondeu Evanise.

Passaram quinze minutos e José Dirceu pediu a conta. Os convidados haviam largado suas sobremesas pela metade e tomado o café às pressas. Ele pagou a nota e botou os óculos escuros. Ao atravessar a churrascaria, com a cabeça alta e firme, foi escaneado por todas as mesas. "Cara de pau", disse uma senhora de cabelos pintados de acaju. Ao seu lado, um homem assentia com a cabeça. Na calçada do restaurante, quando o grupo entrou no Chrysler, um senhor de traços orientais comentou com a família: "Olha aí o carro do PT".

Dirceu embarcou naquela noite para uma viagem a Lisboa e Santo Domingo, na República Dominicana. Apesar de estar prevista uma escala de apenas duas horas em Madri, ele incluía a cidade em seu roteiro quando era perguntado aonde iria. Assim que fez o check-in, na classe executiva da TAP, foi direto para a sala VIP. Vestido com um sobretudo azul, carregando uma pasta de uma marca francesa com seu computador e o livro *A era da turbulência*, de Alan Greenspan, o ex-presidente do Banco Central americano, Dirceu só reapareceu quando faltavam poucos minutos para o avião fechar a porta. Percorreu o saguão de embarque com os olhos vidrados no BlackBerry, sem olhar para os lados. Alguns passageiros se cutucaram. "Sabe quem está passando aqui agora? O Zé Dirceu. Vade retro, Satanás", disse um homem à mulher que falava ao celular. Foi o penúltimo a entrar no avião.

Ao desembarcar em Lisboa, na manhã seguinte, entrou numa fila confusa, na qual umas trezentas pessoas aguardavam a vez com o passaporte na mão. Com os olhos grudados no celular, tirava os óculos de grau, mordia as hastes e empurrava a pasta com o pé, à medida que a fila avançava. Não demorou para se ouvir: "Pilantra!". Um homem passou a fazer, em voz alta, um discurso sobre moralidade. "É absurdo deixar esse bandido viajar," disse. Um outro gritou: "Tem ladrão na fila!". Um senhor vestido com sobretudo marrom se aproximou de Dirceu, que estava com a cabeça baixa, lendo algo no visor do telefone, e disse: "Corrupto!". O ex-deputado não reagiu. "E tem gente que ainda se mete com um tipo desses", falou um homem de jaqueta de couro, me encarando com desprezo. Durante uma hora e dez minutos, Dirceu não desviou a vista do celular.

Passada a alfândega, encontrou o advogado português com o qual tem negócios, João Serra, que o aguardava com o jornal debaixo do braço e um sorriso acolhedor. "Bem-vindo, doutor José!", saudou. "O senhor está muito cansado? Precisa descansar! Deixe-me carregar sua mala." Dirceu concordou e fomos para o estacionamento onde estava a caminhonete preta do advogado. Sob o sol e a amena temperatura de treze graus, José Dirceu cantarolou trechos de uma melodia de jazz que tocava no rádio e comemorou: "Ah, cá estamos em Portugal! Este é o melhor país para relaxar. Vir para um hotel, descansar, comer bem e namorar.

Não há nada melhor". Contou ao sócio que sai do Brasil a cada 45 dias e que fechou o ano tendo visitado a Espanha, o Marrocos, os Emirados Árabes e os Estados Unidos, além de ter circulado por vários países latino-americanos. João Serra disse-lhe que o ex-presidente Mário Soares, com quem Dirceu deveria se encontrar, havia viajado para Cabo Verde. Com a folga da agenda aberta naquela tarde, Dirceu comemorou. "Vou aproveitar para fazer ginástica, vou fazer ginástica aqui todos os dias", afirmou.

Como sempre faz em Lisboa, José Dirceu se hospedou no hotel Pestana Palace, no bairro do Alto de Santo Amaro. É uma construção majestosa, do final do século XIX, com afrescos no teto e paredes cobertas com veludo. Numa das paredes da recepção fica a galeria de fotos de hóspedes famosos: Madonna, Sandy & Junior, Diana Krall e Al Gore.

O primeiro compromisso foi um almoço num restaurante em Cascais com seus sócios do escritório Lima, Serra, Fernandes & Associados, especializado em direito financeiro e empresarial. Às quatro da tarde, José Dirceu chegou ao escritório deles, no centro de Lisboa, contando sobre os frutos do mar degustados de frente para a praia. Um empresário brasileiro o esperava. Por vinte minutos, conversaram a portas fechadas. Em seguida, falou com um dos diretores da Universidade de Lisboa, que estava interessado em montar um curso Master in Business Administration, MBA, com uma instituição de ensino brasileira. "Vou falar com a Celita Procópio, da Fundação Armando Álvares Penteado", disse o ex-deputado. "Eles lá são muito amigos meus, fizeram um jantar para mim outro dia. Acho que o Trevisan [o consultor Antonio Marmo Trevisan] e o Belluzzo [o economista Luiz Gonzaga Belluzzo, presidente do conselho curador da TV Brasil] também podem ajudar. Mas vocês têm que falar com os ministros da Educação dos dois países." Durante 45 minutos, discutiram estratégias para deslanchar o negócio. Mais tarde, referindo-se à reunião, Dirceu me disse: "Não ganho nada com esse tipo de coisa, mas é interessante porque estou ajudando a levar coisas boas para o Brasil".

No final do dia, um Jaguar preto, de bancos de couro claro, dirigido por um jovem motorista de gravata, esperava o ex-ministro. "Esse carro está ao seu gosto, doutor José?", perguntou-lhe o advogado João Serra, com a formalidade de sócio pouco íntimo. Dirceu achou que era brincadeira e apenas riu. No caminho até o hotel, contou que pretende se dedicar a Angola. "Meu interesse é infraestrutura: rodovias, telefones, telecomunicações. Temos a vantagem do idioma, o know-how", afirmou. "Também vou abrir um escritório no Panamá. A América Latina está cheia de bons negócios." Outro de seus sócios, o advogado António Lamego, é amigo do general João de Matos, ex-chefe do Estado-Maior do Exército angolano. Os três haviam marcado de se encontrarem e tratar de negócios, em breve, na Costa do Sauipe, na Bahia.

Às nove da noite, Dirceu e dois dos advogados chegaram ao restaurante Vela Latina, às margens do rio Tejo. Integraram-se à mesa o diretor da Universidade de Lisboa, um professor socialista, dono de um instituto de pesquisas políticas, e o editor-chefe do canal público de televisão RTP. Pediram vinho branco. "O senhor gosta de Pera-Manca, doutor José?", perguntou-lhe um deles. Dirceu se prontificou a acertar um encontro do jornalista com a presidente da televisão pública brasileira, Teresa Cruvinel. "Eu ligo para ela, vocês se encontram, vai ser muito bom trocar essa experiência", disse.

Conversaram sobre Cuba. O ex-ministro está convencido de que os dias do castrismo estão contados. "Aquilo vai mudar, já está mudando", disse. "Mas os cubanos não vão aceitar o capitalismo de uma vez. Eles viram a experiência da Europa Oriental. O que eles querem é pouco. É ter três bicicletas e poder alugá-las. É ter o direito de ir e vir, de abrir um bar, alugar um quarto na casa deles. Não é muito, não."

Os portugueses conheciam bem a política brasileira. Ao falar de Paulo Maluf, um deles usou a expressão "rouba mas faz". Perguntaram sobre as eleições internas do PT e se referiram, mais de uma vez, à "inexpressividade política" do DEM e do PSDB. O que mais os interessava era a sucessão presidencial. Dirceu lhes disse que o PT não tem um candidato forte. Dilma Rousseff e Marta Suplicy têm poucas chances eleitorais, ele acha. Ciro Gomes, sim, seria um candidato de peso. No almoço em São Paulo, Dirceu elogiara o deputado eleito pelo Ceará. "Ele foi um excelente ministro: preparado, com iniciativa, boa cabeça política, leal ao governo e disciplinado; sempre converso com ele", disse. "Mas o Ciro tem um problema: dá a impressão de, contrariado por uma pergunta, ser capaz de levantar e dar um soco no jornalista."

Ali, também revelara ter uma excelente relação com o governador Aécio Neves. Jantam juntos e conversam pelo telefone amiúde. Comentou que o tucano fez um excelente governo: "Ele botou tudo em ordem, tem uma aprovação imensa do eleitorado". Instado a escolher entre Aécio e José Serra, não hesitou: "Posso discordar do que o Serra pensa e faz, mas reconheço que é um ótimo administrador. Ele é obsessivo, trabalha dezesseis horas por dia, sabe mandar e governar. Aécio é bom, mas o Serra é melhor para o Brasil", disse. Quando foi perguntado o que faria quanto à sucessão se ainda estivesse no governo, a resposta também foi rápida. "Eu teria aproximado ainda mais o PT do PMDB, já estaria tudo costurado, era só definirmos o nome do candidato em função da popularidade", afirmou. E quem seria o candidato de Lula? "Ainda é uma incógnita", ele respondeu. "O Lula é especial, ele pertence à família de Getulio, Juscelino, Tancredo: é um político que pensa muito à frente."

"E a eleição americana, doutor José?", quis saber um dos portugueses. Enquanto comia peixe com legumes, ele disse que "a Hillary Clinton é pior para nós. Os democratas gostam de se meter na política interna dos países e são ligados historicamente ao tucanato". Acenderam-se charutos. José Dirceu recusou. O sócio Fernando Fernandes pagou a conta.

Às onze da manhã, José Dirceu saiu do quarto com um abrigo oficial da Confederação Brasileira de Futebol, de cor cinza, e foi à academia do hotel. Pôs uma toalha em volta da nuca e, sem tirar os óculos escuros, fez alongamentos durante três minutos e usou aparelhos para fortalecer os braços em séries de quinze movimentos. Quando subiu na esteira, sintonizou um canal de notícias. Andou a passos largos e ensaiou pequenos trotes. Cinquenta minutos depois, já na porta, lembrou que faltaram as abdominais. "Só sessenta, mas vou chegar a duzentas", disse.

Com o rosto ainda avermelhado, gotas de suor na testa e cheio de endorfina, José Dirceu foi tomar café da manhã na sala em estilo Luís XVI, onde executivos com laptops, à espera do almoço, bebiam vinho branco sentados em sofás de veludo bordô. Evanise telefonou. "Oi, lindinha... Tá, tá certo... Mandou o e-mail para ele? Tá bom, tá bom... Beijinho, beijinho." Eles namoram há um ano e meio. Evanise vive em Brasília; ele, em São Paulo. Quando se conheceram, ela era funcionária do Ministério dos Transportes. A aproximação se deu durante uma viagem oficial a Cuba. "Eu olhando para ela e ela só ficava 'doutor para cá, doutor para lá'", contou ele. "Linha-dura, não me deu bola, não." Agora, ela trabalha na coordenação de Relações Públicas da Presidência da República, e entre as suas funções está a de agendar visitas de escolas e turistas ao Planalto e ao Alvorada.

José Dirceu se casou três vezes. A primeira com Clara Becker, uma pequena empresária com quem viveu quatro anos em Cruzeiro do Oeste, no interior do Paraná. Lá, ele morou clandestinamente nos anos 1970. Usava o nome de Carlos Henrique Gouveia de Melo, um paulista de origem judia, sujeito pacato e torcedor fanático do Corinthians. Tiveram um filho, Zeca, hoje prefeito da cidade, pai de sua única neta. Na década de 80, conheceu a psicóloga Maria Ângela da Silva Saragoça. Levou-a a Cuba para que fizesse um tratamento de fertilização. Daí, nasceu sua filha Joana, hoje com vinte anos. Nos anos 90, casou-se com Maria Rita Garcia Andrade, ex-colega de militância política. Juntos construíram uma casa em um condomínio no interior de São Paulo, onde Dirceu mora com Joana. De um namoro efêmero, nasceu Camila.

O relacionamento com as ex-mulheres é excelente. Clara Becker sempre o defende. Recentemente, ela divulgou uma carta que mandou a Aguinaldo Silva, autor da novela *Duas caras*, na qual o vilão faz uma plástica, muda de nome e esconde tudo da mulher. O dramaturgo havia dito que o personagem era baseado na vida de José Dirceu, e ela lhe diz na carta: "Afirmo que nunca conheci um homem tão íntegro e honesto como José Dirceu e considero que a omissão de sua real identidade foi uma necessidade naquelas circunstâncias. Reafirmo que o José Dirceu foi um companheiro ideal".

Há pouco tempo, Dirceu trocou o carro de Ângela Saragoça. No escândalo do mensalão, soube-se que, com a intermediação do publicitário Marcos Valério, ela conseguiu um empréstimo bancário e uma transação imobiliária vantajosa junto ao Banco Rural, e o Banco BMG a contratou como funcionária. José Dirceu ajuda financeiramente a mãe de Camila, que tem outras duas filhas e é solteira. Com Maria Rita, fala constantemente ao telefone. "Eu ficaria casado com ela a vida toda, mas uma hora o casamento acaba, o casamento tem que estar vivo, sabe como é?", disse.

O garçom trouxe suco de laranja, croissants, geleia e café com leite. À mesa, Dirceu atacou facções políticas à sua esquerda. Começou pelo ex-prefeito de Porto Alegre e secretário-geral nacional do PT, Raul Pont. "Ele fica falando que o partido não precisa de coligação... Tenha paciência", afirmou. "O que fizemos por esse pessoal não é brincadeira. E eles não ajudam em nada, só nos dão pau." Disse que a construção da sede do PT, em Porto Alegre, "foi feita só com dinheiro de caixa dois. Era com mala de dinheiro". Lembrou que quando foi feita a denúncia, que atingia em cheio o governo de Olívio Dutra, "a gente estava com eles, não foram abandonados em nenhum minuto".

E continuou: "Vê o que a gente fez pela Heloísa Helena. Ela votou contra a cassação do Luiz Estevão. Votou mesmo, e por motivos impublicáveis. Mas nunca a deixamos sozinha, defendemos ela o tempo todo, mesmo sabendo que a história era diferente. E, depois, olha o que fazem". Bebeu um pouco de suco de laranja e prosseguiu: "Esse pessoal é assim. Chegava para o Delúbio e falava: 'Delúbio, preciso de um milhão'. Como é que alguém vai arrumar esse dinheiro assim, de uma hora para outra?", disse, referindo-se ao ex-tesoureiro do PT, expulso do partido sob a acusação de ter montado o esquema irregular de financiamento de campanha. "Aí, quando não recebiam o dinheiro, diziam que estavam sendo preteridos porque eram de outra corrente, de outra ala, que a direção era autoritária. O pobre do Delúbio tinha que ir aos empresários conseguir doações. Aí, estoura o mensalão e esse pessoal vem dizer que o Delúbio era o homem da mala. O que não dizem é que a mala era para eles."

José Dirceu costuma encomendar pesquisas qualitativas para avaliar sua imagem pública. Faz isso depois de dar uma entrevista longa, para ter a temperatura exata da repercussão. Ou quando é muito exposto na imprensa, para saber como a população o vê. Segundo ele, um dos levantamentos recentes revela que a maioria dos brasileiros o considera honesto. Em outro, feito com o eleitorado do ex-presidente Fernando Henrique Cardoso, os entrevistados disseram que José Dirceu não deveria cometer os mesmos erros de FHC. "Eles falaram que eu não deveria me meter nas brigas internas do partido, deveria ter uma agenda própria e tratar só de temas nacionais", detalhou. "Como o Fernando Henrique não defende uma causa, o eleitorado acha estranho. Ele devia fazer como o Al Gore."

Uma hora depois, talvez devido ao excesso de endorfina provocado pelos exercícios, José Dirceu continuava animado, emendando um assunto no outro. As notícias de que o senador Garibaldi Alves Filho tinha boas chances de ser presidente do Senado o irritaram. "Esse Garibaldi é um gaiato", disse. "Já trocou o guarda-roupa, deve estar arrumando os dentes, isso vai dar um trabalho danado. Ninguém segura esses senadores, não. Eles fazem tudo por uma rádio. Todos têm rádio. Têm sócios ocultos, laranjas. Não se dão nem ao trabalho de colocar um pequeno empresário na frente do negócio, nada. Esse Garibaldi tem duas rádios. Registradas na Anatel e no TSE [Tribunal Superior Eleitoral]. E fica por isso mesmo!". O assunto o lembrou de outro senador: "Olha o Jefferson Péres, fica aí posando de arauto da moralidade e a mulher trabalhava no gabinete dele, é nepotismo, mas ninguém fala nada, é tudo normal".

De banho tomado, José Dirceu desceu para almoçar. Pediu codorna com trufas e *foie gras*. A pedido, relembrou algo da sua história. Ele nasceu em Passa Quatro, uma cidade encravada na serra mineira, que ainda tem maria-fumaça. Saiu de lá aos quinze anos para morar em São Paulo, onde, por recomendação de um tio, trabalhou como contínuo no escritório do então deputado Havolene Júnior. Ao contrário de seus irmãos, que ficaram em Passa Quatro por mais tempo, ele se considera mais paulista do que mineiro. O inconfundível sotaque caipira corrobora sua percepção. Em 1965, entrou para o curso de direito na Pontifícia Universidade Católica. Militou no movimento estudantil e chegou à presidência da União Estadual dos Estudantes de São Paulo.

Em fotos da época, ele aparece com os cabelos pretos lisos e compridos, o nariz reto aristocrático e uma postura impávida, mundana e desafiadora. Em resumo: Dirceu era lindo. Não chega a ser carismático, mas sempre soube como criar e manter uma rede de lealdades, sobretudo feminina. No movimento estudantil, amigos o chamavam de "Alain Delon dos pobres".

Em 1968, foi preso junto com outros oitocentos estudantes no 30º Congresso da União Nacional dos Estudantes, em Ibiúna. Quarenta anos depois, disse que foi um erro terem esperado a chegada dos policiais. "Achamos que era melhor resistir, mas aquilo só serviu para a ditadura fichar todo mundo e, um ano mais tarde, saber exatamente quem deveria ser morto, torturado ou desaparecer", comentou. Disse não ter sido influenciado pelo movimento francês de Maio de 68. "Vivíamos isolados", contou. Já em relação à Primavera de Praga, a invasão da extinta Tchecoslováquia pela finada União Soviética, com o apoio de Fidel Castro, levou-o a tomar uma posição: "Fui radicalmente contra. Não existe isso de um país invadir outro. Nunca fui stalinista, nunca".

Em onze meses, passou por quatro prisões diferentes. Foi um dos libertados na troca do embaixador americano Charles Elbrick, sequestrado por esquerdistas. Banido, exilou-se em Cuba, onde fez treinamento de guerrilha e aprendeu a atirar. "Era igual a esse filme *Tropa de elite*: o treinamento era para virar máquina de matar", lembrou. "Mas nunca fiz os exercícios com gosto, não era minha praia."

No exílio, fez uma cirurgia plástica que lhe salientou as maçãs do rosto e mudou o formato dos olhos. Implantou uma prótese para tornar o nariz adunco. Voltou clandestinamente ao Brasil por duas vezes. Na primeira, embarcou com uma pistola Brown 9 milímetros. Foi de Havana a Moscou, de lá para Praga, depois a Frankfurt, Bogotá e Manaus. Usou um documento com o sobrenome Hoffmann — ele esqueceu o primeiro nome. Era um passaporte verdadeiro de um judeu argentino que havia morado no Brasil. "Era ouro na clandestinidade, tanto que renovei o passaporte várias vezes na fronteira", contou.

Voltou para Cuba um ano depois e fez outro treinamento: o de como viver na clandestinidade. "Aprendi a andar diferente, a usar outras palavras, a sentar de outro jeito", contou. "Quando voltei ao Brasil, se alguém gritasse 'Zé' ou 'Dirceu' na rua, eu nem olhava. Realmente me convenci de que era outra pessoa", afirmou. Com a anistia, voltou à legalidade. Foi a Cuba desfazer a plástica e regressou a São Paulo. Foi funcionário da Assembleia Legislativa, completou o curso de direito e retornou à política. Participou da criação do PT e do movimento Diretas Já. Em 1986, foi eleito e depois reeleito deputado federal até que, em 2003, Lula o nomeou ministro.

João Serra escutava o relato maravilhado. "Eu nunca tive um sonho sobre o período do exílio", disse Dirceu. "Sonho com várias coisas, mas com esse período, nada." O sócio se surpreendeu. "O doutor José não teve traumas?", indagou. "Não costumo me lembrar das coisas", foi a resposta. "Elas acontecem e eu viro a página. Não fico no passado. Passou, passou. Nos últimos quarenta anos, minha vida teve ciclos de dez anos. Acaba um e começa outro. O que fica para trás, eu esqueço. Daqui a dois dias, vão me perguntar como foi este almoço e não vou me lembrar."

Quando se trata de assuntos impessoais, no entanto, a memória de José Dirceu é excelente. Ele é capaz de citar números, estatísticas, dezenas de nomes e situações, em cascata. Ao pisar em Lisboa, por exemplo, falou-me sobre a quantidade de desempregados no país, os investimentos brasileiros, o comércio bilateral com os Estados Unidos e os negócios portugueses com outras três nações. Tudo ilustrado com cifras e mais cifras. Ao longo dos dias, pintou o mesmo quadro de pelo menos outros sete países, sem falar nas recorrentes exposições sobre a economia brasileira, quando repete de cor as dezenas de metas do plano plurianual do governo.

José Dirceu foi entrevistado, naquela tarde, no escritório dos advogados, por dois repórteres do *Diário de Notícias*, um dos maiores de Portugal. Eles perguntaram antes se havia algum assunto de que não deveriam tratar. "Não, podemos falar de tudo", respondeu. Dois dias depois, o jornal publicou a entrevista em duas páginas, com o título "Terceiro mandato de Lula seria 'erro gravíssimo'". Depois da conversa com os jornalistas, ele tentou marcar, pelo celular, uma audiência entre o ex-chefe do governo espanhol, Felipe González, e um candidato à Presidência de El Salvador. O telefone não funcionou direito e ele se queixou: "Odeio essa TIM".

No caminho de volta ao hotel, Dirceu contou a João Serra que só comprava carros usados. Depois, lembrou-se do automóvel que havia sido colocado a sua disposição na visita anterior a Lisboa: um Porsche Cayenne verde, com bancos de couro claro. "Era muito elegante, mas para mim não dá", disse. "Quer dizer que o doutor José não pode ter um Porsche?", perguntou o advogado. "Não, se eu tiver, viro notícia", respondeu ele. Quando Dirceu entrou no hotel, João Serra me disse: "Eu tinha vinte e poucos anos e já ouvia falar dele; é uma figura mítica para nós, ligados à esquerda".

O voo de Lisboa a Madri duraria menos de duas horas, mas estava atrasado. Às sete e meia da manhã, José Dirceu desceu correndo do Jaguar, rumo à área do check-in da classe executiva da Iberia. Empurrando sua mala pelos corredores, confundiu-se com a má sinalização dos portões. Lamentava ter comido muito e tomado duas garrafas de vinho na noite anterior, em companhia do deputado português Miguel Relvas, seu amigo há décadas.

Por coincidência, a fila de embarque para Salvador e São Paulo, da TAM, ficava ao lado da que seguia para Madri, da Iberia. Mais uma vez, foi hostilizado. "Olha quem está ali, o Zé Dirceu! Olha que beleza, viajando no exterior", comentou um rapaz de mochila. O ex-ministro nem olhou para ele. Chegou ao balcão, pediu uma informação e saiu contrariado. "Olha quanta falta de educação desse povo da Iberia", disse. "Fui perguntar sobre a conexão em Madri e eles falaram que eu que me virasse, que eles não sabem de nada. Depois falam que no Brasil que é tudo esculhambado. Vou aproveitar e escrever em meu blog", falou, antes de partir para a sala VIP.

Ele ignora todas as agressões. Sua capacidade de se abstrair em situações tão embaraçosas é impressionante. Quando falamos sobre a hostilidade, dias depois, ele disse: "Em qualquer lugar que eu vá sempre vai aparecer um para me xingar, mas eu já nem escuto. Converso sobre o assunto com as minhas filhas e com o meu filho Zeca, que é o que mais sofre, é muito sensível. Mas como eles sabem quem sou e como vivo, tenho minha consciência absolutamente tranquila". Para ele, há uma lógica matemática na probabilidade dos insultos. Sua impressão é de que 40% das pessoas acham que é inocente e 20% não têm opinião formada a seu respeito. Outros 30% não gostam dele, mas não o hostilizam. Dez por cento vão sempre "fazer aquilo", disse, referindo-se às agressões verbais na churrascaria e nos aeroportos.

O avião estava parado na pista do aeroporto de Lisboa. Fazia pelo menos vinte minutos que todos os passageiros haviam embarcado. Esperava-se apenas um, não localizado, para que a decolagem fosse autorizada. O piloto já cogitava a possibilidade de, por segurança, retirar do avião a bagagem do passageiro sumido: poderia ser uma bomba. Foi quando o ônibus estacionou ao lado do jato. Dele, desceu sozinho José Dirceu, com ar preocupado. Assim que entrou, apressou-se em explicar o atraso à aeromoça: estava na sala VIP e havia pedido que o avisassem quando deveria ir para o portão de embarque, o que não ocorreu.

O voo chegou a Madri três horas depois do previsto, e Dirceu perdeu a conexão para Santo Domingo. Ao desembarcar, foi informado de que só haveria voo no dia seguinte e que, se quisesse retirar sua mala, teria que esperar quatro horas no aeroporto. "Não, não, não posso ficar aqui, tenho muita coisa para resolver na República Dominicana", disse. "Vou alugar um avião para o Panamá e de lá me levam para Santo Domingo. Não dá para ficar aqui, não dá."

Foi encaminhado com outros sessenta passageiros para um balcão onde os voos eram remarcados. Pelo BlackBerry, ligou para a secretária em São Paulo e disse que arrumasse uma passagem urgente para voltar ao Brasil. Em cinco minutos veio a resposta por e-mail: teria que gastar mais 3600 euros. "Aí não dá", comentou. A ideia de alugar o avião também passou a parecer estapafúrdia. A companhia aérea ofereceu um hotel quatro estrelas ao lado do aeroporto de Barajas, a doze quilômetros do centro de Madri, com direito a três refeições e dois telefonemas. A mala ficaria presa no aeroporto. Seria preciso comprar uma muda de roupa e artigos de toalete. "Para mim, o principal é comprar um hidratante", ele falou. "Eu morro louco sem hidratante."

Aos 61 anos, Dirceu tem os cabelos grisalhos e finos, que ajeita para trás com um pentinho verde que leva no bolso da calça. Sua pele é lisa e brilhante, graças aos cremes, e ele nega que seja por causa de plásticas ou aplicações de Botox. Sua aguda percepção sobre a aparência se manifesta no uso aplicado de produtos de beleza, no empenho com os exercícios físicos, no guarda-roupa de grifes e na preocupação constante com a perda de peso. Ele quer emagrecer, urgente, sete quilos. Quando passa em frente a um espelho, ou diante de um vidro com bom reflexo, José Dirceu sempre confere o penteado e a posição do colarinho.

Na sua agenda telefônica, os nomes viram siglas. MTB é Márcio Thomaz Bastos; LEG, Luiz Eduardo Greenhalgh; MAG é Marco Aurélio Garcia. Ainda no aeroporto, telefonou para o embaixador brasileiro na Espanha, José Viegas, ex-ministro da Defesa, para saber se estava livre para jantar. Com a resposta positiva, a perspectiva de passar a noite em Madri se tornou menos sombria. "Como a Marta já falou, a gente não pode repetir porque fica feio, mas o negócio agora é relaxar...", comentou, enquanto andava até a van que o levaria ao hotel. "O voo foi muito barulhento, mas eu não consegui nem brigar com a aeromoça: nossa, que mulher linda."

Um carro da embaixada brasileira foi colocado à disposição de Dirceu. Enquanto o esperava, pediu no bar do hotel uma cerveja, batatas fritas e um sanduíche de *jamón con queso*. Comentou que o melhor quadro do governo é Luciano Coutinho, presidente do Banco Nacional de Desenvolvimento Econômico e Social, o BNDES. "Que não é petista", ressaltou. O economista, como Dirceu, é um "desenvolvimentista": alguém que privilegia o investimento na produção e na indústria, em vez de zelar a ferro e fogo pela renda do sistema financeiro. Até sair do ministério, ele travou uma luta surda com o ministro Antonio Palocci, o ponta de lança do rentismo. Não tem nenhuma dúvida de que, em função da disputa, se Lula tivesse de escolher entre ele e Palocci, o presidente o demitiria. Os dois acabaram saindo do governo e, como eram vistos como sucessores potenciais de Lula, o PT ficou sem candidatos de peso à Presidência.

Suas relações com Lula são camaradas, e não íntimas. Eles se conhecem há quase trinta anos, se aproximaram mais na década de 1980, mas a amizade jamais extravasou os limites partidários e políticos. Dirceu teve um papel decisivo na transformação do PT numa máquina para eleger Lula presidente. Foi ele quem disciplinou as diversas correntes do partido e anestesiou as alas à esquerda, forjando a política de coligações com forças de direita e a estratégia da campanha nos moldes tradicionais — financiamento junto ao grande empresariado e contratação de marqueteiros custosos. Também cultivou políticos de todos os partidos, além de industriais e banqueiros. Ainda assim, ele e Lula tiveram uma divergência política significativa. José Dirceu defendia que a aliança se desse a partir do PMDB, enquanto Lula privilegiou a coligação com os pequenos partidos de aluguel. Nomeado ministro, ele fez um acordo com o então presidente do PMDB, Michel Temer, para que o partido participasse efetivamente do governo, com ministérios importantes. Lula desautorizou publicamente José Dirceu, que se calou.

O toma lá dá cá com a miríade de legendas de aluguel esteve na raiz do mensalão, que provocou a queda do chefe da Casa Civil. É uma ironia da história: Dirceu perdeu o poder por articular uma política que não era a sua, era do presidente. E, com o seu homem forte fora do governo, Lula deu meia-volta e aproximou-se mais e mais do PMDB.

Aparentemente, ele não guarda ressentimentos de Lula, a quem sempre defende e elogia. Contou que fazia seis meses que não via o presidente e que, no governo, jamais ia ao Palácio da Alvorada sem pedir autorização. Também se lembrou de situações em que sentiu "pouca interlocução" com o presidente. Uma delas foi quando chegou à imprensa a notícia de que a Telemar injetara 5,2 milhões de reais na Gamecorp — empresa de joguinhos de computador que pertence a Fábio Luiz da Silva, filho de Lula. Recordou uma reportagem na qual Lulinha inventara frases suas e contava que estivera em reuniões das quais nunca participou. Dirceu se queixou e a resposta foi surpreendente: "Ele se virou para mim e falou: 'Ah, mas isso não tem problema, não, é só detalhe'. Eu falei: 'O que é isso, Lulinha, você está ficando bobo? Isso é seriíssimo'".

Ele pediu outra cerveja. O lobby do hotel era impessoal e sem graça. Uma televisão estava ligada num canal de notícias que Dirceu olhava de quando em quando. "Para o Lulinha, não importa a verdade", prosseguiu. "É assim: estamos aqui tomando cerveja, neste hotel simples, à tarde. Quando o Lulinha conta essa história, ele conta assim: 'Estavam os dois, à noite, tomando champanhe Cristal no Hotel Ritz, em Paris'. Ele quer melhorar a história, ele fabula. O Lulinha pegava pesado." Na ocasião, Dirceu disse ter procurado o presidente, que respondeu: "Você vai ficar enchendo meu saco por causa do Lulinha, Zé Dirceu?". Ele tomou mais um gole de cerveja. O motorista da embaixada havia chegado.

A filial da loja de departamentos El Corte Inglés ficava a menos de cinco minutos do hotel. José Dirceu disse que estava com preguiça de escolher uma roupa. Durante cinquenta minutos, examinou as araras da seção masculina, experimentou calças e camisas. Levou uma Ermenegildo Zegna com um colarinho menor do que o seu, que é número 43, roupa de baixo e um par de meias. E o hidratante, é claro. No carro, confessou que queria ter comprado uma calça comprida, mas era preciso fazer a bainha. Comentou que havia visto um terno magnífico, por um preço equivalente ao de um feito por alfaiate no Brasil. Dois dias depois, lamentou outra vez não ter podido comprá-lo. Dali rumou para a casa do embaixador Viegas, no centro de Madri.

"Não preciso nem dizer que tudo o que estou falando aqui é off", disse-me o embaixador Viegas, enquanto bebericava uma dose de uísque. O jantar foi alegre. Conversou-se sobre o Ministério da Defesa, a crise aérea, o governo Lula e a busca frustrada de Dirceu por um creme de cabelos da marca Keune. Foi servido espaguete à carbonara e bebeu-se vinho tinto. José Dirceu se contorceu em gargalhadas quando a embaixatriz Erika Stockholm, peruana de nascimento, contou as desventuras do casal em uma praia espanhola. Jovem e esfuziante, ela só anda de Vespa pelas ruas de Madri. Está terminando um curso de decoração de interiores e fará a cenografia de um desfile de moda. Se o jantar fosse uma sinfonia, Erika teria sido o *allegro vivace*. Na volta, Dirceu ainda ria sozinho das histórias contadas pela embaixatriz. "Sabia que ela era a Xuxa do Peru?"

José Dirceu chegou ao aeroporto carregando a sacolinha dourada do El Corte Inglés com as mudas sujas. Era a primeira vez que repetia uma roupa. Em quatro dias e meio, usara dois ternos, quatro camisas sociais, três gravatas, um sobretudo, uma jaqueta de couro, uma calça de veludo, outra de brim, um mocassim, um sapato preto, um tênis, uma camisa jeans, o abrigo de ginástica da CBF, uma bermuda e duas camisetas. Sua mala era bem maior do que a minha.

A ensolarada Santo Domingo, onde a temperatura média anual é de trinta graus, lembra cidades de praia na Bahia. As largas avenidas cortam paisagens de coqueiros, onde barraquinhas de madeira vendem frutas. O mar azul-celeste fica a uma hora do centro da cidade, e é lá que se concentram os resorts, lotados de americanos aposentados. Na área urbana, não há praia e a água do mar é escura como chá. Um muro baixo separa o mar das ruas onde circulam os veículos. Na classe alta, a maioria dos dominicanos usa bigode, pinta as unhas com esmalte transparente e ostenta anéis e relógios dourados. As mulheres estão sempre de salto alto, cabelos presos em coques, ou armados com laquê, e com muita maquiagem.

"Eu chego aqui e já me dá vontade de tomar rum", disse José Dirceu ao desembarcar, depois de oito horas e meia de voo, no acanhado aeroporto de Santo Domingo. O ministro Miguel Mejía, um homem de dois metros de altura com o rosto de uma pintura de Botero, o esperava na porta do avião. Foram direto para uma sala reservada, onde Dirceu entregou seu passaporte e o tíquete da mala, o que o poupou da fila e o aliviou do peso de carregar a própria bagagem. "Isto aqui é igual a Cuba: é o *sociolismo*. Tudo acontece se você conhece alguém socialmente", disse.

O carro estava ligado e à espera do convidado. O ministro assumiu a direção e Dirceu, que o conhece há quarenta anos, sentou-se ao seu lado. No banco de trás havia dois seguranças e uma moça elegante, que acompanhou Mejía o tempo todo. Conversaram sobre o presidente da Venezuela, Hugo Chávez. "*El tipo está loco*", disse Dirceu. "Eu não te falei que ele ia perder?" O ministro concordou. Dois dias antes, Chávez havia sido derrotado no plebiscito que previa a sua reeleição ilimitada.

Na opinião de Dirceu, o presidente venezuelano havia feito tudo errado: ausentou-se do país no mês anterior à votação, não tinha vantagem expressiva nas pesquisas, e acabou por dividir sua base de apoio até perder o general mais moderado do governo, além de ter fortalecido a oposição. Fora o fato de ter inventado o referendo em meio a uma crise de desabastecimento e rumores de corrupção. "É prepotência, é ambição, é um erro atrás do outro", disse. "Vamos combinar uma reunião de dez amigos do Chávez em Caracas. Temos muito que conversar. É preciso valorizar a situação no Brasil. Nós corremos o risco de perder as eleições em 2010."

José Dirceu já havia comentado que, diante de um fracasso de Chávez, Cuba seria fortemente prejudicada, já que, em troca de produtos bolivarianos, envia mão de obra qualificada — médicos, dentistas e professores — para a Venezuela. Mejía contou ter ouvido de alguém próximo ao presidente cubano, Raúl Castro, que o país apoiaria a Venezuela numa reforma democrática, mas não numa ação revolucionária. "É verdade, não acredito que Fidel concordasse com isso", disse Dirceu. Ele recordou que, dois dias antes do resultado, Fidel Castro publicara um artigo insinuando uma derrota. "Cuba sabe dessas coisas, o governo tem serviço secreto, não é bobo", completou.

O carro avançava devagar pelas avenidas engarrafadas de Santo Domingo. Boa parte da frota está caindo aos pedaços. Num dos carros que ultrapassaram o do ministro havia oito adultos espremidos e nenhum vidro lateral. Uma toalha de banho cor-de-rosa era usada para controlar o vento. José Dirceu mudou de assunto e disse a Mejía: "Há uma empresa brasileira, uma das maiores, muito interessada em vir para cá. É o grupo do vice-presidente da República, a Coteminas. Eu já conversei com o Josué, o filho do José de Alencar que cuida dos negócios, e eles estão dispostos até a construir uma fábrica".

Dirceu chegou ao Hotel Hilton às sete da noite. Por ter o nome no cadastro de hóspedes frequentes, fez rapidamente o check-in. Foi para o quarto, no piso executivo, atualizar seu blog. Nele, Dirceu comenta notícias de jornais ou temas que considera relevantes. Muitas vezes, publica dez longos comentários num único dia. Seu estilo de escrita é direto, com poucas metáforas ou figuras de linguagem. Suas análises comportam adjetivos como "lamentável", "uma vergonha", "absurdo" e terminam com frases em tom de lição de moral. Em dezembro, lá estavam suas impressões sobre a Bolívia, a Venezuela, a greve de fome do bispo Luiz Cappio contra a transposição do rio São Francisco, a política americana sobre o álcool, o aniversário de Oscar Niemeyer, a sucessão presidencial, a taxa Selic, o fim da CPMF e a política de segurança pública, além de críticas a reportagens e repórteres. Pelo seu controle, o blog tem um acesso diário de 3 mil pessoas. Antes de publicar, ele envia os posts ao seu advogado, José Luis Oliveira Lima, em quem confia muito, e a um amigo, o jornalista Breno Altman. Quando acham que Dirceu exagerou nas críticas, eles o aconselham a baixar o tom.

Às 21h40, Dirceu, de terno, parecia estar sendo engolido pelo sofá da recepção. "Acho que esqueceram de mim", disse, cansado. Havia quarenta minutos esperava o ministro Miguel Mejía para jantar. Foi quando chegou o empresário dominicano Johnny Cabrera, dono da Petroconsa, empresa de petróleo e construções, com quem deveria se encontrar no dia seguinte. Ambos têm um interesse comum: etanol. Segundo Dirceu, Cabrera tem estrutura para fazer o *blend* do combustível no Caribe e, de lá, mandá-lo para os Estados Unidos, que impõem duras barreiras tarifárias para a importação do produto brasileiro. Vinte minutos depois, chegou Mejía.

Após o jantar num restaurante italiano, "com gente jovem e bonita", segundo Dirceu, ele e Mejía foram conhecer uma casa fechada onde seria possível instalar um restaurante. "Vou trazer a churrascaria Bassi para cá", explicou o ex-deputado. "Vai ser uma churrascaria rodízio e butique de carnes. O lugar é perfeito, fica em um ponto turístico ótimo." Dirceu também foi procurado por empresários paulistas para entrar como sócio numa franquia do restaurante Floridita, de Havana, que era frequentado por Ernest Hemingway. O investimento seria de 4 milhões de reais. A parte de José Dirceu, 400 mil reais. "Mas estou achando muito caro", comentou.

O dia seguinte começou com José Dirceu se exercitando na esteira. Dessa vez, em frente à janela da academia do hotel, que dá para uma vista espetacular do mar de Santo Domingo. Outros dois empresários remarcaram o encontro que teriam com Dirceu, já que ele havia atrasado em um dia sua chegada à cidade. O presidente da República, Leonel Fernández, também estava em um compromisso inadiável, o que o deixou com a tarde livre. Ele disse que aproveitaria para escrever seu blog e atender ligações urgentes, como a de um alto executivo da Parmalat, que o chamou pelo celular.

Às dez e meia da manhã, recebeu o amigo Daniel Herrera, a quem chama de Olaf, seu nome de guerra. Herrera é um cubano com um enorme bigode branco que disfarça a falta de dentes. Ele vestia uma *guayabera* com seu nome bordado no bolso e fumava feito uma chaminé. Olaf é consultor do presidente da Nicarágua, Daniel Ortega. Nos anos 1960, foi encarregado pelo governo cubano do contato com os brasileiros exilados na ilha. Foi ele quem sugeriu que Dirceu usasse na clandestinidade o codinome "Daniel". Com um sorriso, em seu espanhol impecável e forte sotaque brasileiro, José Dirceu me apresentou como "*una periodista de la prensa burguesa*". Foi a única vez na viagem que usou uma expressão marxista. Olaf fez graça: "Pelo menos é a imprensa que paga mais, não é?".

O cubano pediu notícias dos companheiros do passado, como Marco Aurélio Garcia. Dirceu deu informações sobre uns e emendou: "O franco-argentino está se metendo demais, vou dar um pau nele no meu blog". "Quem?", quis saber Olaf. "O Luiz Favre, o Felipe", respondeu Dirceu, referindo-se ao nome de batismo — Felipe Belisario Wermus — do marido da ministra Marta Suplicy. Conversou-se sobre Cuba, Venezuela, Nicarágua e sobre a beleza das mulheres brasileiras. Olaf usou a seguinte imagem para descrever a atual realidade política em Cuba: "O Raúl contrata uma orquestra para convocar a população e ninguém aparece. O Fidel toca um apito e o lugar enche".

Ao se despedirem, Dirceu fez o amigo prometer que iria ao Brasil cuidar dos dentes. Seu dentista é o paulistano Fábio Bibancos, conhecido como o "dentista das estrelas", tal a quantidade de celebridades que atende, como os atores Fábio Assunção e Ana Paula Arósio. "É um cara sensacional, alguém que eu não conhecia e de quem virei amigo. Ele me defende muito", afirmou. "Tenho certeza de que ele vai ter o maior prazer em fazer isso", disse. Olaf mostrou-se preocupado com os custos e a hospedagem no Brasil. "Você é meu convidado, não precisa se preocupar com nada", disse ao amigo.

José Oviedo, a quem o presidente Lula chama de "Gordito Oviedo", foi conselheiro político da República Dominicana no Brasil. Vestido com uma *guayabera* amarela de mangas compridas e andando com certa dificuldade devido ao sobrepeso, ele foi encontrar José Dirceu no lobby do hotel. Seu português é perfeito. "O Dirceu era um mito. Era o sedutor da América Latina", contou-me. O elogiado olhava para o lado e ria. "A vovó do rock-and--roll, a Rita Lee, não falou que ele era o dirigente de esquerda mais gostoso do país? Então, era assim que ouvíamos falar dele em todos os lugares." Dirceu atalhou: "O que é isso, Gordo, imagine...".

Juntou-se à turma o ministro Miguel Mejía. Entraram em dois carros e partiram para o centro da cidade. Foram almoçar em uma churrascaria lotada, cuja decoração natalina incluía cabeças de alces enfeitadas com gorros de Papai Noel. Houve uma pequena espera e o grupo encostou-se no balcão de madeira escura. José Dirceu ria, brincava com os garçons e insistiu para que eu experimentasse de seu copo o rum Imperial, que bebia com uma pedra de gelo e limão. "Você nunca provou uma coisa dessas na sua vida", disse-me. De fato, o rum era ótimo.

Enquanto se desviava do entra e sai de clientes, Dirceu conversou com Mejía sobre a vantagem de ter um avião Citation. Depois de dez anos, argumentou, sai mais barato ser proprietário de um jatinho do que alugá-lo. Um rapaz com colete e chapéu avisou que a mesa estava pronta. Assim que se sentou, Dirceu disse: "Gooooordo! Estamos na América Latina e ninguém está falando nadaaaaa!", exclamou com as duas mãos espalmadas em cima da mesa e um sorriso escancarado. Numa conversa paralela, perguntei a Oviedo como Dirceu lidava com os xingamentos públicos. "Para ele, é muito difícil", respondeu com uma expressão de desalento.

Uma mulher magra, de cabelo à Chanel, passou ao lado da mesa. José Dirceu a seguiu com os olhos até que ela sumisse de seu campo de visão. "Gordito, aquela mulher estava me secando com os olhos!", comentou. "Olha só, ela tem uns cinquenta anos, mas nem parece. Eu me casava com ela!", brincou. Em seguida, contou que, numa viagem ao Peru, ao tomar o café da manhã no hotel, foi abordado pelo garçom. Uma hóspede havia perguntado sobre *el hermoso* da mesa ao lado e estava interessada em saber se poderia conhecê-lo. "Quinze minutos depois, chegou o marido", contou às gargalhadas. Ninguém quis sobremesa. O ministro Mejía pagou a conta.

A conexão na Cidade do Panamá, de onde sairia o voo para São Paulo, era de apenas uma hora. Mais uma vez, José Dirceu escolheu se sentar longe do portão de embarque. Lamentou não ter conseguido ler uma página sequer do livro de Alan Greenspan.

Perguntei como conciliava a atividade de consultor de empresas privadas com sua trajetória socialista. Afinal, ele quer hoje derrubar, reformar ou incrementar o capitalismo? "Tudo o que eu fizer vai ser ligado ao capitalismo", ele respondeu, grave. "Fui chamado para participar de vários processos de fusões e aquisições e não aceitei." Recusou por ideologia? Ele fez silêncio, pensou, e continuou: "Olha, eu não tenho condição de escolher o que fazer e o que não fazer. Eu faço o que dá. Depois do que aconteceu comigo, não tenho muita escolha. Meu nome, o que vai ficar de nós para a história, tudo isso é muito complicado. Eu estou muito pessimista, muito pessimista quanto ao meu futuro". Um grupo de chilenos sentou-se ao nosso lado, mas ele prosseguiu: "Por isso, quero ficar longe, quero trabalhar fora do Brasil. Eu não roubei, não tenho dinheiro guardado, não tenho nada. Tenho que trabalhar para sobreviver. A Receita devassou minha vida por dezessete meses e não achou nada. Essa coisa do Bassi, o que eu ganho com isso? Nada. Mas eu sinto que estou melhorando o Brasil, ajudando as empresas brasileiras". Fez outra pausa e finalizou: "Eu tenho que trabalhar". Foi a única vez na viagem que ele pareceu emocionado e triste.

Eram sete da manhã quando o avião pousou no aeroporto de Guarulhos. Os passageiros, ainda sonolentos, olhavam José Dirceu com indiferença. Ele ignorou o free shop e foi o primeiro a cruzar o portão da alfândega.

A casa de José Dirceu, em um condomínio de classe média alta em Vinhedo, a trinta quilômetros de Campinas, fica no alto de uma colina de onde se vê um bosque de pinheiros. Fazia apenas sete horas que havia chegado do exterior, mas já comandava um almoço para amigos, assessores e familiares. Um churrasqueiro contratado cortava apetitosos pedaços de picanha, frango e linguiça. Bebia-se prosecco e ouvia-se jazz em alto volume.

A casa de dois andares, pintada de amarelo, não tem grandes luxos. A decoração é no estilo rústico, com armários, cristaleiras e um aparador em madeira pesada. As paredes internas também são amarelas. Na sala de jantar, em frente à mesa de doze lugares, há um único quadro: um espantoso peixe cabeludo, verde, de meio metro de comprimento, com moldura barroca. A obra é assinada pelo senador José Sarney.

Na área da churrasqueira, a mais usada, há duas mesas de madeira, uma geladeira industrial com a propaganda de uma marca de cerveja na porta e um forno de pizza. A área fica em frente a uma piscina em forma de grão de feijão. José Dirceu apareceu sem camisa, de bermuda cáqui e chinelos azuis. Estava furioso com um ar-condicionado que fora instalado em sua ausência. "Quem foi o retardado que pôs isso desse jeito?", perguntou à namorada Evanise, que havia chegado de Brasília na véspera e não sabia do que ele falava.

As duas filhas de Dirceu e a de Evanise, de catorze anos, tiravam fotografias de si mesmas, dos convidados e do casal de namorados, que se abraçava e trocava confidências. Quando o almoço foi servido, José Dirceu passou a circular entre as duas mesas, contando episódios da viagem por três países em seis dias. Ao detalhar os vinhos que tomou e os restaurantes onde jantou, disse que todas as despesas foram rateadas com os sócios lusitanos. "Lá é tudo contabilizado, tudo certinho, não é igual aqui", afirmou. Na Europa, seus ganhos estão condicionados aos resultados dos negócios que consegue fechar. No caso, 1% da negociação que deu certo. "No Brasil, os contratos são de 30 mil reais por mês, mas só ganho meio por cento de *success fee*", disse.

Quando finalmente se sentou, foi na cadeira da elétrica Rosemary Noronha, assessora especial do gabinete pessoal da Presidência, em São Paulo. Amiga do presidente Lula (a quem, como Dirceu, só chama de "Luiz Inácio"), ela estava com um iPhone novinho que atraiu a curiosidade de todos.

Ao retomar o xingatório na churrascaria, ocorrido uma semana antes, Evanise me disse: "Não entendo como ele aguenta, sabe? Como não dá um soco na cara de um sujeito desses. Eu não consigo entender. Uma vez, a gente estava no aeroporto da Venezuela e um homem começou a gritar que ele era chefe de quadrilha, essas besteiras. Ele não faz nada, eu fico louca". "Não pode, Eva", disse o jornalista Hélio Doyle, que foi secretário de governo de Cristovam Buarque, no Distrito Federal. "Se ele faz isso, perde totalmente a razão."

Um dos pretextos do churrasco era discutir os próximos passos de um documentário sobre a atuação de José Dirceu como líder estudantil. Há dois anos, o produtor e diretor de televisão Abelardo Blanco tem gravado cenas, inclusive de uma viagem do ex-deputado a Cuba. O grupo falou sobre uma nova ida a Havana. Dirceu deu uma olhada numa lista de militantes do Movimento de Libertação Popular, o Molipo, no qual militou, e deu palpites sobre quem deveria ser entrevistado. "Como alguém já disse, aqui só tem presunto", falou com expressão séria. Dos 32 da lista, havia apenas cinco sobreviventes. Combinaram de ir a Cuba em fevereiro.

O anfitrião abriu um vinho de sobremesa para acompanhar as musses de limão e maracujá. O café foi servido. José Dirceu estava sonolento e com olheiras. A filha Joana veio avisar que ia sair e ele aproveitou a deixa: “Gente, vamos acabar logo porque estou muito cansado, preciso dormir”.

Para o final de janeiro, está marcado seu primeiro depoimento oficial sobre o mensalão. Ele será ouvido na Segunda Vara da Justiça Federal, em São Paulo.

Janeiro de 2008

O caseiro: Francenildo dos Santos Costa

João Moreira Salles

Francenildo dos Santos Costa era caseiro, tinha 24 anos, quatro bermudas, três calças jeans, cinco camisetas, três camisas, cinco cuecas, três pares de meia, dois pares de tênis, um sapato e um salário de 370 reais quando tudo começou, em março de 2006.

Com quadra de tênis, campinho de futebol, piscina e churrasqueira, a casa de que tomava conta desde 1999 era grande, mas discreta. Ficava no final de uma rua sem saída, num pequeno largo formado por cinco casas. Era bege, tinha dois andares e câmeras de segurança no telhado. Sua particularidade eram dois grandes portões de chapa de ferro, brancos, um na frente e outro atrás. O terreno dava fundos para uma via expressa, de modo que um carro poderia deixar a casa sem ser visto. Francenildo e a mulher, Noelma, moravam numa edícula nos fundos do terreno. Em 2003, o proprietário da casa, o advogado Luiz Antonio Guerra, decidiu alugá-la e entrou em contato com um corretor chamado João Gustavo Abreu Coutinho. João Gustavo trazia clientes para visitar o imóvel, Francenildo abria a porta e ajudava a mostrar as dependências. Com o tempo, os dois ficaram próximos, camaradas.

Um dia, o corretor apareceu com um homem de meia-idade, rechonchudo e simpático, de cabelos ralos e um bigode largo que lhe caía feito um circunflexo sobre a boca. Chamava-se Vladimir Poleto. Vinha de Ribeirão Preto, no interior paulista, e falava em nome de um grupo de amigos que procuravam uma boa casa na capital federal. Depois de percorrer o jardim, avaliar a piscina, medir a sala e ver os quartos, pareceu satisfeito. Abriu a porta do carro e, antes de dizer ao motorista Francisco das Chagas que partisse, avisou ao corretor que entraria em contato.

O negócio foi fechado no dia seguinte. Vladimir Poleto praticamente dobrou o salário do casal de empregados: "Agora você vai ganhar setecentos reais e tua mulher também". Francenildo se alegrou, e não teve problema em concordar — "Claro, é o senhor que está me pagando" — quando Poleto estabeleceu as novas regras: "O que acontecer aqui você não conta a ninguém, principalmente ao dono da casa".

Logo veio a mudança. "Encostou um caminhão grande e foi descarregando cama. Só tinha cama e mais um sofá, geladeira, televisão e um aparelho de som", lembra Francenildo. "A mulher até comentou: 'Oxe, só tem cama?'." Mobiliaram os quartos e deixaram as salas quase nuas. Compraram uma mesa de sinuca.

A casa ficava vazia boa parte do tempo. Seu uso era restrito a festas, duas por semana, que varavam a noite. Francisco das Chagas, o motorista, trazia as convidadas. O caseiro preparava a carne, acendia a churrasqueira e gelava a cerveja. Volta e meia Poleto lhe acenava com um espeto na mão: "Fica aqui, come uma carninha, toma uma cervejinha...". Era um sujeito simpático.

Aos poucos, Francenildo foi conhecendo o grupo, liderado pelo advogado Rogério Buratti. Eram todos homens de Ribeirão, onde haviam se conhecido durante as duas administrações do Partido dos Trabalhadores. Alguns mexiam com máquinas lotéricas, outros ocupavam cargos públicos. Havia um funcionário da Caixa e um homem de formação mais modesta, secretário de ministro, além de convidados ocasionais, como um homem baixo, calvo e bom de sinuca.

Poleto havia feito uma boa escolha. A casa atendia às necessidades do grupo, era afastada. "Só tem a casa ali do lado", comentou com um amigo. "É de uma jornalista." "Pô... Jornalista?", reagiu o outro.

Na segunda semana, avisaram Francenildo: "Olha, o chefão quer conhecer a casa". Providenciaram-se salaminho, latinhas do energético Red Bull e vinho. Arrumaram a mesa da cozinha, deixaram uns salgadinhos, guardanapos de papel e duas taças de cabeça para baixo. Naquela vez não haveria churrasqueira. "Vai ser discreto", disseram antes de partir. Pediram ao caseiro que não saísse da edícula.

Por volta das oito da noite, ouviu-se o mecanismo do portão. O carro estacionou no pátio interno sob a luz de holofotes regulados por sensor eletrônico. No quarto escuro, Francenildo e Noelma ergueram a cabeça e, como hipopótamos, deixaram apenas os olhos acima da linha-d'água do peitoril. A porta do carro se abriu. "Aquele é o ministro da Fazenda", cochichou Francenildo.

Nos oito meses seguintes, Francenildo levou uma vida tranquila. No fim do ano, foi a Teresina visitar a mãe. Lá, viu na televisão um rosto que não conhecia, o do bicheiro Carlos Cachoeira, e ouviu a palavra "bingo", que não lhe dizia grande coisa. Dois dias depois, recebeu um telefonema de Vladimir Poleto: era preciso acertar as contas porque a casa seria desocupada imediatamente. "Nessa coisa de dinheiro eles nunca me deixaram pra trás", contaria dois anos depois. Tomou um ônibus, atravessou o único trecho do país que conhecia e recebeu o que lhe era devido. Ajudou o ex-patrão a fazer a mudança e nunca mais o viu.

Francenildo retomou seu trabalho. Vieram outros locatários e a vida seguiu até que, no segundo semestre de 2005, a casa perdeu novamente o inquilino, e, como permanecesse desocupada, Luiz Antonio Guerra passou Francenildo de caseiro a diarista.

Com o dinheiro da rescisão, ele pensou, pensou, tomou coragem e comprou uma passagem de avião para Teresina. Ia tentar resolver a maior questão de sua vida: encontrar o pai e pedir-lhe que o reconhecesse como filho. Ficou no Piauí quinze dias e, ao voltar, se sentiu "meio alegre". Para um rapaz fechado, de fala baixa e voz triste, era muita coisa.

A poucos quilômetros da casa, no Congresso, começava a entrar nos eixos a engrenagem que o moeria. A Comissão Parlamentar de Inquérito que investigava a atividade dos bingos acabava de chegar aos nomes de Vladimir Poleto e Rogério Buratti. No dia 26 de janeiro de 2006, Francenildo acompanhou pela televisão o depoimento de Antonio Palocci à CPI. Num ambiente de cordialidade, o ministro respondeu a todas as perguntas. "Vossa Excelência não esteve nenhuma vez na casa que ele [Poleto] alugou no Lago Sul?", perguntou o senador Garibaldi Alves, do PMDB. "Não, não estive nenhuma vez", respondeu Palocci.

Poucos dias depois, no início de fevereiro, o advogado Rogério Buratti procurou o Ministério Público de São Paulo para reiterar com novos dados a acusação de que Palocci recebera propina de 50 mil reais por mês de uma empresa de Ribeirão Preto, na época em que era prefeito da cidade. Os dois haviam se desentendido por razões que extrapolavam os negócios e a política. A oposição afiou os dentes e mirou em Palocci, o homem a ser derrubado, o esteio da estabilidade econômica, principalmente o herdeiro presumido de Lula.

Na mesma semana, depois de meses sangrando por conta de escândalos vários, o presidente Lula ultrapassara os adversários nas pesquisas sobre a eleição presidencial de outubro. PFL e PSDB precisavam reagir. Dizia-se que a casa do Lago Sul era frequentada por gente de negócios heterodoxos e hábitos mundanos. Se fosse possível confirmar a presença de Palocci ali, estaria provado que ele mentira à Comissão. Ouviram falar de um motorista que trabalhara para Vladimir Poleto.

No dia 8 de março, um senhor de rosto grave e gasto abriu a 61ª sessão da CPI dos Bingos: "Sou um homem humilde, motorista desempregado. Peço desculpas se não puder me expressar direito. Sou homem de poucos estudos, mas estou à disposição dos senhores para responder a qualquer pergunta". Era Francisco das Chagas.

Na casa, Francenildo foi alertado pelo patrão, Luiz Antonio Guerra: "Olha, o motorista está lá na CPI. O próximo vai ser você". O caseiro correu até um rádio. Francisco das Chagas contava aos parlamentares que garotas de programa iam à casa e afirmava ter visto o ministro Palocci lá — "mas não para festas". Com trinta minutos de sessão, Garibaldi Alves perguntou: "Na casa havia duas empregadas e dizem que um caseiro, companheiro de uma delas. É isso?". Francisco das Chagas confirmou: "Isso mesmo, um caseiro". E nada mais foi dito sobre Francenildo.

Era uma quinta-feira, 9 de março, o início de tudo.

Francenildo, ou Nildo, como é chamado, nasceu em 1981, na capital do Piauí. Chegou a Brasília catorze anos depois, levado pela mãe, Benta. Tinha a vaga impressão de que o pai era o dono de uma pequena empresa de ônibus de Teresina. Aos dez anos adoeceu e, sem dinheiro para comprar remédio, pediu a um amigo que o levasse até o homem que diziam ser seu pai. Entrou na garagem, pôs-se diante do proprietário e explicou o que fazia ali. Eurípedes Soares da Silva, um cinquentão, ouviu o menino e negou a paternidade. Francenildo insistiu e o homem acabou lhe dando o equivalente a oitenta reais. "Some daqui", mandou.

Em Brasília, Francenildo arranjou serviço num bar-mercearia. Tinha quinze anos, trabalhava das seis da manhã às onze da noite. Ao sair do emprego, em 1998, deixou oitocentos reais com o patrão, por não ter onde guardá-los. Foi para uma chácara fazer trabalho de roça e conheceu Noelma, que se encantou pelo rapaz esguio, magro e tímido, de nariz afilado e braços longos feito galhos finos. Nesse período, seu tio lhe pediu emprestada a poupança da mercearia — "Preciso comprar um terreno em Luziânia" — e ele cedeu. Tinha uma dívida com o irmão de sua mãe, que pagara a passagem para tirá-lo de Teresina.

Noelma e Francenildo tiveram um filho, Thiago, e a vida apertou. Foi preciso ligar para o tio e pedir que adiantasse duzentos reais da dívida para o enxoval do menino. Ouviu: "Como é que você quer o dinheiro, se nem sabe se o filho é teu?". Só recuperou uma parte do que emprestara. "Eu tinha consideração pelo meu tio, que me trouxe daquele lugar velho, daquela vida velha que eu tinha", contou. "Eu vivia jogado na casa de um e de outro. Meus irmãos têm pai, então têm café da manhã, almoço e janta. Eu não." Não deu sorte com os homens da família, mas teve um bom padrasto: "Ele nunca bateu em mim".

Na manhã seguinte ao depoimento de Francisco das Chagas, Francenildo abriu o *Correio Braziliense* e leu:

"A partir do depoimento do motorista, a CPI decidiu procurar uma das empregadas da casa do Lago Sul, chamada Neuma [sic], e seu marido, ainda não identificado, que trabalhava de caseiro no local. Há informações de que ele teria levado malas de dinheiro a Ribeirão Preto, viajando de carro, junto com Poleto."

Francisco das Chagas não falara em malas de dinheiro na CPI, mas, de alguma forma, a falsa notícia chegara ao jornal. Malas, dinheiro e poder — Francenildo ficou com medo: "Quem estava sendo acusado podia vir me pegar". A campainha tocaria às dez da manhã. Ele deu uma espiada — eram três homens de terno. Ele os atendeu pelo interfone: "Qual é seu nome?", perguntaram. "Raimundo", ele mentiu. "Você conhece o caseiro que trabalhou na época do Poleto?" "Não." Pediram que viesse ao portão.

Eram policiais federais a serviço do Congresso e queriam ver sua identidade. Disse que era diarista, não andava com documentos. Os homens foram embora.

Francenildo começou a correr na memória as pessoas que conhecia. Precisava de ajuda, e o patrão, Guerra, estava viajando. Parou no nome de João Gustavo Coutinho, o corretor que trouxera Poleto à casa. Devia ter influência e sempre o tratara bem. Desde que o escândalo estourara, João Gustavo lhe dizia, rindo: "Dá pra ganhar um dinheirinho bom com essa história. Uns trinta mil reais, quem sabe? Pra você comprar uma casinha". (João Gustavo confirma ter conversado sobre a importância do testemunho de Francenildo, mas nega qualquer menção a dinheiro.)

Francenildo ligou: "Gustavo, preciso de ajuda para encarar os homens". O corretor pediu uma hora. Quando ligou de volta, disse: "Já falei com uma pessoa de confiança. Amanhã, às dez e meia, passo aí pra te pegar e a gente vai se encontrar com ele no Gilberto Salomão". Francenildo conhecia o lugar. Era o centro comercial onde ficava a agência da Caixa em que tinha conta.

No fim da tarde, o telefone tocou no gabinete do senador Antero Paes de Barros, do PSDB. Do outro lado da linha, alguém informava que o caseiro fora encontrado e queria falar.

Às oito da manhã do dia seguinte, uma sexta-feira, João Gustavo disse a Francenildo que se abaixasse no banco de trás do carro. O caseiro saiu escondido pelo portão dos fundos, para escapar de policiais que porventura estivessem à espreita. Estacionaram em frente à padaria Lago Sul, no Gilberto Salomão. Cinco minutos depois, um homem barbado, calvo, de uns sessenta anos, "fumador de cigarro", como lembraria o caseiro, caminhou na direção deles.

Era Enéas de Alencastro Neto, assessor de Teotônio Vilela Filho, senador tucano de Alagoas. "Você é o caseiro de quem o motorista falou?" "Sou." Desconfiado, pediu que Francenildo descrevesse o que vira na casa. Convenceu-se e lhe disse: "Rapaz, sabe quem você é? Você é o homem mais importante do mundo. Vai virar celebridade. Vai derrubar o homem mais poderoso depois do Lula". Como Francenildo estivesse de bermudas, Alencastro disse que o levaria até em casa para vestir uma calça, pois iriam ao Congresso Nacional. Abriu a porta de um jipinho Mitsubishi, pôs o caseiro para dentro e partiu, deixando João Gustavo para trás.

Chegaram ao Senado por volta das nove e meia. Francenildo foi conduzido por corredores, escadas e salões até uma sala de espera, onde esperou sozinho durante uns vinte minutos

Foi levado enfim à sala do tucano Antero Paes de Barros, de quem jamais ouvira falar. O senador estava sentado: "E aí, você é o caseiro da mansão lá? Você vai ficar muito famoso. Quer dar a entrevista?". Francenildo disse que estava com medo e precisava de ajuda, mas preferia não falar com a imprensa. "Não dá pra falar sem ser com eles?", perguntou. Paes de Barros fez que não: "Vou arranjar um jornalista de confiança". O senador garante que Francenildo quis falar: "Foi decisão dele".

Paes de Barros e os assessores começaram a discutir. Qual jornalista chamar? Esse "não é confiável", aquele outro "também não". Os nomes eram levantados e imediatamente derrubados. Sentado num sofá, Francenildo ouvia sem nada compreender. Imaginava que, ao dizerem "confiável" ou "não confiável", referiam-se à proteção dele próprio. "Andrei Meireles!", exclamou por fim o senador, lembrando-se do jornalista da revista *Época* em Brasília.

"Andrei, vem aqui que eu tenho uma coisa boa pra você", disse Paes de Barros, por telefone. Meireles estava no dentista, de boca aberta. Pediu que o senador adiantasse o assunto. "Você sabe que não é assim que funciona", ouviu em resposta, "mas vem que é uma bomba." O jornalista insistiu. "Não!", irritou-se Paes de Barros. Desejou um bom fim de semana a Meireles e desligou.

"Então pensei na Rosinha, que cobria a CPI do Banestado", diria dois anos depois o agora ex-senador, no terraço de um hotel em Brasília. Referia-se à repórter Rosa Costa, do *Estado de S. Paulo*. Ele foi direto ao assunto: "Ô Rosinha querida, como é que você está? Tem uma matéria para você soltar".

Levaram Francenildo de volta à sala de espera. Em silêncio, ele esperou com Enéas de Alencastro durante quase uma hora até que Rosa Costa chegasse. Ela perguntou: "Você quer fazer a matéria?". Em busca de um último conselho, ele olhou para Alencastro e recebeu um sinal afirmativo. Virou-se para a jornalista e assentiu com a cabeça.

Rosa Costa precisava de provas de que estava mesmo com o caseiro da notória casa do Lago Sul. Foram juntos até a casa para que ele buscasse a carteira de trabalho. Com a confirmação, seguiram para a sucursal do *Estado*, onde foi feita a entrevista.

Já eram três e meia da tarde quando ela lhe fez a primeira pergunta: "Quantas vezes o ministro Antonio Palocci foi à casa?". Cinquenta minutos depois, saíram. Pararam no Giraffas, uma cadeia de *fast-food*, onde Francenildo pediu o lanche mais barato. "Eu estava com uma fome danada. E você sabe como é pobre: depois que passa a hora de comer, não come mais nada". Um fotógrafo do jornal tirou duas fotos do entrevistado, uma diante da casa do Lago Sul, a outra em frente de uma placa que avisava: "Perigo — Altamente inflamável".

Palocci soube da entrevista e telefonou duas vezes a Sandro Vaia, diretor de redação do *Estado*, para pedir cautela e se dizer vítima de manobras de adversários. Vaia adiou por dois dias a publicação da entrevista, para que a repórter pudesse checar detalhes.

"Você quer ir para um hotel?", perguntou Rosa Costa ao caseiro. "O jornal se dispõe a pagar a hospedagem até que a matéria saia." Francenildo interpretou a oferta de duas maneiras: preocupação com ele ou, então, conforme disse, "medo de eu dar a mesma entrevista em outra imprensa". Ele recusou o oferecimento, refugiou-se numa chácara e só voltou à cidade na segunda de manhã. Rosa Costa avisou que a entrevista seria finalmente publicada no dia seguinte.

No dia em que ficou famoso — 14 de março de 2006 — Francenildo acordou às seis da manhã. Ligou a televisão e ouviu: "Um caseiro afirmou em entrevista ao *Estadão* que o ministro Palocci frequentava a casa". E soube que estava intimado a comparecer à CPI dali a dois dias.

Às sete e meia, chegou à casa do Lago Sul. Cortava a grama quando a secretária do proprietário veio chamá-lo: "Chegou um carro de imprensa". Era a RedeTV! Em seguida, vieram Record, Globo e SBT. A campainha tocava sem parar. Francenildo viu fotógrafos e cinegrafistas da Globo encostarem escadas na fachada da casa vizinha, onde morava a jornalista de quem ouvira falar. Subiam no telhado para filmá-lo e fotografá-lo.

Escondeu-se dentro da casa. Meia hora depois, Luiz Antonio Guerra lhe disse: "Você não pode ficar aqui, não vão te deixar em paz". Pela segunda vez em menos de uma semana, alguém o deitou no banco de trás de um carro para que pudesse sair fugido da casa.

Guerra o deixou no Gilberto Salomão para que tomasse um ônibus, mas, quando chegou a condução, ele decidiu não entrar. Perambulou, desnorteado, pelo centro comercial. Era, naquele momento, o homem mais procurado do país. "Eu solto no Gilberto, sem noção nenhuma. A única coisa que me passava pela cabeça era que eu tinha que achar uma roupa boa pra ir na CPI. Eu via todo mundo depondo de terno. Pensei no vexame, em alguém dizer 'Dá um terno aí pro rapaz...'."

À beira do desespero, ligou para João Gustavo: "Vocês disseram que iam me ajudar. E agora isso". O corretor estava com clientes. Disse ao caseiro que o esperasse na mesma padaria de quatro dias antes. Francenildo comprou uma quentinha e comeu no estacionamento. João Gustavo chegou às 13h30 e abriu a porta do passageiro: "Estou tentando ligar para um primo meu que é advogado. Ele vai pegar o teu caso e não vai cobrar nada".

Wlicio Chaveiro Nascimento tem um rosto divertido. Lembra o personagem Wallace, do desenho animado *Wallace & Gromit*. Costeleta grisalha, sorriso largo, lábio inferior meio caído para fora e fumante contumaz. Seu pai, Analício, gostava muito da letra W. Batizou o filho juntando-a ao final do próprio nome — "E eu tenho penado a vida inteira".

Wlicio, ou Ulício, como o chamam, tinha 36 anos em março de 2006. Fazia um pouco de tudo: "Eu gosto de negócios...". Fundou a Câmara de Comércio Brasil-República Democrática do Congo — CINBRACONGO — da qual ainda é presidente, na esperança de vender 500 mil coturnos para o Exército congolês. Não deu certo. No seu segundo dia em Kinshasa, foi detido por tirar fotografias turísticas na beira do rio Congo. Aparentemente, ao fundo divisava-se uma instalação militar. Foi cercado por soldados que exigiam duzentos dólares por cabeça. Num francês macarrônico, acabou comprando o batalhão inteiro por cinquenta. Não vendeu um coturno sequer.

Advogado, Wlicio atendia os clientes numa sala na sobreloja do hotel onde morava. Sua especialidade eram divórcios e contratos de locação. Não lia jornais, não acompanhava política nem se interessava pelos escândalos da República. Na tarde em que Francenildo era procurado por toda a imprensa, Wlicio estava no fórum de Inhumas, em Goiás, quando o celular tocou. Era João Gustavo, amigo de adolescência que tratava por "primo" e a quem prestava ajuda legal. "Primo, estou precisando de um favor teu", disse-lhe o corretor. "Tenho um amigo que precisa de um advogado, mas não tem dinheiro. Você topa?" Wlicio respondeu que sim.

"Mas olha, tem imprensa. Tudo bem?" Wlicio perguntou qual era o problema. "Quando você chegar aqui eu te conto", disse João Gustavo. O advogado falou que o procuraria no dia seguinte. "Não", cortou o corretor, "tem que ser hoje. Vem para cá."

No final da tarde, Wlicio tomou a estrada. Meia hora depois, o celular tocou. "Aqui é a CBN. O senhor confirma o que seu cliente disse ao *Estado de S. Paulo*?" "Hein?", balbuciou Wlicio. "O que ele vai dizer na CPI?" Sem muito a acrescentar, repetiu: "Hein?", e achou melhor fingir que a ligação caíra. O celular voltou a tocar. *Folha*, *Estadão*, *Veja* e *Globo*, todos com a mesma pergunta: "Seu cliente confirmará tudo na CPI?". Wlicio não sabia quem era o "seu cliente" e muito menos de que CPI estavam falando. Telefonou então a João Gustavo, que havia passado seu número aos jornalistas. "Que porra é essa? O que esse cara fez pra todo esse povo estar atrás dele?" O amigo riu: "Vem pra cá que eu te digo".

Wlicio chegou à casa de João Gustavo por volta das nove da noite. Francenildo estava assustado. Apertou sem força a mão do advogado, abaixou os olhos e, com um fiapo de voz, começou a contar a história. João Gustavo falou da entrevista ao *Estadão*. Wlicio pediu silêncio e disse: "Antes de qualquer coisa, eu quero ver essa matéria". Foi para um canto, leu, releu e, ao terminar, virou para Francenildo e só conseguiu dizer: "Moooooço...".

A primeira página do jornal trazia a foto de Francenildo na frente da casa e a manchete: *Caseiro desmente Palocci e revela partilha de dinheiro em mansão.*

A entrevista não diferia, na substância, do que o motorista Francisco das Chagas dissera à CPI. A novidade estava no peso da palavra escrita, nas ênfases. Francenildo falou de garotas de programa, de maços de dinheiro e da presença de Palocci, não duas ou três vezes, como afirmara o motorista, mas "umas dez ou vinte", embora jamais nas festas. "Mas ele disse que nunca foi à casa", argumentou a repórter. "Ele está mentindo", contrapôs o caseiro, taxativo.

Pior: ao decidir esclarecer o que Francisco *não* dissera à CPI e que tanto o assustara — a ida a Ribeirão com malas de dinheiro —, Francenildo acabara corrigindo o que não precisava de correção. A Ribeirão não fora, mas ao estacionamento do Ministério da Fazenda, sim. Ali, segundo disse ao *Estadão*, viu Francisco das Chagas entregar um envelope ao secretário particular de Palocci, Ademirson Ariosvaldo da Silva. Haveria dinheiro dentro.

Wlicio se aproximou de Francenildo: "Você tem noção do que fez? Tem noção no que está envolvido?". O advogado apontava trechos da entrevista e ia perguntando: teve isso? E isso, teve? E teve até isso aqui? Atordoado, "em transe", como lembra Wlicio, o caseiro respondia que sim. "Olha, juridicamente isso não vai dar em nada. Mas, politicamente, é uma bomba. Se prepara porque você acabou de entrar numa guerra." A oposição não podia desejar presente melhor: um caseiro nordestino e imigrante que desmontava com palavras simples a versão do ministro mais poderoso de um governo presidido igualmente por um imigrante nordestino. "É um Davi capaz de enfrentar vários Golias", peroraria o oposicionista Arthur Virgílio, falando, como de hábito, para os autos.

Wlicio virou-se para João Gustavo e perguntou: "Gustavo, por que você não me trouxe esse rapaz antes da entrevista? Se ele tivesse sido orientado, é provável que a coisa não tivesse explodido". Era uma boa pergunta. Se não tivesse falado ao *Estadão*, ou se tivesse sido lacônico como Francisco das Chagas na CPI, é provável que Francenildo fosse logo deixado de lado. A diferença entre o benfazejo anonimato de um e a brutal notoriedade do outro se explica, em boa parte, pela existência, no caso de Francenildo, de João Gustavo Coutinho e Enéas de Alencastro.

Naquela noite, o caseiro chegou em casa "cansado, cansado". Ligou para a mãe, no Piauí, para dizer que estava tudo bem. Ela atendeu aos soluços. O filho tinha aparecido em todos os telejornais noturnos. Sua avó, de setenta anos, tinha ouvido alguém na rua comentar "Esse filho da Benta só volta pra cá enterrado", e desmaiou. O caseiro conseguiu dormir já de madrugada.

"Quarta, quinta e sexta vão ficar pra sempre na minha memória", diz Francenildo. Às dez da manhã, chegou ao Metropolitan, o hotel onde Wlicio morava e tinha escritório. Percebeu que a vida não era mais a mesma. Todos sabiam quem era ele.

Wlicio se deu conta de que o caso não cabia na sua sala de trabalho. Seu cliente era reconhecido por toda parte, dezenas de jornalistas insistiam em entrevistá-lo. Procurou um parente, Elson Crisóstomo, também advogado, mas com escritório bem estabelecido. "Isso é briga de cachorro grande, me ajuda", pediu-lhe. Precisava de espaço físico e de conselhos; o parente cedeu um escritório maior, no qual poderia receber a imprensa. Wlicio marcou uma entrevista coletiva para as seis da tarde.

No pequeno largo sem saída, na casa vizinha à do escândalo, uma nova peça da moenda que vitimaria Francenildo e derrubaria Antonio Palocci fez *clique*. Um jardineiro olhou a foto de Francenildo, estampada na primeira página de todos os jornais, e comentou com as empregadas: "Agora ele está famoso, justo no dia em que a gente ia lá comprar o lote da minha irmã".

Na mesa do café da manhã, a dona da casa escutou. Era Helena Chagas, chefe da sucursal do *Globo* em Brasília. A jornalista perguntou se o homem da foto era mesmo o caseiro do vizinho, e se era verdade que ele pretendia comprar um terreno. Era.

"Olha, essa história já ficou para trás", disse Helena Chagas, num fim de tarde de julho passado, em sua sala no prédio da Radiobrás. Seus dedos tremiam. Ela tentava controlá-los dobrando e desdobrando interminavelmente o canto de uma folha de papel.

Ao ouvir que seu interlocutor estava apurando a história havia um ano e que, a essa altura, imaginava conhecer bem Francenildo, ela perguntou: "Conhece mesmo? Conhece direito?".

Por quê? Desconfia dele? "Desconfiar, não", ela disse. "Tenho curiosidade. Não sei se aquela história do dinheiro ficou bem explicada. De toda maneira, eu já disse tudo. No dia em que saiu a entrevista dele no *Estadão*, deixei uma equipe do *Globo* entrar na minha casa para fotografar. Numa dessas, meu jardineiro deve ter dito a um repórter qualquer que conhecia o caseiro e que ele estava querendo comprar uma casa. No *Globo*, mandei fazer a matéria. Dizia algo do tipo 'Colegas do caseiro afirmam que ele vai comprar uma casa'. Mandei para o Rio, e eles não quiseram dar. É decisão editorial do jornal, não faço reparos." O *Globo* não publicou a matéria por considerar que era um relato inconsistente, que irresponsavelmente dava curso a rumores de pessoas não identificadas.

No início daquela tarde, Helena Chagas foi ao Congresso Nacional e, no café do Senado, encontrou o senador Tião Viana, do PT do Acre. "Eu disse para o Tião: 'Olha, parece que tem uma informação de que o rapaz recebeu um dinheiro, e a gente está indo atrás disso. Você sabe de alguma coisa?'. Era troca de chumbo: você dá informação para receber informação. Servia até para confirmar o que até ali não passava de boato. Imagina, eu tinha sido furada na minha própria rua! Eu queria tomar a frente dessa história. Não fiz nada errado." Devido ao episódio, semanas depois Helena Chagas teve de sair do *Globo*.

Tião Viana vinha atuando como porta-voz informal de Palocci, que estava em Londres. Conversara por telefone com o ministro e declarara à imprensa que Francenildo havia mentido na entrevista: Palocci nunca estivera na tal casa. Por meio de Helena Chagas, o governo recebia a primeira boa notícia desde que o caso explodira: o caseiro tinha dinheiro. Interrogado, Viana diria à polícia, posteriormente, que não se lembrava se realmente mencionara a Palocci a conversa com Helena Chagas, mas completou: "O fato de eu não me lembrar não significa que não discuti o tema do caseiro com o ministro Palocci".

No escritório emprestado, Wlicio e Francenildo tentavam antecipar as perguntas da coletiva quando foram interrompidos. Um conhecido cujo nome, dois anos depois, Wlicio não quer revelar, vinha trazer um recado. O conhecido se apresentou como intermediário do dono de um restaurante onde, no passado, dirigentes do PT costumavam se reunir, Lula inclusive. O dono do restaurante mandava avisar: "O pessoal está querendo uma conversa. Nada objetivo. Querem só trocar umas ideias".

O subtexto era claro: "Eu tinha que negar na entrevista coletiva tudo o que contei para a Rosa", relembra Francenildo. "Vocês têm de ouvir", insistiu o conhecido. Wlicio o autorizou a saber o que o tal dono de restaurante de fato queria e, ao vê-lo ir embora, ligou imediatamente para João Gustavo. "O negócio é esse. O que você acha?" Antes da resposta, João Gustavo desligou. O advogado tentou telefonar de novo, em vão. Acabou por desistir, pois precisava ir à sede da Polícia Federal, pegar a intimação de depoimento à CPI. Deixou o caseiro sozinho ali, no escritório.

Passados uns minutos, tocou o celular de Francenildo. Era João Gustavo: "Preciso falar urgente com você", disse, e marcaram um encontro nas imediações. Francenildo foi a pé. Quando chegou, viu que o corretor estava acompanhado de Enéas de Alencastro, o assessor tucano que o levara ao Congresso. Não perderam tempo com bom-dia ou boa-tarde. "Você já recebeu a proposta?", perguntou João Gustavo. "Não pega de jeito nenhum, você vai complicar teu futuro, mais na frente vão te desmascarar." Francenildo garantiu que não recebera nem aceitaria proposta nenhuma. Antes de se despedirem, o corretor lhe disse que não comentasse com ninguém a conversa que acabavam de ter.

O caseiro não contou nem a seu advogado — Wlicio só saberia dela muito tempo depois.

Francenildo voltou devagar e cabisbaixo para o escritório. "Foi o pior momento", lembra. "Era um pessoal querendo me comprar pra eu mentir de um lado, pra mentir do outro, achando que eu era uma prostituta."

Reencontrou-se com Wlicio às três da tarde. A proposta, se proposta havia, surgiria às cinco, uma hora antes da coletiva. O tempo não passava: "Chegava as dez da noite, mas não chegava as cinco, que era a hora esperada". Sobre a combinação com seu advogado, Francenildo conta: "O Wlicio deixou claro que a decisão era minha. Mas ele recomendou que eu não pegasse. Ele disse assim: 'Eu até posso explicar se aparecer algum dinheiro na minha conta, mas e você?'". Minutos depois do horário marcado, tocou o telefone. Era o intermediário, avisando que eles queriam tomar um café.

Nesse ponto, a versão dos dois diverge. Segundo Wlicio, ele pediu a seu parente, o dono do escritório, que desse a resposta. Este pegou o telefone e cortou o assunto de chofre: "Não tem café, nem almoço, nem janta". Wlicio garante que a abordagem foi encerrada sem que se falasse em valores.

Em casa, sozinho, Francenildo lembrou diferente: "Eles falaram em um milhão de reais, mais uma casa, para eu negar tudo. O Wlicio me disse assim: 'O conhecido falou em um milhão de reais. O dinheiro é bom: você arranja a tua vida e eu fico com a metade. Mas o dinheiro também é ruim: você vai ter que mentir e vai correr perigo. No teu lugar, eu não aceitaria'".

João Gustavo Coutinho também confirma a sondagem. "Eu me lembro muito bem", disse em abril deste ano, dirigindo um Toyota Triton novo e bem cuidado. "O Wlicio me telefonou dizendo que um povo ligado ao PT queria oferecer dinheiro. Senti que ele estava em dúvida. Liguei para o Nildo e pedi para ele me encontrar no Gilberto Salomão. Lá eu disse a ele: 'Eu tentei te ajudar e agora você vai mentir?'."

Mas por que, além de não chamar Wlicio para a conversa, João Gustavo levou consigo Enéas de Alencastro, o assessor dos tucanos? Sem graça, ele disse que não se dava muito bem com o "primo" Wlicio. Desconversou, não soube se explicar.

Foi a segunda vez em que se mostrou evasivo. Na primeira, assegurou que, ao receber o primeiro telefonema de Francenildo — na quinta-feira, 9 de março —, levou-o imediatamente a Wlicio. Não tinha nenhuma dúvida: "Ele precisava de um advogado". Somente depois de muito rodar de Toyota e de ouvir uma cronologia detalhada daqueles dias de 2006, ele admitiu: sim, era verdade, quatro dias antes de apresentar o caseiro ao amigo advogado, ele o levou a Enéas de Alencastro. Confundira-se, já havia passado tanto tempo. E deu uma nova explicação: "Achei mais importante ele se proteger, ter o amparo do Estado. Liguei então para o Enéas e pedi ajuda. O Enéas me disse que podia proteger o Francenildo no Senado, através da imprensa".

Alguém que conhece por dentro o funcionamento do poder político e econômico de Brasília afirma não acreditar em articulações partidárias para comprar depoimentos. No máximo, pessoas ou grupos periféricos ao poder podem agir por conta própria, para mais tarde cobrar favores. Por outro lado, entregar testemunhas letais que tenham serventia aos interesses da situação ou da oposição traz dividendos políticos, a serem resgatados em momento oportuno. Mas dinheiro vivo, não. Dinheiro vivo é coisa de aloprados, e mesmo estes preferem comprar documentos a pessoas.

Às seis da tarde, cerca de trinta jornalistas se espremeram para ouvir Francenildo. O caseiro confirmou tudo o que havia dito ao *Estadão*. Às 20h05, o jornalista Ricardo Noblat publicou em seu blog:

"O caseiro não é homem de medir as palavras. Conta com uma sinceridade espantosa tudo que viu na mansão e não foge às perguntas. Os jornalistas apertaram o caseiro para ver se ele caía em contradição — não caiu. Para ver se ele vacilava — não vacilou."

Por volta da mesma hora, em mais um giro da mó, o coordenador-geral de fiscalização da Receita Federal pediu a um subordinado que descobrisse o CPF, o endereço residencial e a data de nascimento de Francenildo dos Santos Costa.

Clique. O último daquela quarta-feira.

Na manhã seguinte, quinta-feira, 16 de março, Wlicio chegou à casa de Francenildo às sete e meia da manhã. Deu uma olhada na roupa que ele escolhera para se apresentar à CPI — camisa polo, jeans e sapato — e recomendou que tirasse o boné porque "não dava credibilidade". A caminho do escritório, rezaram juntos em voz alta, "porque tudo isso era muito novo para a gente". Chegaram ao Senado por volta das nove e meia. Um funcionário pediu a Francenildo que lhe entregasse os documentos — CPF e carteira de identidade — para poder qualificá-lo como depoente.

Pouco antes, às 9h09, o técnico da Receita Federal Nilton Cruvinel havia acessado o CPF de Francenildo dos Santos Costa. Obedecia a uma ordem superior que, como uma bola empurrada do alto de uma escadaria, descera a cadeia hierárquica quicando de degrau em degrau até cair no seu colo. Passou a informação a seu chefe, que fez uma consulta mais ampla. Abriu um "Dossiê Integrado/Pessoa Física" do caseiro, com dados sobre CPMF e o banco que recolhia o tributo, a Caixa Econômica Federal. Anotou as informações e as repassou ao coordenador-geral de fiscalização que, na véspera, instruíra um subordinado a investigar Francenildo.

No Congresso, numa sala reservada, o senador Efraim Morais, do PFL, presidente da CPI dos Bingos, perguntava ao caseiro se preferia que a sessão fosse aberta ou fechada. "Aberta", respondeu Francenildo. Todos os senadores da oposição lhe entregaram cartões pessoais: "Se precisar de alguma coisa, é só ligar...". Garçons trouxeram uns salgadinhos "mixurucas", segundo Francenildo. Eduardo Suplicy foi o único parlamentar governista que falou com ele: "Vem cá, meu filho, você não está mesmo recebendo dinheiro de ninguém pra vir aqui falar mal do ministro Palocci?". Ao contrário de seus colegas de partido, Suplicy fora o único que votara a favor da convocação do rapaz. Seu voto havia desempatado a questão, contra o interesse do governo.

Às 11h30, finalmente, Francenildo e Wlicio entraram na sala da CPI. Na primeira fila, Arthur Virgílio e Antonio Carlos Magalhães. Na segunda, a bancada do governo: Tião Viana, Ideli Salvatti e Wellington Salgado, cujos cabelos lembram o de Maria Bethânia.

Tião Viana pediu a palavra: "Temos hoje a CPI dos Bingos tendo como audiência ouvir o senhor... me foge o nome agora..." — consultou papéis — "... o senhor Francenildo dos Santos Costa". Avisou que entrara com um mandado de segurança no Supremo Tribunal Federal para impedi-lo de falar, sob a alegação de "brutal desvio de finalidade", visto que o caseiro nada teria a dizer sobre bingos. A presença de Francenildo ali era uma manobra da oposição para invadir a vida pessoal de um ministro. E, de forma algo confusa, concluiu: "Na hora que eu me sentir conivente com a destruição de qualquer indivíduo segundo o que lhe diz respeito puramente, eu deixo de ter condição de olhar com autonomia e liberdade para qualquer indivíduo".

A dois metros de Francenildo, Arthur Virgílio, do PSDB, pegou o microfone e pronunciou: "Não posso mais empenhar solidariedade política ao ministro Antonio Palocci. Não era para ele estar aqui sendo julgado pelo senhor Francenildo. Ele rebaixou seu papel!".

Heloísa Helena pediu a palavra. "Primeiro, quero dizer, senhor Francelino, da minha admiração pela sua coragem, meu filho." E, sempre tratando Francenildo por Francelino, prosseguiu falando de si mesma: "Sei dos preconceitos. Quando uma mulher entra na política, dizem que é prostituta ou lésbica". Wlicio e Francenildo concordaram com a cabeça.

Vinte e sete minutos depois de iniciada a sessão, ouviu-se pela primeira vez a voz de Francenildo, em resposta a uma pergunta da senadora: "Eu só quero saber o seguinte: você confirma tudo o que disse?".

"Confirmo."

Quatro minutos depois: "O senhor recebeu algum dinheiro para dar esse depoimento?".

"Não."

Agripino Maia, do PFL, olhou nos olhos do caseiro e sussurrou: "Francenildo, meu conterrâneo, você é um brasileiro típico. Você é a quem o presidente Lula se refere. Você comparece vestido modestamente, com uma camisa discreta, uma calcinha surrada, um sapato modesto, mas o seu olhar é firme e sua palavra, decidida" — até o momento, duas palavras: *confirmo* e *não*. E numa exortação súbita, que chegou a assustar a plateia: "Diga tudo, Francenildo! Diga tudo! Não esconda nada!".

É a vez do senador Pedro Simon, que se dirigiu a Francenildo sem condescendência ou descaso: "O destino é isso. De repente, você é colocado numa posição na qual você pode ser uma pessoa da maior importância para o Brasil. Mas você tem que dizer a verdade".

Afastando uma mecha de cabelo, o senador Wellington Salgado se indignou: "Esse cidadão que eu nunca vi, ele nem sabe o jogo em que ele está entrando. Isto aqui parece mitologia grega, onde os deuses brincam com os mortais. O senador Simon disse que, se o cidadão falar, o ministro cai. O que esse... como é?..." —

remexeu papéis — "... esse Francenildo disser, eu vou escutar, mas quero também escutar o ministro".

Flávio Arns, senador do PT, começou chamando Francenildo de Francenildo, mas durou pouco: "Lino, destruir a reputação de pessoas com declarações infundadas é uma questão muito séria. É preciso fazer uma reflexão muito profunda sobre a ética da comunicação". Wlicio e Francenildo concordaram com a cabeça.

Duas horas e quinze minutos depois de abertos os trabalhos, o relator da CPI enfim deu início à oitiva. O depoente se apresentou: "Bom, eu sou um caseiro, o homem lá é um ministro, então é a minha palavra contra a dele". Mostrando o celular, prosseguiu: "Se eu tivesse este celular na época, tinha tirado fotografia. O meu arrependimento só foi esse. É tudo o que eu tinha a declarar. Eu sou Francenildo dos Santos Costa".

Às 14h30, a senadora Ideli Salvatti interrompeu a sessão para avisar: acabava de receber a liminar do STF, que acatara o mandado de Tião Viana. Perplexo, Pedro Simon perguntou: "Quem impetrou o mandado foi o PT?". Ao ouvir a resposta, cochichou: "Quem diria, quem diria...". Francenildo ficou três horas sentado diante dos senadores. Falou apenas 41 minutos.

Efraim Morais leu ao microfone a liminar em que o ministro Cezar Peluso, do Supremo, aceitara a tese de desvio de finalidade: a entrevista ao *Estadão* demonstrava ser o caseiro uma "pessoa simples que se propõe a fazer afirmações constrangedoras sobre a vida íntima de pessoas ligadas ao governo". De resto, Francenildo não poderia compreender a natureza do dinheiro que circulava dentro da casa: "É o que se presume à condição cultural e ao próprio trabalho que a testemunha desempenharia no local apontado". O presidente da CPI exclamou: "Vou solicitar à Polícia Federal que dê garantia de vida ao senhor Francenildo!", e três homens se postaram atrás do caseiro.

Arthur Virgílio apoiou Efraim Morais: "É essencial que o senhor exija garantia de vida ao senhor Francenildo Costa, que eu imagino potencialmente ameaçado porque seu depoimento causou celeuma. Pedirei a demissão de Antonio Palocci, que não tem mais condições de ser ministro porque temeu as palavras de um jovem que mal podia balbuciar suas frases".

Ideli Salvatti agora berrava. A oposição espetava dedos fotogênicos no ar e Tião Viana, sereno, garantia: "Não feri o manto constitucional".

Enquanto um cordão de policiais retirava Francenildo da sala, ouviu-se a última manifestação do dia. Era o senador governista Magno Malta, aproveitando as câmeras ainda ligadas: "Quero deixar claro que não fui contra a vinda do senhor... do senhor...". E esticando a cabeça para ler a plaquinha diante da cadeira agora vazia: "... do senhor Francenildo dos Santos Costa".

A sessão terminava como havia começado, com um senador que não se dera ao trabalho de guardar o nome da testemunha interrogada. Francenildo se lembraria do que sentiu naqueles momentos: ninguém sabia quem ele era, e ninguém se importava.

Num café de Brasília, comendo uma pamonha, um jovem assessor parlamentar do quadro técnico do Congresso, de nível superior, concursado, explica a natureza de seu trabalho e como funciona uma CPI. "Quando sou chamado para assessorar um senador, abro mão da minha posição funcional e viro partidário: sou do Tião Viana, sou do Arthur Virgílio. Quem faz a CPI são funcionários como eu. Chamamos gente do Banco Central, da Receita, formamos uma força-tarefa e damos a linha mestra. As perguntas são entregues aos senadores na véspera, à noite. Repassamos com eles as questões, dizemos por onde seguir e por onde não entrar. Eles não têm tempo para investigar e, francamente, nem sempre têm capacidade. Fazemos o trabalho sujo. Quando a Justiça permite, passamos dias analisando extratos, e aí damos de cara, por exemplo, com um gasto de vinte mil reais numa joalheria. O bom assessor não hesita: liga para a mulher do suspeito e pergunta se ela ganhou uma joia. Ah, não? Ah, ele é um safado? Ah, a senhora quer acabar com ele? Então acabe com ele aqui, com a gente."

Qual era o objetivo da CPI dos Bingos? "Conseguir o maior número de baixas no governo. A linha mestra era atacar o Palocci e achar um elo entre ele e os bingos. Conseguimos. De bingo mesmo, investigamos muito pouco. Só no final, para constar. Nós é que direcionamos as perguntas para o motorista. Antes do depoimento, a gente sentou com ele e perguntou o que ele sabia. Ele nos falou que existia um caseiro. Então dissemos aos senadores que perguntassem sobre o caseiro. E foi assim que o Francenildo entrou na história."

O petista Tião Viana sabia disso. "Ele era o grande personagem daquela CPI. Nada *não* passava por ele", diz o assessor. Havia fundamento no mandado de segurança que Viana impetrou, ainda que os argumentos do STF tivessem sido mais de classe do que de mérito. Francenildo fora mesmo convocado apenas para prejudicar Palocci.

Naquela quinta-feira, na sala da CPI, os únicos que não sabiam disso eram o próprio caseiro e seu advogado. Ambos ignoravam também que, na mesma tarde, o secretário da Receita Federal, Jorge Rachid, recebia o CPF de Francenildo. E que no Palácio do Planalto, às 17h30, numa reunião para discutir a situação dos bancos estatais, o presidente Lula se reunia com sete integrantes do governo, entre os quais os ministros Antonio Palocci e o presidente da Caixa Econômica Federal, Jorge Mattoso.

Mattoso saiu tenso do Planalto. Em vez de ir para casa, como parecia planejado, disse ao seu motorista que voltasse à Caixa.

Ao deixar o Senado, Francenildo e Wlicio foram levados à sede da Polícia Federal, aonde chegaram por volta das quatro da tarde. Pegaram o elevador e entraram na sala do delegado Wilson Damázio, diretor da Coordenação-Geral de Defesa Institucional. Logo apareceram outros policiais.

Diante da dupla, o grupo se pôs a discutir pormenores da inclusão de Francenildo no "programa"— o Programa de Proteção ao Depoente Especial. Wlicio não compreendia, e Francenildo menos ainda. "A verdade é que nós estávamos perdidos", disse Wlicio. "A gente estava à margem de tudo o que estava sendo discutido. Ninguém nos informou como era o programa. Quando chegamos lá, eles já haviam tomado a decisão."

Um agente perguntou a Francenildo: "É só você que quer proteção, ou também a tua família?". "Minha e de meu filho", ele respondeu. "Então vamos lá na tua casa pra você pegar umas roupas e perguntar se a tua mulher quer entrar no programa."

Wlicio avisou que às cinco horas deveriam estar no escritório, pois haveria uma entrevista coletiva, sobre a decisão do Supremo. "Não", disse-lhe o policial. "Depois que entra no programa, não pode mais falar com ninguém." A entrevista teria de ser cancelada. "Nildo, você vai em casa, pega uma roupa e a gente se fala mais tarde", disse o advogado.

Em São Sebastião, cidade-satélite onde Francenildo estava morando, Noelma viu os policiais chegarem. Não quis participar do programa e brigou com o marido. Não compreendia por que a casa estava ocupada por agentes que vasculhavam cada cômodo, abriam a geladeira, olhavam dentro do guarda-roupa. O marido não soube explicar. Apenas juntou uma muda de roupas, beijou o filho e foi levado embora.

De volta à Polícia Federal, quase oito da noite, o delegado Damázio disse ao caseiro que precisava dos documentos dele. Francenildo entregou o CPF e a carteira de identidade. "Tudo", insistiu Damázio, e recebeu de Francenildo o cartão do banco. Um escrivão pegou os documentos, atravessou duas salas sem fechar as portas atrás de si e, à vista de Francenildo, tirou xerox de tudo. "Celular e chaves também", disse Damázio. Ele esvaziou os bolsos.

Enquanto esperava que a papelada ficasse pronta, ouviu o toque de um celular na outra sala. Era o seu, reconhecia pelo tom característico. "Meu telefone está tocando." "Não é o teu", respondeu um agente. Mas era, sim: Wlicio estava ligando.

O advogado contaria depois: "Tentei insistentemente, mas ninguém atendia. Lembro até hoje. Pus a mão na cabeça e disse: 'Puta que o pariu! Nem no Congo eu fiz tanta cagada! Como é que eu estou defendendo uma pessoa contra o governo e deixo ela na mão do governo?'". Jornalistas telefonavam e Wlicio lhes dizia que perdera contato com o cliente.

Informaram a Francenildo que ele tinha direito a um único telefonema. Foi para a mãe que ele ligou, no Piauí. Trouxeram então papéis para que assinasse.

Às dez da noite, o delegado Damázio telefonou a Wlicio: "Doutor, que história é essa de dizer para a imprensa que a PF sequestrou o seu cliente?". "Doutor, eu não usei o verbo 'sequestrar'". A minha reclamação é que, desde as cinco da tarde, estou tentando falar com ele e não consigo." Damázio respondeu: "Você pode falar com ele quando quiser, mas agora o telefone dele é o da Polícia Federal, o endereço dele é o da Polícia Federal". Ao assinar os papéis, Francenildo abdicara do direito de ir e vir e passara a ser tutelado pela PF. Eram as normas do programa. "Está tudo bem, Nildo?", perguntou Wlicio. Ouviu um titubeante "Está, está".

Eram 22h40 quando Francenildo entrou num carro com motorista e dois agentes. Passaram-lhe as regras: "Você está sendo levado para uma casa. Você vai dividir o quarto com alguém. Não vai fazer perguntas a ele, nem ele a você". O carro pegou uma estrada e deixou a cidade para trás. Chovia forte.

Poucas horas antes, o presidente da Caixa Econômica Federal, Jorge Mattoso, saíra no meio da reunião no Palácio do Planalto e voltara ao soturno prédio redondo que abriga a sede do banco. Subiu até o 21º andar, entrou em seu gabinete e chamou Ricardo Schumann, consultor da Presidência. Segundo Schumann declarou à Polícia Federal, Mattoso lhe passou verbalmente o número do CPF de Francenildo e disse: "Veja o que ele tem na Caixa".

Era um pedido insólito. Quando há suspeita em relação à movimentação de um correntista, o canal institucional da Caixa a ser acionado é a Superintendência de Controle Interno, que, por sua vez, se descobrir razão sólida para aprofundar a averiguação, acionará o Conselho de Controle de Atividades Financeiras, COAF, agência ligada ao Ministério da Fazenda cuja atribuição é exatamente investigar movimentações atípicas de dinheiro. Mattoso confirmou à polícia que pediu a impressão dos extratos do caseiro, e não usou os canais de praxe, "tendo em vista o adiantado da hora".

Já Schumann afirmou à Polícia Federal que, por desconhecer as atribuições do COAF, não considerou estranha a ordem, até porque, segundo disse, "consultor faz de cafezinho a Boeing". Estava a minutos de acrescentar um novo item à sua ampla gama de atribuições: a quebra ilegal de sigilo bancário.

Como é característico das burocracias, a ordem foi passada adiante, adiante e mais adiante. Schumann ligou para uma funcionária e lhe pediu que viesse à sua sala — não queria falar por telefone. Perguntou se ela chefiava alguém de confiança que tivesse acesso à senha do sistema de consulta a extratos. Explicou que se tratava de assunto sigiloso, para fins de comunicação ao COAF. A funcionária anotou o nome e o CPF de Francenildo, tomou o elevador e entregou as informações a um subordinado que, do seu laptop, gerou o primeiro extrato do caseiro, no qual foi impresso, automaticamente, o horário da consulta: 20h56min06s.

O extrato registrava que Francenildo dos Santos Costa, com renda declarada de 510 reais por mês, recebera, a partir de 6 de janeiro daquele ano, três depósitos mensais, nos seguintes valores sucessivos: 10 mil reais, 9990 reais e 5 mil reais. O último baixara na conta em 6 de março, dois dias antes de o motorista Francisco das Chagas depor à CPI. *Clique*. A moenda acabava de ser azeitada, e pôs-se a moer.

As câmeras de segurança gravaram imagens de Jorge Mattoso deixando o prédio da CEF às 20h58, dois minutos depois da violação. Schumann permaneceu ali mais um pouco. Nos dez minutos seguintes, foram impressos outros dois extratos, às 20h58 e às 21h06. Ele os recebeu da funcionária, colocou-os num envelope pardo com o timbre da Caixa, e foi embora. Eram 21h19, treze minutos depois da impressão do último extrato.

Quando o presidente da Caixa apareceu no estacionamento, o motorista saiu do carro e abriu a porta. Mattoso lhe fez sinal e disse que não, iria no carro de seu assessor de imprensa. O motorista deveria segui-lo. Os dois carros pararam no La Torreta, um pequeno restaurante espanhol com sofás brancos capitonês. À mesa, Mattoso sentou-se com um assessor jurídico e outro de imprensa. Entre 21h15 e 21h30, conversou por telefone com Antonio Palocci — "Eram assuntos pendentes", explicaria posteriormente o ministro à Polícia Federal.

Ricardo Schumann chegou ao La Torreta pouco depois e entregou o envelope a seu chefe. Jorge Mattoso o abriu, conferiu as folhas, devolveu-as ao envelope, terminou o jantar e partiu. Saiu do restaurante com ar contrariado, conforme seu motorista. Usualmente boa-praça e falante, estava calado e assim ficou. Deu apenas o destino: a casa do ministro Antonio Palocci, um trajeto que o motorista só havia feito uma vez desde que Mattoso tomara posse na Caixa. Eram onze horas da noite.

Palocci abriu a porta e Mattoso lhe entregou o envelope. Não falaram mais de dez minutos. Em depoimento à Polícia Federal, Palocci disse que Mattoso precisava conversar sobre a instalação de agências da Caixa no Japão e nos Estados Unidos. Trocaram ideias e, ao cabo, Mattoso lhe mostrou os extratos. Eram da conta do caseiro, disse-lhe, e, como revelavam indícios de movimentação atípica, teriam sido impressos para efeito de comunicação ao COAF. Palocci assentiu, deixou o envelope sobre uma escrivaninha, e, ao levar Mattoso até a porta, pediu que seguisse adiante com os trâmites legais cabíveis. (Mattoso não quis ser entrevistado para esta reportagem.)

O ministro voltou para a sala, onde estavam duas pessoas: Marcelo Netto, seu assessor de imprensa, e Daniel Goldberg, secretário de Direito Econômico do Ministério da Justiça. À PF, Goldberg relatou que, na conversa que se seguiu, passaram a avaliar mecanismos de investigação para descobrir a origem "da grana levada pelo caseiro para comprar a casinha". Como era tarde, combinaram que se reencontrariam na manhã seguinte, ali mesmo. A conversa terminou pouco antes da meia-noite.

Era a hora em que Francenildo se aproximava do abrigo que lhe reservava o Programa de Proteção à Testemunha. O carro da Polícia Federal entrou por uma estrada de terra batida. A noite era funda e chovia sem parar. Temeroso, o caseiro tentava se localizar, caso precisasse fugir, mas não enxergava nada. Quando chegaram, finalmente, viu uma lâmpada nua na frente do portão. Outra iluminava a fachada do prédio de dois andares que alojava os agentes da polícia. Francenildo divisou um barraco e intuiu que era para lá que o levariam. Estava certo.

"Andei uns setenta metros embaixo de uma chuva danada, com um homem de capa que tinha um bafo de pinga horrível. Quase pedi um gole", lembra. O guarda bateu na porta do barraco e um "protegido" abriu. "Ele estava vendo televisão. Olhei em volta, tinha dois colchõezinhos e uns gatos. Sei que era perto da meia-noite porque estava passando o *Jornal da Globo*."

A porta se fechou atrás de Francenildo. A passos lentos, hesitantes, ele foi até o meio da sala e esperou alguma reação do homem. Nada, o protegido mantinha os olhos na televisão. "Como eu só tinha comido os salgadinhos da CPI, perguntei: 'Tem comida aí?'." "Tem um resto na geladeira", o outro respondeu. Na cozinha, encontrou tudo sujo: fogão, panelas, pratos. Achou uma lata de sardinhas e uns ovos. Limpou a frigideira, acendeu o fogo e fritou sardinha com ovo.

Da sala, o protegido gritou: "Você acabou de aparecer aqui no jornal. Deve passar também na Record". Francenildo se aproximou enquanto o homem trocava de canal. Não demorou muito: "O caseiro Francenildo dos Santos Costa disse que o ministro Palocci...".

O homem se virou e, curioso, cravou os olhos em Francenildo. Era um moreno gordo, de uns vinte e tantos anos. Apresentou-se: traficante no Ceará, havia denunciado comparsas, a mulher fora assassinada e ele fugira para se proteger. Relatou assaltos e assassinatos que cometera. Estava abrigado na casa já fazia quatro meses. "É bom, tem até caminhada de manhã cedinho."

Francenildo perguntou onde poderia dormir. "Tem um colchão aí. Cama não tem, não." O caseiro notou um vão de dez centímetros entre o chão e a porta: "Dormir em chão que não conheço, no meio do mato, não durmo, não". Usou duas caixas como base, pôs uma tábua por cima, jogou o colchonete e fechou os olhos. "Quando o sono batia, eu me sentava. Tinha medo de dormir, não queria sonhar. Passei a noite deitando e sentando, deitando e sentando."

Às seis da manhã, tomou um banho gelado para ficar de pé. Enquanto a água caía e o bandido roncava, pensou: "Não matei, não tenho que estar aqui. Vou embora". Disse a um guarda que queria voltar para casa. Ficou sabendo que, para sair do programa, era preciso voltar a Brasília e passar pela burocracia. Chegou três horas depois à sede da PF. Seu advogado o esperava. "Quando vi o Wlicio, pensei que era Deus", disse. "Acho que quem fica preso dez, quinze anos, deve sentir isso quando revê pela primeira vez um conhecido."

A burocracia demorou até o meio-dia. Às três e meia, depois de almoçarem juntos, Wlicio deixou Francenildo em casa e voltou para o escritório. Tinha trabalho acumulado a despachar. Sentou-se na escrivaninha às seis da tarde. Meia hora depois, o telefone tocou: "Ô Wlicio, vem cá, que dinheiro é esse na conta do teu cliente?". Era o jornalista Andrei Meireles, da *Época*.

No governo, as horas que antecederam o telefonema de Meireles foram frenéticas. Pela manhã, Daniel Goldberg, do Ministério da Justiça, retornou à casa de Palocci. Vinha acompanhado de Cláudio Alencar, chefe de gabinete do ministro Márcio Thomaz Bastos, da Justiça, que estava em Rondônia. Palocci disse aos dois que telefonara para Helena Chagas, do *Globo*, para saber se era verdade que o jornal estava fazendo uma matéria sobre o dinheiro suspeito do caseiro. Helena Chagas confirmara a informação. Do ponto de vista legal, o telefonema de Helena Chagas — citado por Palocci no inquérito policial — era decisivo: significava que o ministro podia falar com seus assessores sobre o dinheiro de Francenildo sem trazer à baila os extratos que Jorge Mattoso lhe entregara na véspera, pois eram eles, justamente, a prova da quebra ilícita do sigilo bancário.

Palocci negou à Polícia Federal ter mostrado os extratos a quem quer que fosse. Negou também ter dado a ordem para a quebra de sigilo. Nenhuma das pessoas investigadas o contradisse, e Mattoso declarou expressamente à PF que foi dele, Mattoso, a iniciativa de consultar os registros bancários do caseiro.

"Nunca dei ordem para a quebra. Pedi, sim, que tentassem explorar a possibilidade de a Polícia Federal investigar a origem daquele dinheiro, que àquela altura parecia suspeita", contou Palocci no final de setembro. Goldberg e Alencar se mostraram céticos. O caminho mais correto seria acionar o COAF, o que implicava a desvantagem do tempo — o órgão seguia um rito investigatório cuidadoso, lento, e havia pressa. Ainda assim, os dois assessores de Márcio Thomaz Bastos disseram a Palocci que iriam à sede da PF para tentar descobrir alguma alternativa a ser explorada. Deixaram a casa do ministro por volta da uma da tarde.

Na Polícia Federal, Goldberg e Alencar se reuniram com o mais alto funcionário disponível, o diretor-executivo Zulmar Pimentel, um delegado amazonense de 54 anos conhecido pelos nomes exuberantes com que batizava as grandes operações da PF: Anaconda, Cavalo de Troia, Curupira, Narciso. Pimentel ouviu o caso e não demorou a responder: "Não se instaura um processo sem suporte técnico, em especial se baseado em boatos". Decerto, havia mais do que boatos. Existiam os extratos — mas estes não podiam ser exibidos.

Na mesma tarde o presidente do COAF, Antonio Rodrigues, recebeu um telefonema do Ministério da Fazenda. O chefe de gabinete do ministro queria falar com ele pessoalmente. Encontraram-se às 17h30, no prédio da Fazenda. Rodrigues ouviu que "estava na imprensa a informação de que o caseiro havia recebido dinheiro". Respondeu que nada sabia e esclareceu que "o COAF não faz investigação aleatória". A reunião não durou mais de dez minutos.

De volta ao COAF, teve o cuidado de fazer uma rápida consulta para saber se havia chegado alguma comunicação sobre Francenildo. Nada. Vasculhou a imprensa e só encontrou notícias sobre o depoimento do caseiro à CPI. Diferentemente do que lhe dissera o chefe de gabinete de Palocci, a informação de que "o caseiro recebera dinheiro" ainda não "estava na imprensa". Estaria dentro de alguns minutos.

Goldberg e Alencar retornaram à casa de Palocci por volta das seis da tarde. O ministro estava com Marcelo Netto, seu assessor de imprensa. Informaram Palocci sobre a posição da PF. Haviam inclusive ligado para Márcio Thomaz Bastos, que diria um mês mais tarde: "Não participei da quebra de sigilo, nem meus assessores. Eu estava em Rondônia. Não fui informado da quebra, mas sim de um pedido de Palocci para que fosse investigada a suspeita de que o caseiro havia recebido dinheiro para prestar depoimento".

A polícia e o COAF haviam fechado as portas. Restava a imprensa. A Polícia Federal quebrou o sigilo telefônico de Marcelo Netto. Minutos antes de Wlicio receber o telefonema de Andrei Meireles, ele ligou para órgãos de imprensa e, em especial, várias vezes para a *Época*.

"Eu senti como se fosse uma facada", diz Wlicio. "O Andrei começou a ler depósito por depósito, dez mil num mês, quase dez mil no outro, cinco mil no seguinte. E eu ali, feito um babaca, sem saber o que dizer. Porra, eu tinha pegado o caso de graça e agora isso? O cara tava levando grana?" Meireles listava, Wlicio ia anotando num bloquinho: *CEF, ag. 0674, Lago Sul; 02/01 saldo: R$ 224. 06/01: dep 10.000,00... Extrato: 20h58min21s.* O repórter da *Época* conseguia agora, finalmente, pular à frente de uma história que poucos dias antes lhe caíra no colo e que ele deixara escapar porque estava no dentista.

"Andrei, eu não tenho ideia do que é isso. Mas uma coisa eu te garanto: se tiver sacanagem, eu vou ser o primeiro a pôr a boca no trombone." Wlicio desligou o telefone e enterrou o rosto nas mãos. "Puta que o pariu! Depois de tanta aventura, depois do Congo, onde é que eu fui me meter..." Já imaginava o que todos diriam: ou era idiota, por não saber de nada, ou era bandido, por participar da maracutaia. "Liguei para o Nildo já metendo o pé na goela: 'Que caralho de dinheiro é esse na tua conta, meu irmão? Eu não estou te cobrando nada e você me apronta uma dessas?'."

"Quando o telefone tocou e eu ouvi a voz do Wlicio, foi duro", lembra Francenildo. "Era voz de briga, os termos eram feios. Pensei: 'Agora a minha vida acabou. Quem estava do meu lado vai embora.'"

E então explicou.

Cinco meses antes, havia tomado um avião e viajara a Teresina com uma coisa na cabeça: falar com o pai e pedir para ser registrado como filho. "Por quê?", perguntou Wlicio. "Ué, porque eu tenho um pai!", respondeu Nildo, espantado.

Ao chegar lá, esperou uns dias e, num domingo, foi à garagem de ônibus da empresa Soares. Sabia, por amigos, que o homem com quem queria falar costumava passar os domingos trabalhando. A sala dele estava aberta e Francenildo entrou. Um senhor atarracado levantou a cabeça: "É reclamação?". Francenildo ficou um instante parado antes de dizer: "Não está me reconhecendo, não?". O homem não compreendeu. Houve um silêncio. "Sou o filho da Benta, sou teu filho, o Francenildo." O pai se levantou. Era um homem já na casa dos setenta anos, de semblante duro e rosto pedregoso. "O que você veio fazer aqui?", perguntou. O filho respondeu: "Você sabe o que eu vim fazer aqui".

Eurípedes Soares da Silva começou a gritar. "Ele grita até com o vento", conta o filho. Saiu porta afora e ficou dando voltas no pátio, até finalmente voltar à sala e perguntar. "Você quer uma ajuda?" "Eu quero um registro", respondeu Francenildo. Ameaçou o pai com uma ação de paternidade e saiu.

Dois dias depois, recebeu o recado de que Eurípedes queria conversar. Encontraram-se na beira de um posto de gasolina. Eurípedes lhe propôs que aceitasse um dinheiro para "dar um jeito na vida" e que voltasse dali a um ano. Era o tempo de que precisava para acertar a vida familiar. Tinha esposa e filhos, o assunto era delicado. Ao longo de dois outros encontros, discutiram cifras — Francenildo chegou a pedir 100 mil reais — e chegaram a um acordo: o pai lhe daria 30 mil reais. A cada dia 5 do mês, depositaria 5 mil na conta do filho, até completar o valor. Adiantou 10 mil em dinheiro. No escritório, entregou os maços — "Me pediu pra contar" — e levou Francenildo à Caixa, para fazerem o depósito. Depois foram almoçar juntos.

"Vê só", concluiu Francenildo, "eu com oito anos tinha ido lá no pai, ele me deu um dinheirinho e me mandou embora. Depois, bem mais tarde, voltei lá, insisti, quis entender ele e que ele me entendesse, aí conversamos, ele me levou para almoçar e chegou a me dar a mão, fiquei sentindo uma coisa boa de que eu tinha pai. Eu estava feliz porque ele disse: 'No dia que você voltar aqui no Piauí, na casa da tua mãe, você vem aqui na garagem, vem me visitar'. Isso me deixou meio alegre. A única coisa que ele pediu foi para eu não falar do dinheiro antes dele acertar com a família."

Wlicio ouviu a explicação. No pé da mesma página em que anotara as informações de Andrei Meireles, escreveu: *Expresso Soares. Teresina. Eurípedes Soares. (86) 3249-21...* "Você tem os extratos?", perguntou. Sim, tinha.

E então Wlicio teve o estalo, a iluminação: "Você tirou o extrato ontem na PF?", perguntou. "Não", respondeu o caseiro. "Você autorizou alguém a tirar o extrato pra você?" Ao ouvir outra negativa, o coração disparou: "Separa todos os depósitos que eu vou te buscar. Acho que acabamos de ser salvos pelo gongo".

Pela primeira vez, a moenda começava a moer em outra direção.

Wlicio telefonou a Andrei Meireles, contou o que acabara de ouvir e deu o telefone de Eurípedes. "Você podia confirmar tudo e não publicar a história", pediu. "É coisa pessoal, ninguém vai levar em conta, só vão falar que ele tem dinheiro e vai ficar ruim pra ele." Antes de desligar, passou uma informação relevante: "Eu disse que *não* foi o Nildo que tirou o extrato".

Francenildo, aflito, correu para comprar um cartão e ligar para o pai em Teresina. Tentou três vezes. Na quarta, conseguiu. "Alô?" Era a voz surpreendentemente suave do pai. "Eurípedes" — nunca teve liberdade de chamá-lo de pai —, "descobriram o dinheiro na minha conta e vão procurar você", disse. Sem saber direito quem eram *eles*, e no que o filho estava envolvido, Eurípedes respondeu: "Deixa eles ligarem". Foi a última vez que Francenildo conversou com o pai.

Andrei Meireles falou com Eurípedes Soares, que confirmou os depósitos, mas negou a paternidade. Às 18h45, sem nenhum aviso prévio, a revista *Época* inaugurava às pressas o seu primeiro blog. Meireles assinava junto com o jornalista Gustavo Krieger o primeiro *post*:

"Extratos revelam depósitos para caseiro — O caseiro Francenildo dos Santos Costa, que ganhou fama ao aparecer na CPI dos Bingos esta semana acusando o ministro Antonio Palocci de frequentar a casa do lobby, montada por lobistas de Ribeirão Preto, pode ser um trabalhador humilde, como foi descrito diversas vezes, mas está longe de passar por dificuldades financeiras..."

A notícia não fazia menção à origem dos extratos.

Vinte e cinco minutos depois de a notícia entrar na internet, Jorge Mattoso entregou uma cópia xerox dos extratos de Francenildo à Superintendência de Controle Interno da Caixa, para que fosse remetida ao COAF. "Saiu numa revista, é preciso comunicar aos órgãos competentes", disse ao funcionário que recebeu as cópias. Palocci destruiria os originais num triturador depois de ter certeza de que a comunicação chegara ao COAF.

Era o início da operação para dar amparo legal à quebra de sigilo.

O telefone de Wlicio "parecia que estava com febre". Toda a imprensa queria saber de onde surgira tanto dinheiro. Eram imensas as desconfianças sobre a "teoria do filho bastardo", como alguns jornalistas começaram a se referir à relação entre Eurípedes Soares e Francenildo. O advogado achou melhor convocar uma coletiva para aquela mesma noite, às 21 horas, no hotel em que morava. Saiu para buscar seu cliente em São Sebastião.

Francenildo estava abalado, sabia que tinha rompido o trato com o pai. Para piorar, a caminho do hotel, soube um pouco mais da gravidade da situação: "Era tudo o que eles queriam", ouviu do advogado.

"Foi nessa hora que o Nildo entregou os pontos", contou Wlicio. "Ele começou a chorar, um choro convulsivo. Disse que não ia se perdoar se a avó morresse. Ela entrava em estado de choque toda vez que ele aparecia na televisão. Dei a mão para ele e pela segunda vez nós começamos a rezar dentro do carro. Fechei o vidro pra não atrapalhar. Dessa vez, era uma reza aos berros, a gente rezava e chorava, chorava e rezava." De mãos erguidas, triscando o teto, pediam aos soluços: "Senhor, nos ajude a saber o que dizer, como dizer e quando dizer".

Chegaram ao hotel uma hora antes da coletiva e subiram para o terraço. Francenildo olhava em volta e só encontrava olhares de desconfiança. "Ninguém acredita em mim, minha avó está passando mal, e até o Lula falou ontem que eu era um simples caseiro", pensou. (Não há registro de que Lula tenha dito essa frase.) "Foi quando eu senti que não tinha valor. Tive vontade de largar tudo. Pensei em duas coisas: fazer eu mesmo, com uma faca ou uma corda, ou me atirar embaixo de um carro. Aí pensei no Thiago. Eu cresci sem pai e não ia fazer a mesma coisa com ele. O menino me salvou."

Às nove horas da noite, com toda a imprensa diante deles, Wlicio começou a falar: "Não vamos responder a nada antes de explicar a origem do dinheiro". Deu os esclarecimentos, mostrando recibo por recibo. Francenildo se mantinha calado, olhos inchados. "Está o.k.? Está claro?", quis saber Wlicio. "Então, antes de abrir, eu tenho uma pergunta para vocês: gostaria de saber quem retirou o extrato do meu cliente, já que às 20h58min21s ele se encontrava em poder da Polícia Federal, no Programa de Proteção à Testemunha."

Cabeças começaram a se mexer. Bloquinhos foram freneticamente folheados, à cata de uma página nova. Falava-se alto, ninguém mais se entendia. Do meio da confusão, alguém gritou: "Você está acusando a Polícia Federal de ter violado o sigilo bancário do seu cliente?". "Não", respondeu Wlicio. "Estou apenas dizendo que ele não retirou esse extrato. E que, portanto, o sigilo dele foi violado."

A entrevista terminou perto das 22 horas. Acompanhados por um segurança do hotel, os dois foram em direção ao elevador. Rosa Costa, a jornalista do *Estadão*, e outros dois repórteres que haviam sido corretos ao longo daqueles dias entraram com eles. Quando a porta se fechava, Andrei Meireles tentou entrar. Wlicio se virou para o segurança e disse: "Esse não".

Em pé, encostado na janela aberta de sua sala para não empestear o ambiente com os cigarros que fuma sem parar, Wlicio pergunta: "Você imagina o que teria acontecido se o Francenildo não tivesse saído do programa de proteção? A notícia da *Época* saiu na sexta. Seria, no mínimo, um fim de semana inteiro sem explicação. Sexta, sábado, domingo, segunda. Um a zero, dois a zero, três a zero, quatro a zero para o Palocci. Quatro dias é muita coisa. Para explicar tudo depois, seria bem mais difícil. Por isso eles cometeram o erro: pressa. Se tivessem esperado até segunda, não haveria crime algum. A Caixa teria informado o Banco Central sobre a movimentação atípica na conta do Francenildo, o BC teria repassado a informação para o COAF, que por sua vez teria expedido um ofício para a PF pedindo a quebra de sigilo. Foi soberba. Eles não quiseram esperar um fim de semana, e talvez não contassem que ele fosse deixar tão cedo o programa. Na cabeça de quem fez isso, o Francenildo estava incomunicável, sob a tutela da PF."

Em junho passado, o senador Efraim Morais, que presidira a já extinta CPI dos Bingos, recordou: "O rapaz estava com medo. Eu pedi proteção da polícia. Não havia risco iminente, mas aquilo era uma bomba. Agora, não me lembro de ter requisitado a inclusão dele no programa de proteção". Mas requisitou. Naquele 16 de março de 2006, um ofício assinado por Morais foi expedido ao diretor-geral da Polícia Federal, pedindo "proteção do referido depoente e seus familiares", com menção explícita à lei que rege o Programa de Proteção à Testemunha.

A sala do delegado Wilson Damázio é ampla e está repleta de diplomas. Nas paredes, há também placas do FBI e de outras agências americanas de combate ao crime com as quais ele estabeleceu laços ao longo da carreira. Numa foto o delegado sorri ao lado do presidente Lula. Damázio é grande, cordato e volumoso. Aparenta cinquenta e poucos anos e tem um rosto redondo, adornado por um bigodinho fino que saiu de moda há décadas.

Ele se sentou na cadeira de espaldar alto e abriu a conversa: "Então você veio falar do caseiro? Antes de a gente começar, me diz uma coisa: aquela história do dinheiro que apareceu na conta dele ficou muito mal explicada, não?". Ao ouvir que a própria Polícia Federal inocentara Francenildo, Damázio assentiu: "Ah, então está resolvido. É que não acompanhei as diligências. Vamos lá. O que você quer saber?".

O programa de proteção foi criado para salvaguardar a vida de pessoas em situação-limite. Fazia sentido incluir Francenildo num programa tão extremo? Damázio se reclina no encosto da poltrona e pondera antes de falar: "Isso cabe à CPI responder. Veja, ele estava derrubando o sucessor direto do Lula, alguém podia achar que de fato havia algum risco". A frase sai sem convicção, e ele percebe. Dobra-se para a frente, apoia os cotovelos pesados na mesa, espalma as mãos na testa e fecha os olhos. Então fala, com palavras escolhidamente burocráticas: "Não quero que você ponha palavras na minha boca. Então deixa eu dizer: 'Na qualidade de autoridade administrativa responsável pela execução da medida assecuratória da testemunha, não me compete avaliar se seria o caso de incluir a pessoa no programa'". Abre os braços, espalma as mãos nas extremidades da mesa e olha para seu interlocutor: "Compreendeu?".

Um funcionário do Congresso que trabalhou em inúmeras CPIs garante que nunca viu ninguém sair de nenhuma sessão sob o peso de uma ameaça de morte. "Afinal, o sujeito já falou o que tinha pra falar."

Ao tentar sugerir ao país que o homem que comprometera Antonio Palocci corria risco de vida, a oposição, com histrionice e jogo de cena, acabou por jogar Francenildo num programa que, ironicamente, só servia aos interesses do governo.

Nos dias seguintes à divulgação dos extratos, aumentou a pressão sobre Palocci e Francenildo. De um lado, havia o crime da quebra de sigilo; de outro, a origem do dinheiro mandado por um pai que não se dizia pai. "Eu ligava, e ninguém me atendia", recorda-se Wlicio, "ninguém mais confiava em mim." Só recebeu um telefonema de apoio: o jurista Miguel Reale Júnior, de São Paulo, ligou para empenhar solidariedade e colocar-se à disposição.

Na segunda-feira, 20 de março, o telefone tocou de novo. Dessa vez era um jornalista: "A Polícia Federal acaba de indiciar o Francenildo por lavagem de dinheiro. Você tem alguma coisa a dizer?".

A comunicação feita ao COAF havia seguido o seu curso — mas numa velocidade espantosa. "O banco aciona o COAF, o COAF investiga, e comunica à Polícia Federal, que pede à Justiça a quebra de sigilo", conta um especialista do mercado financeiro versado na matéria. "Esse processo geralmente leva de sessenta a noventa dias. Dependendo do interesse político, pode ser encurtado para dois meses." A comunicação da Caixa levou menos de 24 horas para cumprir esse percurso. O COAF sustenta no inquérito policial que existem exceções a esses prazos; de fato, este é um deles.

Na CPI, membros do governo também exigiram a quebra de sigilo de Francenildo. Tião Viana declarou: "Quero pedir tudo: cartão de crédito, poupança e conta-corrente. De janeiro para cá!". "Vai arrombar a porta aberta?", revidou o senador Antonio Carlos Magalhães, de bate-pronto. Wlicio, ao ser informado do pedido de Tião Viana, mandou avisar: "Eles querem abrir o sigilo que já foi quebrado ilegalmente? O Francenildo autoriza".

Na internet começaram a circular imagens de Francenildo com sacos de dinheiro na mão. Um blog publicou: "O caseiro sem caráter, que na infância via todos os coleguinhas pronunciarem o nome do pai, um dia disse: 'Chega, não quero mais ser bastardo!'. E arranjou um suposto pai para comprar seu silêncio." O *Jornal do Brasil on-line* expôs o seu histórico de crédito: Nome sujo no SPC. Contas pendentes na C&A (410 reais), na Rival Calçados (114 reais), no Ponto Frio (63 reais), na financeira Losango (108 reais).

Em São Paulo, dois assessores do PT foram à Polícia Federal para dizer que um homem chamado Edson Tavares da Silva garantia ter recebido uma proposta de Francenildo: se ele dissesse que Palocci frequentava a casa, os dois dividiriam um bom dinheiro. A polícia intimou o homem, que se contradisse durante o interrogatório. A revista *Carta Capital* mandou um repórter ao Piauí, para investigar a origem do dinheiro do pai de Francenildo.

Os repórteres não o largavam. Descobriram onde morava. Conversaram com vizinhos, mostraram a fachada de sua casa, disseram quanto pagava de aluguel. "Um dia eu fui até o mercadinho e ouvi alguém dizer: 'Esse cabra está com muito dinheiro na conta, era o caseiro do Palocci.'" Francenildo começou a ter medo de ser assaltado no próprio bairro ou, pior, "que pegassem o meu menino". A mulher, Noelma, foi à delegacia pedir ajuda e ouviu do delegado que ele não podia fazer nada, mas sugeria que deixassem o lote, pelo menos até que a poeira baixasse: "Porque esse negócio é perigoso". Acabaram se mudando. Noelma deixou de falar com o marido.

Seis dias depois de ter seu sigilo exposto na imprensa, Francenildo foi intimado a depor na Polícia Federal. Conheceu então o delegado responsável pela investigação dos dois fatos: quebra de sigilo e indícios de dinheiro suspeito na conta. Chamava-se Rodrigo Carneiro, era jovem, ponderado e técnico. Fazia pouco tempo que estava na PF e esse era o seu primeiro grande caso.

"Quero saber em que condição o meu cliente vai ser ouvido aqui hoje", perguntou-lhe Wlicio: "Na de vítima ou de acusado?". O delegado respondeu: "Nem de vítima, nem de acusado, mas de investigado". "O que é a mesma coisa que indiciado. Só muda a palavra", replicou Wlicio. "Qual o crime?" O delegado se ajeitou na cadeira e, meio sem graça, respondeu: "Lavagem de dinheiro". O advogado desabafou: "Procede. A mãe dele é lavadeira".

Carneiro foi preciso no cumprimento do dever. Havia a denúncia do COAF e a investigação era um imperativo funcional. Ao longo do processo, pediria à Justiça autorização para quebrar o sigilo bancário de Francenildo — mais uma vez, agora legalmente.

Ainda que Carneiro não demonstrasse nada, Wlicio intuiu que o delegado achava a denúncia absurda. No Código Penal, lavagem de dinheiro pressupõe crimes antecedentes de "tráfico de drogas, contrabando de armas, extorsão mediante sequestro, crime contra o sistema financeiro ou a administração pública e terrorismo". E o delegado tinha diante de si um caseiro desempregado, com 25 mil reais na conta.

Ao fim do depoimento, Carneiro sugeriu que os dois saíssem pelos fundos, para evitar o constrangimento da imprensa. Wlicio balançou a cabeça: "Não. Nós vamos sair pela porta da frente. Se estamos sendo indiciados por lavagem de dinheiro, é preciso dizer alguma coisa". Diante da multidão de repórteres, Francenildo disse: "Eu peço àqueles que quebraram o meu sigilo bancário que quebrem também o meu sigilo eleitoral. Aí vão ver que um simples caseiro votou no operário, que agora está lá em cima".

Ao tentar furar o bloqueio de câmeras e microfones, Francenildo perdeu um sapato. Descalço de um pé, entrou no carro a tempo de ainda ouvir uma última pergunta: "Você não acha que vender tua paternidade é um ato imoral?".

No Congresso, a senadora Ideli Salvatti acusou Francenildo de visitar gabinetes da oposição. Insinuava que "esse rapaz" provavelmente estivera ali muitas vezes — e não apenas uma —, decerto para pedir dinheiro; exigia, portanto, que lhe fossem entregues as fitas das câmeras de segurança do Senado. Uma reunião na Corregedoria foi convocada para apurar a denúncia. Mais uma vez, Wlicio e Francenildo se viam diante dos senadores. O corregedor, senador Romeu Tuma, não atendeu ao pedido de Salvatti. Dois anos mais tarde, contou: "Fui lá na sala de controle e revi as fitas. A acusação era infundada. O rapaz só tinha vindo uma vez ao Senado, no dia em que o levaram no gabinete do Antero".

Foram dois dias de acareação. Além de Francenildo, convocaram o corretor João Gustavo Coutinho e Enéas de Alencastro, o assessor parlamentar que trouxera o caseiro para o Senado. Houve manifestações de solidariedade — "Acho que temos que ter a coragem de votar por unanimidade uma comenda a vossa senhoria, que é, sim, o verdadeiro cidadão brasileiro", propôs Antero Paes de Barros — e promessas: "Nós devemos verificar a possibilidade de conseguir a casa própria e um emprego definitivo para ele", sugeriu Pedro Simon.

No dia 27 de março, onze dias depois da quebra do sigilo bancário de Francenildo e duas semanas depois da entrevista ao *Estadão*, Antonio Palocci pediu demissão do cargo de ministro.

Francenildo foi convidado a dar entrevista no *Fantástico* e nos programas de Jô Soares, Ratinho, José Luiz Datena e Roberto Cabrini. Não foi a nenhum. Wlicio só aceitou um convite, feito por Miguel Reale Júnior, o advogado que lhe telefonara quando todos pensavam que Francenildo fosse venal. Tratava-se de um ato de desagravo na seção paulista da Ordem dos Advogados do Brasil. O evento teve até convite e nome de batismo: "Você está indignado?". Encimada por uma epígrafe de Soljenítsin, a convocatória avisava: "Com a presença do caseiro Francenildo Costa".

De manhã bem cedo, meio contra a vontade, Francenildo embarcou com Wlicio. Em Congonhas, foram recepcionados por uma multidão de advogados. De olho nos fotógrafos, um procurador, "um cabra que falava assim meio cuspindo", não desgrudava do braço de Francenildo. Seguia-o até mesmo no banheiro. Enquanto fazia xixi, o homem ligava do celular para uma jornalista: "Olha, estamos saindo do aeroporto".

Foram até a OAB numa comitiva de três carros. De tão apertado, um dos advogados praticamente sentou no colo do caseiro. Entraram num auditório repleto e subiram no palco, onde ocuparam uma mesa formada pela alta cúpula do direito bandeirante — do presidente da OAB-SP, Luiz Flávio Borges D'Urso, a seu antecessor, Rubens Approbato Machado, entre vários outros dignitários. Havia também deputados de oposição, entre os quais Zulaiê Cobra, do PSDB.

Começaram os discursos, que, num crescendo irresistível, evoluíram do langoroso "Esse modesto homem que não sabe o que é cidadania nos deu uma aula de cidadania" ao estrepitoso "Fora, Lula! Fora, Lula!", puxado por Zulaiê Cobra. Ergueu-se uma faixa que pedia o *impeachment* do presidente. A plateia ficou de pé e explodiu em urros: "Fora, Lula! Fora, Lula! Fora, Lula!".

Os advogados haviam agendado uma fieira de entrevistas em São Paulo, mas Wlicio e Francenildo se recusaram. O retorno a Brasília estava marcado para as sete da noite, e eles o adiantaram em duas horas. Foi a primeira e única vez que Francenildo esteve em São Paulo. "O aeroporto de lá é bonito", diz.

Menos de trinta dias depois de instaurado o inquérito policial, o delegado Rodrigo Carneiro entregou à 10ª Vara da Justiça Federal um relatório em que listava os crimes de prevaricação, denunciação caluniosa, quebra de sigilo funcional e quebra de sigilo bancário. Acusados de pelo menos um desses crimes, foram indiciados Antonio Palocci Filho, Jorge Eduardo Levi Mattoso e Marcelo Amorim Netto.

O inquérito eximia Francenildo de qualquer crime. O delegado diria: "Fiquei inteiramente convencido da inocência dele".

"Olha, tem uma coisa que ainda não ficou clara nessa história: quem quebrou o sigilo do caseiro?" A pergunta foi feita no último andar de um hotel em Brasília, em junho passado, por Antero Paes de Barros. Barba por fazer, olhos cansados, o ex-senador parece à deriva, um homem longe do poder. Ao ouvir uma das conclusões do inquérito policial — que o sigilo foi quebrado na Caixa —, Paes de Barros meneou a cabeça: "Nada. O sigilo do caseiro foi quebrado no Senado. Foi ali que começou. Não posso dizer que foi o Tião Viana que quebrou, porque provavelmente não foi. Mas pode escrever: quem levou a bomba para o Palocci foi ele. Foi Tião Viana quem estimulou o governo a quebrar o sigilo".

O assessor parlamentar que trabalhou na CPI auxiliando a oposição faz uma afirmação semelhante: "A gente falava para os assessores do PT — eles também têm os deles, claro: 'Esse chefe de vocês, hein? Quebrou o sigilo do caseiro...'. E eles riam. Todo mundo sabia que Tião Viana era o mentor da quebra. Tenho uma convicção forte disso, mas é claro que não dá para provar". (Tião Viana não quis ser entrevistado.)

O relatório final do delegado Rodrigo Carneiro é claro quanto aos acontecimentos daquelas semanas de março. Mas ele não resolve um mistério: como Jorge Mattoso obteve o CPF de Francenildo e como soube que ele tinha conta na Caixa? O inquérito esclarece que, às 9h09 do dia 16 de março — duas horas antes de Francenildo entregar seu CPF ao funcionário da CPI, e doze horas antes da quebra do seu sigilo bancário —, os dados fiscais e tributários de Francenildo dos Santos Costa foram acessados pela Receita Federal. Esses dados não informavam se ele tinha dinheiro, mas revelavam algo mais importante, sem o que não se chegaria à sua conta: quanto pagava de CPMF e qual banco recolhia o tributo. O delegado Carneiro colheu depoimentos de todos os funcionários envolvidos no acesso, inclusive o do secretário da Receita, Jorge Rachid. Não conseguiu provar que houve motivação política nesse acesso.

"Se eu escrever que existe uma forte probabilidade de o CPF ter chegado a Mattoso através da quebra de sigilo fiscal na Receita, isso lhe soaria estranho?" A pergunta é feita a um agente federal que acompanhou de perto a investigação criminal. Ele sorri e, depois de uma pausa, responde calmamente: "Não".

Por sua vez, o advogado de defesa de Antonio Palocci, José Roberto Batochio, disse "achar muito estranho" o fato de o sigilo ter sido quebrado meia hora depois de Francenildo haver entregado o cartão da Caixa ao delegado Damázio, da Polícia Federal.

Francenildo digitou uma vez. Errou. Digitou outra. Errou de novo. Na terceira tentativa, o terminal engoliu seu cartão. É provável que as pessoas em volta não tenham reparado, mas não era esse o sentimento dele. Acostumado a ser reconhecido na rua, supôs que todas eram testemunhas, de olhos fitos nele. Sem jeito, entrou na agência da Caixa e explicou o ocorrido. O funcionário lhe indicou uma fila. Francenildo entrou nela, esperou, mostrou documentos, provou quem era, foi encaminhado de guichê em guichê, esperou sentado e finalmente recebeu um novo cartão. Consultou seu saldo — mil e poucos reais — e foi embora, não sem pensar no que acabara de lhe acontecer: "Eu demoro quase três horas pra conseguir ver a minha conta e eles, quando quiseram, conseguiram na mesma hora".

Era o dia 10 de setembro do ano passado, e, pela primeira vez desde a quebra de seu sigilo, Francenildo voltava à agência da CEF no Centro Comercial Gilberto Salomão. "Peguei um desgosto da Caixa e fiquei muito tempo sem ir lá", disse. No ano e meio que se passou desde a entrevista ao *Estado de S. Paulo*, sua vida mudou bastante. O dinheiro do pai se foi. Ele comprou um lote para a mãe em Nazária, na periferia de Teresina, e gastou o resto: "Gastei pra me esconder, gastei pra fugir e pra me manter depois que perdi o emprego".

Wlicio entrou com uma ação contra a Caixa, no valor de 50 mil salários mínimos (17 milhões de reais), e outra contra a *Época*, de 4,2 milhões de reais, quantia calculada com base na tiragem da edição que trouxe a reportagem sobre o dinheiro do pai de Francenildo. Em 4 de agosto passado, em audiência frente a um juiz, a Caixa fez uma contraproposta de 35 mil reais, 0,2% do valor da ação. A revista *Época* não compareceu.

Wlicio e Francenildo fizeram um acordo pelo qual toda indenização será dividida meio a meio. "Um processo desses pode se arrastar por dez anos", diz Wlicio. "Muito honestamente, trinta e cinco mil reais é quase uma piada de mau gosto. Para mim é mau negócio. Mas eu tenho que pensar no Francenildo. Na situação em que ele está, trinta e cinco mil reais fazem diferença, e no caso eu não ficaria com a metade. É ele quem tem que decidir."

Na frente do advogado, Francenildo hesitou. "O problema é a tal cláusula..." A cláusula em questão faz parte do acordo proposto pela Caixa. Se Francenildo o aceitar, terá de assinar um documento no qual o banco se isenta de qualquer culpa. Na prática, Francenildo estará declarando publicamente que seu sigilo não foi quebrado. "Eu quero conhecer a Justiça", ele diz. "Depois que ela trabalhar, então eu posso aceitar trinta e cinco mil reais. Eu esperei até hoje, espero mais um pouco. Eu quero que a Caixa cometa um crime. Aí, sim." Com um sorriso nos olhos, acrescenta: "E quando sair a indenização, nem precisa dar o número da conta, eles já têm".

Como é da sorte dos anônimos, os detalhes que dizem respeito a Francenildo foram perdendo suas nuances, até desaparecerem na indistinção. Esta reportagem foi apurada ao longo de um ano. Durante esse tempo, boa parte das pessoas entrevistadas se lembrava apenas vagamente do caso. Sabiam que envolvia Palocci e um caseiro. E se lembravam do dinheiro na conta de Francenildo. Muitas pessoas iniciaram a conversa com a pergunta: "É sobre aquele caseiro que recebeu dinheiro?".

Em 25 de fevereiro de 2008, dois anos depois de entregue o relatório final do delegado Rodrigo Carneiro, o procurador-geral da República, Antonio Fernando Souza, eliminou três artigos propostos pelo inquérito e denunciou Antonio Palocci por violação de sigilo funcional; Mattoso, por violação de sigilo funcional e bancário; e Netto, por quebra de sigilo bancário. O processo corre em segredo de justiça no Supremo Tribunal Federal. A pena máxima de dois anos prescreve em 2010. Caso sejam julgados culpados e recebam a pena mínima de seis meses, o delito já estará prescrito.

Francenildo ainda é reconhecido na rua. Há dois meses, ele e Wlicio foram a um restaurante. Na saída, Francenildo passou pelo banheiro e voltou de lá meio sem graça. Tentou sorrir, mas não era bem um sorriso. "O que foi?", perguntou Wlicio. Ele respondeu: "Um senhor me reconheceu no espelho. Me disse: 'Você não é o caseiro que derrubou o Palocci?'". Francenildo desviou o olhar e completou: "Eu queria que algum dia alguém dissesse assim pra mim: 'Você não é o caseiro que quebraram o sigilo, que expuseram a vida e que nunca mais conseguiu falar com o pai?'".

Antonio Palocci elegeu-se deputado federal em 2006 e é presidente da Comissão de Reforma Tributária da Câmara.

Antero Paes de Barros perdeu as eleições para governador do Mato Grosso. Ele tem um blog e dá consultoria a prefeituras do PSDB.

Um ano depois de levar Francenildo ao Senado, Enéas de Alencastro foi detido pela Polícia Federal na operação Gautama e indiciado por formação de quadrilha, peculato e corrupção passiva.

João Gustavo Coutinho continua a exercer a profissão de corretor em Brasília.

Helena Chagas dirige o jornalismo da TV Pública.

A jornalista Rosa Costa permanece no *Estadão*. De vez em quando, ela telefona a Francenildo para saber como ele está.

A revista *Época* publicou a reportagem sobre Francenildo na edição de número 409, de 20 de março de 2006. A edição 410 trouxe um encarte com onze páginas de publicidade da Caixa Econômica Federal, o equivalente à soma de todos os anúncios da CEF publicados nas outras revistas semanais no período de março a julho de 2006. O acordo publicitário entre *Época* e CEF foi assinado em 10 de fevereiro de 2006.

Wlicio Chaveiro Nascimento segue advogando e fazendo negócios. Atualmente, tenta trazer para o Brasil um método dinamarquês de construção de lajes chamado BubbleDeck. Não descarta voltar ao Congo.

Quando o caso completou um ano, um empresário de São Paulo (que não quer ter seu nome divulgado) leu uma reportagem que contava a situação de Francenildo. Procurou Wlicio e se dispôs a pagar os estudos do rapaz. Francenildo faz o supletivo à noite e limpa piscinas dois dias por semana. Não acha emprego fixo em Brasília desde 2006.

*Outubro de 2008**

* Em 27 de agosto de 2009, por cinco votos a quatro, o Supremo Tribunal Federal arquivou o processo contra Antonio Palocci. A denúncia contra Marcelo Netto também foi rejeitada. A contra Jorge Mattoso foi aceita e ele agora responde por quebra de sigilo bancário na condição de réu.

As armas e os varões: a formação de Dilma Rousseff

Luiz Maklouf Carvalho

"O *pon* está na mesa." Pétar Russév não conseguia dizer "pão". Falava *pon*. Búlgaro, tinha 1,95 metro de altura, olhos azuis, cabelos quase brancos de tão louros. Era advogado e fora filiado ao Partido Comunista da Bulgária. Quando aportou no Brasil, no final dos anos 1930, já era viúvo e deixara um filho em sua terra chamado Luben. Ele desembarcou em Salvador, achou o calor intolerável e logo partiu para Buenos Aires, onde ficou alguns anos. Fez uma segunda incursão no Brasil e se estabeleceu em São Paulo. Veio com algum dinheiro e soube fazê-lo crescer. Era bom de negócios.

Pétar Russév mudou o nome para Pedro e afrancesou o sobrenome para Rousseff. Numa viagem a Uberaba, se encantou com a professora Dilma Jane Silva. Ela tinha vinte anos, nascera em Nova Friburgo, no Rio, e fora criada em Minas, em Uberaba. Casaram-se por lá e depois se mudaram para Belo Horizonte. Igor, o primeiro filho, nasceu no primeiro dia de 1947. Dilma Vana, quase no último: 14 de dezembro. E Zana, a caçula, em 1951. Até hoje a família chama o primogênito à maneira búlgara: *Igór*.

Zana morreu em 1977. Segundo Igor, sua mãe era "a mulher mais bonita de Uberaba". Os pais dela criavam gado. Apesar da diferença de idade entre ela e o marido, sempre se deram muito bem.

Rousseff ganhou um bom dinheiro empreitando obras para a siderúrgica Mannesmann e negociando imóveis que ele mesmo fazia construir. "Meu pai era muito bom em cálculos", disse-me Igor em Belo Horizonte. Na lembrança do filho, o búlgaro amava os prazeres da vida: fumava cinco maços de Cairo por dia, tomava uísque, jogava cartas e se deleitava com uma mesa farta. Os Rousseff moravam numa casa espaçosa, cuidada por três empregadas. As refeições eram servidas à francesa, com guarnições e talheres específicos. O patriarca era louco por dobradinha, que Igor até hoje odeia, fazendo uma careta ao lembrar o "cheiro insuportável" do cozimento da tripa. Às vezes, metia-se ele mesmo a fazer "aqueles queijos bichados" (segundo o filho) que comia na Europa.

No começo, a tradicional família mineira olhou de cima para baixo o estrangeiro *bon vivant*. "No jardim de infância, eu e a Dilminha fomos matriculados numa escola boa, mas não na melhor, porque disseram que não tinha vaga", disse Igor. Exigente em matéria de notas e estudos, Rousseff se esforçou em dar uma formação de classe média europeia aos filhos. As crianças tinham piano em casa e uma professora particular, madame Vincent, os visitava semanalmente para ensinar francês. "O velho cobrava mesmo", lembrou Igor. "Nunca bateu, mas era um suplício quando começava a reclamar."

Com o passar do tempo, o crescimento dos filhos e o incremento no padrão familiar, os Rousseff dirimiram preconceitos e foram plenamente aceitos. Ficaram sócios dos clubes mais tradicionais e Igor e Dilma entraram nas melhores escolas — ela no Colégio Sion, de freiras, particular, e depois no Estadual Central, público e renomado. Nas férias, iam de avião para a praia de Guarapari, no Espírito Santo, onde ficavam três semanas no Radium, o hotel-cassino. Pedro Rousseff passava horas jogando, apesar de não ser viciado. Era viciado, isso sim, em cigarro, mas sabia que fazia mal à saúde. "Ele odiava o cigarro e tinha pavor que eu viesse a fumar", lembrou o filho. Nas vezes em que flagrou Igor fumando, Pedro Rousseff deu-lhe broncas mais do que enfáticas. O filho começou cedo e fuma até hoje.

O pai uma vez o levou de carro ao Rio de Janeiro. Ficaram hospedados no então suntuoso Hotel Novo Mundo, no Flamengo, que tinha no saguão um lustre imenso. O búlgaro comentou que vira lustres muitíssimo mais valiosos em hotéis europeus. Levou também o menino para conhecer um dos bancos com o qual fazia negócios. Não exatamente o banco, mas o cofre, com as pesadas portas de metal que Igor nunca esqueceu.

Pedro Rousseff incutiu nos filhos o gosto pela leitura. Deu a eles as obras completas de Monteiro Lobato, livros de Jorge Amado e filósofos gregos. "Dilminha sempre estava com algum livro", disse Igor. O irmão não lembra se era boa aluna. O histórico escolar dela está guardado nos arquivos da Estadual Central, hoje Escola Estadual Governador Milton Campos. "Eu só libero se a ministra autorizar por escrito", informou-me a diretora Maria José Duarte. A ministra-chefe da Casa Civil não autorizou.

Pedro Rousseff morreu em setembro de 1962. Era brasileiro naturalizado e planejava para breve uma visita à Bulgária. Igor tinha quinze anos e Dilma, um a menos. "A noite em que o pai morreu foi dramática", recordou o filho. "Ele tinha ido jogar no Clube Campestre, voltou pelas onze da noite e de repente se sentiu mal, passando a respirar com dificuldade. Estávamos todos em casa. O médico foi lá, mas não teve jeito. Morreu em casa e foi velado em casa, de onde saiu o enterro." O meio-irmão búlgaro, Luben — do qual o pai falava com frequência —, foi informado e entrou como um dos herdeiros no processo do inventário. Ele era engenheiro e faleceu em 2007. Segundo Igor, Pedro Rousseff deixou "uns quinze bons imóveis". Continuou a falar *pon* em vez de "pão" até morrer.

Dilma Rousseff prestou concurso e entrou na Estadual Central em 1965. A escola era um centro de agitação do movimento secundarista, radicalizado pelo golpe militar do ano anterior. Com dezessete anos, muitas leituras e intelectualmente inquieta, Dilma deu ali os primeiros passos de sua educação política. Dois anos depois, passou a militar numa organização chamada Política Operária, a Polop. Fundado em 1961, o grupo teve origem no Partido Socialista Brasileiro. Pouco depois da entrada de Dilma, a Polop atravessou um período de turbulência teórica, polemizando acerca do melhor método para derrubar a ditadura e avançar na luta pelo socialismo. Grosso modo, uma ala defendia a reivindicação de uma Assembleia Constituinte. Outra, a prioridade para a luta armada. Dilma ficou em dúvida, flertou com a primeira posição, mas acabou com o segundo lado, que veio a formar o Comando de Libertação Nacional, o Colina.

Ela conheceu nessa época Cláudio Galeno Linhares, de 24 anos. "Fiquei encantado com a beleza, a personalidade e a inteligência da Dilma", disse-me ele no restaurante de um hotel em Belo Horizonte. Galeno, como todos o chamam, tem 67 anos, é baixo e está bem mais gordo do que gostaria. Apesar de cinco anos mais velho que a antiga namorada, ele comentou: "Não fui eu quem fez a cabeça da Dilma, ela sabia das coisas, já tinha contato com a organização". Galeno ficou encabulado quando perguntei detalhes sobre o início do namoro. "Nos apaixonamos mutuamente e tivemos um namoro intenso", resumiu. Casaram-se no ano seguinte, apenas no civil, com uma pequena festa para os amigos mais próximos, no caso os camaradas de militância.

Em 1967, com vinte anos, o hoje deputado federal tucano José Aníbal conheceu Dilma. "Ela era muito inteligente e tinha bom humor", lembrou o deputado. Mais inclinado para a constituinte do que para a luta armada, Aníbal não aderiu ao Colina e perdeu a companheira de vista. Já Galeno defendia a luta armada. "Aprendi a fazer bomba na farmácia do meu pai", brincou, acendendo o primeiro dos três cigarros que fumou em três horas de conversa, enquanto bebia café e água. Era uma farmácia de manipulação, cheia de pós e líquidos químicos guardados em potes de vidro. Ele nasceu e morou em Ferros, mas estudou em colégio interno na cidade vizinha de Conceição do Mato Dentro. Com doze anos, a família se mudou para a capital e Galeno foi colocado num colégio público. Serviu no Exército por três anos e, em 1962, entrou na Polop. O golpe militar o pegou no Rio, enfiado até o pescoço na sublevação dos marinheiros. Foi um dos presos mantidos no porta-aviões *Minas Gerais* e, depois, por cinco meses, no presídio da ilha das Cobras. No final do ano, obteve um *habeas corpus*, foi solto e voltou a Belo Horizonte. Trabalhou como repórter na sucursal do jornal *Última Hora*. Seu chefe era Guido Rocha, um dos principais líderes da Polop, que conhecera na cadeia. Rocha era contra a luta armada.

O médico Apolo Heringer, de 66 anos, está engajado na luta contra a transposição do rio São Francisco. A causa o apaixona tanto que, uma vez, telefonou para a ex-camarada Dilma Rousseff. Ele atacou a mais não poder a transposição e ela o escutou com paciência, mas no final defendeu o projeto do governo Lula. Em 1968, Heringer era dirigente do Comando de Libertação Nacional. "Dei aula de marxismo para a Dilma quando ela ainda era estudante secundarista", relembrou. "Ela era inteligente, mais simpática do que bonita, e tinha um carisma próprio." Na avaliação de Heringer, Dilma era "filha política" de Guido Rocha. "O Guido defendia fortemente que lutássemos por uma Assembleia Nacional Constituinte", disse o médico. "Ele escreveu uma tese a esse respeito, que a Dilma leu. O problema foi a chegada daquele livrinho."

O livrinho era *Revolução na revolução*, de Régis Debray, jovem intelectual francês que, em 1965, se mudou para Cuba, onde ficou amigo de Fidel Castro e se dedicou a propagandear a teoria do "foco" — a ideia de que a guerrilha seria o estopim que deflagraria a revolução anticolonial, que terminaria por expropriar a burguesia. O livro foi publicado em 1967, o mesmo ano em que, acompanhando a aventura guerrilheira de Che Guevara, Debray foi preso na Bolívia. "O livro incendiou todo mundo, inclusive a Dilma", disse Apolo Heringer.

Outro incendiado pelo livro de Debray foi o estudante de medicina Jorge Nahas. Ele participou da primeira ação armada do Colina, em agosto de 1968: vestido de policial, assaltou com quatro camaradas um jipe da Secretaria da Fazenda que fazia transporte de valores. "Mas não havia um tostão furado no jipe", lamentou, sorrindo, Nahas. Ele é secretário de Política Social da prefeitura de Belo Horizonte. "A Dilma tinha uma grande capacidade de liderança", continuou. "Ela sabia se impor numa reunião e integrava com naturalidade aquele coletivo de homens mandões."

Maria José de Carvalho, a Zezé, então casada com Jorge Nahas, também se lembrou da ministra: "Ela era bonita e tinha muita desenvoltura". Segundo Zezé, Dilma não participava dos assaltos porque "ela era conhecida pela sua atuação pública". As tarefas dela no Colina estavam ligadas à feitura do jornalzinho *O Piquete*, à preparação de aulas sobre marxismo e a contatos com sindicatos. Teve também aulas sobre armamentos, tiro ao alvo, explosivos e enfrentamentos com a polícia. Boa parte das aulas foi ministrada nos arredores de Belo Horizonte pelo ex-sargento da Aeronáutica João Lucas Alves. "O João Lucas ficava hospedado na nossa casa", disse Galeno, orgulhoso do risco.

"Eu conheci a Dilma em um desses cursos de revolução", contou o advogado Gilberto Vasconcelos em seu escritório de Uberaba. "Giba", como a ministra o chama, tem um filho que é subchefe para assuntos jurídicos da Casa Civil. "Nós aprendíamos a fazer bomba, e a dar tiros, muito precariamente", lembrou. Giba foi um dos estudantes presos no congresso da União Nacional dos Estudantes, em Ibiúna. Solto depois de alguns dias, voltou para Uberaba. Sua tarefa, no começo de 1969, era a preparação de um assalto a uma agência do Banco do Brasil. Até janeiro daquele ano, o Colina contabilizava, em Minas, quatro assaltos a bancos, uma meia dúzia de carros roubados e dois atentados a bomba, sem vítimas, a residências de autoridades locais. A organização tinha um punhado de armas, pouco dinheiro e a disposição de algumas dezenas de militantes jovens e abnegados, embalados não apenas pelas ideias de Debray, mas também pelo Maio francês e pela ofensiva dos vietcongues de dezembro de 1968, na qual os guerrilheiros chegaram aos jardins da embaixada americana em Saigon.

As coisas se complicaram no dia 14 de janeiro de 1969, depois de um assalto ao Banco da Lavoura em Sabará, do qual Zezé Nahas participou. Alguns militantes foram presos, entre eles Ângelo Pezzuti, da direção do Colina. Sete integrantes da organização se reuniram em uma casa alugada no bairro de São Geraldo e discutiram como tirar o dirigente da prisão. "O clima estava tenso desde a prisão do Ângelo, mas o fato é que dormimos todos na casa de São Geraldo sem maiores preocupações", relembrou Zezé Nahas. Começava a amanhecer quando policiais civis invadiram a casa atirando. Murilo Pezzuti, irmão de Ângelo, acordou com a barulheira, pegou uma metralhadora Thompson e mandou bala em três policiais, matando dois e ferindo um. A polícia baleou o estudante Maurício Paiva. "Eu também devia ter atirado, como o Murilo, mas faltou coragem", disse Jorge Nahas.

A cólera dos policiais com a morte dos colegas levou-os a espancar os militantes e a ameaçá-los com um fuzilamento coletivo ali mesmo. Com dificuldade, o delegado que comandava a operação controlou a tropa e levou os sete para o Departamento de Ordem Política e Social, o DOPS. O Inquérito Policial Militar sobre o Colina foi comandado pelo coronel Octavio Aguiar de Medeiros, que no governo de João Figueiredo foi chefe do Serviço Nacional de Informações.

Naquela noite, Dilma e Cláudio Galeno não dormiram no apartamento em que moravam, o 1001 do Condomínio Solar. Estavam apreensivos desde a prisão de Ângelo Pezzuti — frequentador do imóvel — e passaram a tomar alguns cuidados, entre eles o de dormir cada noite num local. Quando souberam das prisões, a primeira providência foi voltar ao apartamento para destruir documentos e tudo que pudesse ligá-los à organização. O casal entrou pela garagem sem ser visto. "O apartamento tinha até microfilme de uma possível área de treinamento de guerrilha, escondido em uma das tomadas", contou Galeno. "Ficamos lá dentro, no mais absoluto silêncio. Lá pelas tantas, tocaram a campainha. Eu vi coturnos pelo olho mágico e, pela persiana da janela, três carros suspeitos lá embaixo. Continuamos em silêncio e destruímos toda a papelada que pudesse nos comprometer. Como não podia dar a descarga, eu espetava os papéis em um arame de cabide e enfiava pelo ralo, o mais fundo que podia. Limpamos tudo e saímos pelos fundos, no elevador de serviço. Foi um sufoco." Estavam na clandestinidade.

Dilma, que terminara o segundo ano na faculdade de ciências econômicas, tinha completado 21 anos em dezembro de 1968 — um dia depois da edição do Ato Institucional nº 5. Ela e o marido ficaram em Belo Horizonte mais algumas semanas, tentando reorganizar o que sobrara do Colina, pulando de esconderijo em esconderijo. Souberam que as casas de seus pais e familiares haviam sido visitadas e eram vigiadas por policiais.

"Estiveram lá em casa procurando a Dilma e o Galeno, foi um susto danado", contou Igor Rousseff. Indiferente à política — "eu não era de esquerda nem de direita" —, em 1966 Igor partira para uma temporada no Canadá e nos Estados Unidos. Trabalhou como garçom, em hotéis, aproveitou o que pôde e voltou um ano depois, a tempo de assistir ao casamento da irmã. "A gente sabia que ela estava envolvida com política, mas não com aquela gravidade toda", disse. "Só ficamos sabendo quando ela teve que fugir."

O risco de prisão agravou-se com a publicação na imprensa de um retrato falado de Galeno — "muito fiel", reconheceu o retratado — e a acusação de ter participado do assalto de Sabará. Não era verdade, mas era impossível procurar a polícia para explicar. "Decidimos que eu deveria passar por uma transformação física", prosseguiu Galeno. "Um casal amigo assumiu a tarefa. Primeiro, separaram, com pinça, a minha marca registrada de sobrancelha contínua. Depois descoloriram o cabelo. A sobrancelha ficou preta e os cabelos, vermelhos. Uma coisa terrível." Quando não deu mais para ficar em Belo Horizonte, a organização determinou que fossem para o Rio. Primeiro foi Galeno, de ônibus. Uma semana depois, Dilma partiu, de ônibus também.

No dia 18 de março de 1969, o coronel Octavio Medeiros mandou invadir o apartamento 1001 do Condomínio Solar. O auto de busca e apreensão relaciona em duas laudas o material que Dilma Rousseff e Galeno abandonaram. Entre os livros, há *Torturas e torturados*, de Marcio Moreira Alves, *A história da Revolução Russa*, de Leon Trotsky, *Cultura e revolução cultural*, de Vladimir Lênin, *Revolução e Estado*, de Fidel Castro, e *Subdesenvolvimento e estagnação na América Latina*, de Celso Furtado. Entre as publicações, uma coleção da *Revista Civilização Brasileira* e alguns números da *Monthly Review*. O resto são objetos como um binóculo e duas serras portáteis, apostilas de assuntos variados, recibos de contas domésticas e documentos pessoais. E nada daquilo que o coronel queria — material interno sobre a "organização político-militar", como a denominou no inquérito.

No Rio, o casal fez parte dos "deslocados" — como passaram a ser denominados os militantes clandestinos e procurados vindos de outras cidades. Outro deslocado era Fernando Pimentel, que veio a ser eleito prefeito de Belo Horizonte. Quando a casa de São Geraldo foi invadida, ele era um garoto de dezoito anos. O pai pediu que se entregasse ao Exército, mas ele se recusou e caiu na clandestinidade.

Ao chegarem ao Rio, os deslocados eram recebidos por Juarez Brito e sua mulher, Maria do Carmo, ambos da direção do Colina. "A enxurrada de mineiros deixou a gente louco, porque simplesmente não havia infraestrutura para cuidar de todo mundo", contou Maria do Carmo no terraço de seu apartamento, no bairro carioca de Laranjeiras. Galeno pediu-lhe um lugar para o casal. A resposta foi negativa. Ganharam algum dinheiro da organização e foram para a casa de uma tia de Dilma, que acreditou que a sobrinha e o marido estivessem de férias. Depois moraram num hotelzinho e num apartamento alugado até Galeno ser enviado para Porto Alegre, onde o Colina mantinha contato com uma dissidência do Partido Comunista Brasileiro, o "Partidão".

Dilma ficou no Rio ajudando a direção da organização. Levava armas, dinheiro e munição para lá e para cá, participava de reuniões, redigia e discutia documentos. Numa das reuniões, conheceu o advogado gaúcho Carlos Franklin Paixão de Araújo, o chefe da dissidência do Partidão, que havia hospedado Galeno em Porto Alegre. Tiveram um *coup de foudre* simultâneo e recíproco. Em sua primeira viagem a Porto Alegre, Dilma informou Galeno sobre o namoro com Carlos Araújo. No restaurante do hotel, olhando a piscina deserta, Galeno acendeu o terceiro cigarro e disse: "A Dilma é transparente, não tem meia conversa. Ela chegou e falou: 'Estou com o Carlos'. E acabou. Foi uma coisa natural, que eu até esperava. Eu também já tinha uma namorada, a Martinha. O rompimento podia sair de mim ou da Dilma. Naquela situação difícil, não tínhamos nenhuma perspectiva de formar um casal normal. E ela foi mais valente de expor aquilo no momento justo. Não ficou nenhuma sequela, nenhuma cicatriz. Continuamos grandes amigos, como somos até hoje, o que envolve as respectivas famílias". Perguntei se eram amigos a ponto de ter o celular pessoal da ministra. "Mesmo que tivesse, não te diria", respondeu Galeno, um pouco irritado.

"Foi uma coisa muito bonita", disse-me Dilma, em 2003, quando era ministra das Minas e Energia, numa entrevista publicada em parte pela *Folha de S.Paulo*. "O Carlos pediu a minha mão para o Juarez", relembrou, emocionada. O casamento estava desgastado desde Belo Horizonte. Quatro militantes que conheceram bem Galeno e Dilma — Apolo Heringer, Fernando Pimentel, José Aníbal e Maria do Carmo Brito — acham que havia uma diferença intelectual entre os dois, com vantagem para Dilma. Galeno concordou: "Ela tinha uma tendência mais acentuada do que eu à atividade intelectual".

Antes de conhecer Dilma, Carlos Araújo vivia com a geógrafa Vânia Abrantes. Nas contas de dona Marieta, mãe de Araújo, Vânia já era sua oitava mulher. Ele tinha um filho de oito anos, Leandro, da primeira. "Que mal há nisso?", perguntou-me, candidamente. "O Carlos era muito sedutor", disse Vânia em seu apartamento de cobertura em Copacabana. "Um dia ele me disse que estava com uma nova companheira, e deixamos de morar juntos. Mas nem por isso deixamos de ser amigos."

Carlos Araújo tinha 31 anos quando conheceu Dilma. Filho do advogado Afrânio Araújo, dono de uma prestigiada banca trabalhista e membro do Partido Comunista Brasileiro, começou a militância ainda rapaz, também no PCB. No início dos anos 1960, mudou-se para o Recife e foi assessor de Francisco Julião, o líder das Ligas Camponesas. Viajou com ele pela América Latina, conheceu Fidel Castro e Che Guevara, e foi preso por alguns meses em 1964. Continuou na ativa, organizando grupos de trabalhadores que o procuravam no escritório, até hoje um dos maiores de Porto Alegre. Em 1968, depois do AI-5, "muito impulsivamente", como disse, aderiu à luta armada. Convenceu alguns camaradas da justeza da luta, conseguiu contato com Maria do Carmo e Juarez, e fez várias viagens ao Rio para conversar com eles.

No primeiro semestre de 1969, Araújo começou a discutir com eles a possibilidade da fusão de seu grupo com o Colina e a Vanguarda Popular Revolucionária, organização liderada pelo capitão Carlos Lamarca, que desertara do Exército. A VPR destacou Antonio Roberto Espinosa para conversar com o pessoal do Colina sobre a possível fusão das organizações. Espinosa tinha 23 anos e um currículo de pelo menos meia dúzia de ações armadas, entre elas dois assaltos a banco e um roubo de armas de um quartel do Exército em São Caetano. "A Dilma, que participou de reuniões sobre a fusão, me lembrou um pouco a Mônica dos quadrinhos de Maurício de Souza, com cabelinho, dentinho e óculos que chamavam a atenção", disse-me Espinosa, durante um almoço num centro comercial de Osasco, onde vive.

Em duas conferências em Mongaguá, no litoral paulista, foi formalizada a fusão que deu origem a uma nova organização — a Vanguarda Armada Revolucionária-Palmares, ou VAR-Palmares. Dilma e Carlos Araújo estiveram presentes entre os representantes do Colina. Pela VPR, o nome mais ilustre era Carlos Lamarca.

O professor de português Fernando Mesquita mora em Nova Xavantina, no Mato Grosso. Tem 64 anos e uma tese, defendida no curso de letras da Universidade de São Paulo, sobre o sol na obra de Caetano Veloso. Esteve nas duas conferências de Mongaguá. "A Dilma era agressiva verbalmente", ele me disse numa entrevista por telefone. "Mas tinha certa fragilidade, algo como uma adolescência não realizada. Na fusão, ela tinha uma crítica à visão militarista da VPR. Já falava na necessidade de um trabalho político de massas, paralelo às ações armadas." Espinosa também esteve em Mongaguá. Ficou com a impressão de que o capitão Lamarca achava Dilma "metida a intelectual".

Carlos Araújo foi eleito um dos seis dirigentes da nova organização. O primeiro artigo do seu estatuto dizia: "A Vanguarda Armada Revolucionária-Palmares é uma organização político-militar de caráter partidário, marxista-leninista, que se propõe a cumprir todas as tarefas da guerra revolucionária e da construção do Partido da Classe Operária, com o objetivo de tomar o poder e construir o socialismo". Nas contas do relatório de um inquérito policial militar, a VAR-Palmares contou no seu início com "312 militantes, 94 fuzis, dezoito metralhadoras INA, duas metralhadoras Thompson, quatro pistolas 45, 53 FAL, as armas roubadas à Casa Diana (São Paulo), além de grande quantidade de armas individuais de pequenos calibres, muitas bombas, explosivos, carros adquiridos e cerca de 25 mil cruzeiros novos em dinheiro".

Em Mongaguá, Juarez expôs parte dos planos para o que chamou de "grande ação". Ela veio a ser, em 18 de julho de 1969, a mais espetacular e a mais rendosa de toda a luta armada: o roubo de 2,5 milhões de dólares do cofre da casa da amante de Ademar de Barros, ex-governador de São Paulo, em Santa Teresa, no Rio. Nem Dilma nem Araújo participaram da ação, mas se envolveram na sua preparação.

"A ação do cofre foi fundamental para nos dar estabilidade", disse Araújo. "Fui eu que levei, de Porto Alegre, o metalúrgico Delci, que abriu o cofre com maçarico no aparelho para onde ele foi levado, em Jacarepaguá, no Rio. Eu também ajudei a tirar de lá as malas com o dinheiro." A dinheirama não evitou a desintegração da VAR-Palmares. Entre agosto e setembro de 1969, durante um longo e tenso congresso numa casa de Teresópolis, cinquenta militantes discutiram o que fazer. A divisão era entre os "basistas", que defendiam o trabalho de "massas", com as "bases", e os "militaristas", que advogavam a prioridade da luta armada. "A Dilma se bateu contra o militarismo, defendendo que também se desse importância ao trabalho político", contou Espinosa. Maria do Carmo também se lembrou da ministra em Teresópolis: "Ela acreditava que a luta de massas era mais importante que a luta armada".

Não houve acordo entre as facções e a organização se cindiu — de um lado, a VAR-Palmares basista e, de outro, a VPR militarista de Lamarca. Começou a disputa pelo butim: o dinheiro do cofre e as armas. Em outubro de 1970, quase dois meses depois da sua prisão, Carlos Araújo deu um depoimento ao DOPS e disse que ficou em seu poder 1,2 milhão de dólares, dividido "em três malas de 400 mil dólares cada uma". E completou: o dinheiro ficou cerca de uma semana "em um apartamento situado à rua Saldanha Marinho, onde também morava Dilma Vana Rousseff Linhares". Araújo não quis comentar o depoimento ao DOPS. E nem dos feitos por outros, como o de Espinosa, que disse que 720 mil dólares ficaram com a organização, ou um de outro militante, que chegou à soma de 972 mil dólares. "É impossível chegar a uma conclusão sobre isso, que não tem mais importância nenhuma", disse Araújo.

Num dos inquéritos é dito que Dilma Rousseff "manipula grandes quantias da VAR-Palmares. É antiga militante de esquemas subversivo-terroristas. Outrossim, através de seu interrogatório, verifica-se ser uma das molas mestras e um dos cérebros dos esquemas revolucionários postos em prática pelas esquerdas radicais. Trata-se de pessoa de dotação intelectual bastante apreciável". Em outros relatórios do gênero, foi chamada de "Joana

D'Arc da subversão", "papisa da subversão", "criminosa política" e "figura feminina de expressão tristemente notável".

Com a cisão do grupo, Dilma foi enviada a São Paulo. Tinha um problema prático a resolver: esconder em melhores condições de segurança um monte de armas que estavam correndo risco em apartamentos pouco seguros. Dilma mudara-se para uma pensão precária, de banheiro coletivo, na avenida Celso Garcia. Dividia um quarto com Maria Celeste Martins, hoje sua assessora. Na entrevista de 2003, Dilma me contou o que as duas fizeram:

"Eu e a Celeste entramos com um balde; eu me lembro bem do balde porque tinha munição. As armas, nós enrolamos em um cobertor. Levamos tudo para a pensão e colocamos embaixo da cama. Era tanta coisa que a cama ficava alta. Era uma dificuldade para nós duas dormirmos ali. Muito desconfortável. Os fuzis automáticos leves, que tinham sobrado para nós, estavam todos lá. Tinha metralhadora, tinha bomba plástica. Contando isso hoje, parece que nem foi comigo."

No primeiro dia de 1970, Galeno e outros seis militantes sequestraram, em Montevidéu, um Caravelle da Cruzeiro do Sul. Três dias depois, chegaram sãos e salvos a Cuba. Ele recebera a ordem de treinar guerrilha e voltar para o Brasil. Galeno tentou voltar, mas, com a repressão crescente, não conseguiu. Casou-se no exílio com a nicaraguense Maira, com quem teve duas filhas. Elas moram no exterior e lhe deram quatro netos.

Quinze dias depois do sequestro do Caravelle, Dilma Rousseff foi presa em São Paulo. Seu destino começou a ser selado quando uma onda de prisões pegou José Olavo Leite Ribeiro, que mantinha com ela três contatos semanais. Ribeiro, professor universitário, mora num prédio nos Jardins. Numa manhã de fevereiro, ele me disse que, depois de um dia inteiro de tortura, contou aos militares que tinha um encontro com Antônio de Pádua Perosa num bar da rua Augusta. "Eu até sabia que a Dilma podia aparecer porque era um ponto alternativo entre nós, mas o certo mesmo era que um outro companheiro aparecesse."

Levado até o bar, onde foi obrigado a sentar-se e a fingir que estava tudo bem, Ribeiro viu que Perosa já o esperava no balcão, como combinado. Ao aproximar-se e falar com ele, foi preso por policiais disfarçados. "Eles já estavam desmontando o cerco quando a Dilma apareceu", disse Ribeiro. "Ela chegou perto, percebeu que eu sinalizei alguma coisa e foi-se embora, disfarçando. Mas eles desconfiaram, foram em cima, e descobriram que ela estava armada. Se não fosse a arma, é possível que conseguisse escapar."

Dilma foi torturada dias a fio com palmatória, socos, pau de arara e choques elétricos. Em seus depoimentos judiciais, denunciou as torturas e deu o nome de oficiais militares que delas participaram, por ação ou omissão, entre eles o capitão do Exército Benoni de Arruda Albernaz, presença recorrente em listas de torturadores. Mesmo com a tortura, ela não revelou o que sabia de Carlos Araújo, seu companheiro, e de Maria Celeste Martins, sua ajudante no recolhimento das armas. Eles só vieram a ser presos muito tempo depois.

Na luta para ganhar tempo com os torturadores, às vezes enrolando-os, Dilma levou uma equipe de policiais à praça da República, de manhã cedo, inventando que tinha um encontro. Botaram-na num banco, sentada, e montaram o cerco. Um rapaz, ao passar pelo banco e ver a moça sozinha, interessou-se por ela. Voltou-se, deu mais uma paquerada e resolveu sentar-se. Ele foi preso e levado à sede da Operação Bandeirante, a OBAN, na rua Tutoia, no Paraíso. O rapaz era argentino. Apanhou muito até provar que não tinha nada a ver com o terrorismo.

Dilma tinha encontros regulares com Natael Custódio Barbosa, que participara das greves operárias de 1968 em Osasco. "Dilma era uma companheira muito séria e dedicada, que acreditava no que estava fazendo", disse-me Barbosa na sua casa, em

Londrina, onde é caminhoneiro e vive com a mulher e três filhos. No final de janeiro de 1970, Barbosa foi ao encontro que haviam marcado, às cinco da tarde, na movimentada rua 12 de Outubro, na Lapa. Ele vinha numa calçada, do lado oposto e em sentido contrário ao que ela deveria vir. Quando a viu, de braços cruzados, atravessou a rua, passou por ela sem dizer nada, andou uns vinte passos e, sem desconfiar de nada, voltou. "Voltei, encostei do lado dela e perguntei se estava tudo bem", contou Barbosa, emocionadíssimo. "Ela fez aquela cara de desespero e eles caíram imediatamente em cima de mim, já me batendo, dando coronhadas e me levando para o camburão, e depois para a OBAN." E prosseguiu: "Nunca mais a vi. Ela me entregou porque foi muito torturada, e eu entendo isso. Acho que me escolheu porque eu era da base operária, não conhecia liderança nenhuma da organização e não tinha como aumentar o prejuízo".

Com Dilma presa, Carlos Araújo ainda teve tempo para um romance rápido, mas intenso, com a atriz Bete Mendes, da TV Globo, à época simpatizante da organização. Foi preso em 12 de agosto. "No primeiro dia levei pau de arara, choques, pauladas e bofetadas", disse. "Vi que não ia aguentar o pau e logo no segundo dia resolvi me matar. Decidi que não tinha outra saída. Disse para eles que eu tinha um ponto com o Lamarca, que era tudo o que eles queriam, em uma rua de bastante movimento na Lapa. Eu não tinha, é claro, mas eles acreditaram. Logo de manhã cedo me levaram para lá, cercaram a área toda, com um espalhafato fantástico. Qualquer um que me olhasse eles prendiam. Eu ali, na calçada, vendo os carros passarem. Era só me atirar, mas bateu uma dúvida. Acabei me atirando embaixo de uma Kombi. Machuquei bastante o joelho e a cabeça, mas não quebrei nada."

Depois de um dia no hospital, Araújo voltou a ser torturado, mesmo ferido. Ficou setenta dias na Oban e passou por outros centros de tortura, como o comando da Base Aérea do Rio, onde ficou sete meses preso. Nessas idas e vindas entre cadeias, para responder a diferentes processos, cruzou com Dilma num comboio, mas em viaturas diferentes, e em auditorias militares, para audiências ou julgamentos. Quando finalmente estiveram por uns meses no mesmo presídio — o Tiradentes, em São Paulo, com direito a visitas íntimas —, Dilma reclamou do romance com Bete Mendes. E voltaram às boas, dispostos a retomar o casamento depois da prisão.

Vânia Abrantes, a ex-mulher de Carlos Araújo, presa em maio de 1970, esteve com Dilma numa mesma viatura policial, durante uma viagem de São Paulo ao Rio. Colocada uma na frente e a outra atrás, não puderam conversar. Mas um testemunho de Vânia sobre a viagem foi decisivo para que Dilma, já ministra, tivesse aprovada a indenização que requereu ao estado do Rio de Janeiro, no valor de 20 mil reais, que ainda não foram pagos.

A pedagoga Maria Luiza Belloque, coordenadora da Universidade Corporativa do Metrô de São Paulo, fez amizade com Dilma numa cela da Operação Bandeirante, e depois em outras, no DOPS e no Presídio Tiradentes. "Me jogaram na mesma cela que ela", contou. "A Dilma levou choque até com fiação de carro. Fora cadeira do dragão, pau de arara e choque pra todo lado. Ela levantava o meu astral quando eu chegava arrebentada da tortura."

Leslie Beloque, cunhada de Maria Luiza, ficou sem jeito ao contar a única ação armada que praticou: o roubo de um salão de cabeleireiro chique, com um revólver 38 na mão. "Nós também levamos as joias e os relógios dos clientes, mas, moralistas, preservamos as alianças", disse. Dilma foi sua colega de DOPS e de Tiradentes. "Ficar presa com a Dilma foi uma coisa de doido. Ela não era nada chorona. Falávamos como se não tivesse tortura. A Dilma é um tenente, é muito forte."

Condenada em alguns processos e absolvida em outros, Dilma saiu do presídio Tiradentes no final de 1973. Sua mãe, tias e irmãos a receberam depois de quase quatro anos de cadeia e a levaram para uma temporada de recuperação em Minas. Depois, mudou-se para Porto Alegre, onde Carlos Araújo estava cumprindo os últimos meses de quase quatro anos de pena. Ela o visitava sempre, muitas vezes com o pai do marido, o doutor Afrânio. Ajudava o marido nos trabalhos que ele fazia na cadeia, como a criação de uma biblioteca e de um curso supletivo, no qual Dilma deu aulas. Afrânio morreu em 8 de junho de 1974, com o filho ainda preso. Dias depois, Araújo foi solto.

"Foi uma cadeia longa, mas não foi tão ruim assim, porque eu aproveitei para estudar", disse Araújo. De más lembranças, além da fase da tortura, ficaram os muitos atritos que comprou "com aquele pessoal que queria continuar a fazer a revolução dentro do presídio".

Carlos Araújo mora hoje sozinho, com os vira-latas Amarelo e Negrão, numa casa às margens do rio Guaíba, em Porto Alegre. A diarista Eliete cuida das tarefas domésticas. No meio da tarde, Araújo a dispensou. "Não precisa deixar nada para o jantar", disse. Vestia bermuda azul-marinho, camisa polo branca e chinelos. Com 71 anos, e apesar de um enfisema do qual não cuida com a atenção devida — e que ultimamente o tem levado ao hospital —, tem energia de sobra. "Sou uma pessoa muito feliz", disse. "Vivo do meu trabalho, não dependo de ninguém, tive a sorte de ter filhos que não vivem me incomodando e tenho muitos amigos." Está na varanda, com duas televisões enormes, uma ao lado da outra — nas quais assiste simultaneamente, pela tevê a cabo, a jogos de futebol. É um ambiente aberto, de onde se vê, numa ilha, o presídio, há muito desativado, em que cumpriu parte da pena. "É ali", apontou. "Quantas vezes a Dilma foi lá me visitar..."

Abril de 2009

Mares nunca dantes navegados: Dilma Rousseff da prisão ao poder

Luiz Maklouf Carvalho

Quando Dilma Rousseff era ministra das Minas e Energia, perguntei-lhe em que condições de saúde deixara a prisão. "Ninguém sai disso sem marcas", respondeu ela em um gabinete da sede da Presidência da República em São Paulo. Foram três anos de cadeia: de janeiro de 1970, quando foi capturada no centro de São Paulo, ao final de 1972, quando saiu, dez quilos mais magra, do presídio Tiradentes. Estava com cerca de 57 quilos, usava manequim 42, tinha 25 anos, e a ditadura que a prendera e torturara, nove.

Uma das marcas à qual a ministra se referiu foi uma disfunção na tireoide, glândula no pescoço cuja principal função é a produção e armazenamento de dois hormônios que auxiliam a regular a taxa do metabolismo e afetam outros órgãos. "Um ano depois que saí da cadeia, a minha tireoide estava completamente detonada", contou. "Foi a forma como o meu organismo reagiu a tudo aquilo. Desenvolvi um hipertiroidismo [*produção excessiva de hormônios*] e depois um hipo [*o contrário*]. Foi uma somatização. Mas me tratei e fiquei boa."

No final de junho de 2009, um dia depois da última sessão de quimioterapia para evitar a volta de um câncer linfático, Dilma Rousseff tinha certeza de que ficaria boa. "Estou felicíssima", ela me disse. "Primeiro, porque foi a última aplicação. Em segundo, porque em 14 de julho se encerra o ciclo de vinte e um dias durante o qual o organismo elimina os produtos tóxicos. Então, no dia 14 de julho vou estar sem o menor traço de consequências da doença." Ela acha que a quimioterapia, que ela pensava ser "muito desagradável", não chegou a tanto. O mais difícil foi perder o cabelo. "Mas não foi tanto assim. Perdi cabelo em vários locais, e preferi raspar tudo para não ficar caindo aos poucos", disse. "E teve um efeito gratificante: é bom sentir a água escorrendo direto na cabeça." A ministra riu e completou: "Você não pode deixar de procurar as coisas boas. E o cabelo vai crescer, vai voltar".

Além da quimioterapia, fez acupuntura, melhorou a alimentação e manteve as caminhadas, apesar de, nos dias em que esteve mais frágil, "andar a passo de elefantinho", conforme disse. "Eu caminhava uma hora, e agora depende. Se é logo depois da quimio, ando quarenta minutos, e depois vou para quarenta e cinco; o máximo a que chego são cinquenta minutos. Isso foi bom porque mantive uma pressão ótima." De bom humor, ela reclamou dos fotógrafos: "De manhã cedo, você há de convir, você não está caminhando do jeito mais bonito. Você está com aquela cara de horror. E os fotógrafos fazendo *tec* para lá e para cá. O meu cachorro, o Nego, está traumatizado. Eu não vivo sem cachorro".

Ao sair da prisão, em 1972, ela passou uma temporada em Minas, onde fora se recuperar com a família, esteve na casa de uma tia em São Paulo e se mudou para uma casa na avenida Copacabana, à beira do rio Guaíba, em Porto Alegre. Da varanda, podia ver a moradia provisória do namorado, Carlos Franklin de Araújo, ex-dirigente da Vanguarda Armada Revolucionária Palmares: o presídio da ilha das Pedras Brancas, onde ele cumpria seu terceiro ano de pena.

Dilma Rousseff trocou o *uai* pelo *tchê* para estar próxima de Araújo, a quem chama carinhosamente de "Gordo". Os meses que passaram no presídio Tiradentes — com alguns encontros íntimos e muitas trocas secretas de bilhetes — apontavam um futuro para o romance. Um futuro mais calmo do que o ano em que namoraram durante a perigosa agitação da clandestinidade, com a cabeça a prêmio. Ela visitou o namorado na ilha. O garoto Leandro, filho do primeiro casamento dele, também. Na mesma varanda agradável às margens do Guaíba, Carlos Araújo recordou: "Ela levava comida, cigarro, muitos jornais. Falávamos sobre a nossa vida afetiva, do filho que queríamos ter e do nosso futuro político, sobre como e onde retomar a militância. Não tinha visita íntima, não, mas a gente sempre dava um jeitinho".

Deputado estadual por São Paulo, Rui Falcão, dirigente do Partido dos Trabalhadores, passou quase três anos no presídio da ilha. "A Dilma nos enchia de informação, era simpática, solidária e muito carinhosa", lembrou. Também estava lá Raul Pont, velho parceiro do presídio Tiradentes. "Ela levava livros políticos disfarçados de romances", contou o ex-prefeito de Porto Alegre e hoje deputado estadual do PT no Rio Grande.

Carlos Araújo mora sozinho. Levanta às três da manhã, trabalha de madrugada, faz exercícios, chega ao escritório às cinco e meia. Costuma passar no escritório aos sábados e domingos. Volta e meia tem problemas com um enfisema pulmonar diagnosticado nos anos 1990. E, às vezes, tem que passar uns dias no hospital. Nas crises mais sérias, a ministra pega um avião em Brasília para visitá-lo. No meio da tarde, a empregada veio perguntar se ele queria algo especial para o jantar. Não queria. O freezer estava abastecido com cervejas e, de quando em quando, ele pegava uma garrafa. Contou que foi dos últimos presos a sair da ilha, quando a cadeia foi desativada. Cumpriu o resto da pena no Presídio Central, onde Dilma o visitava duas vezes por semana.

Em junho de 1974, Afrânio Araújo morreu de infarto. Seu filho Carlos teve autorização para ir ao enterro — com escolta e vigilância — e receber, com Dilma, as condolências do mundo jurídico gaúcho. Por causa do prestígio de Afrânio, a cadeia já não era tão rigorosa. E, com a sua morte, amigos juristas pressionaram para que fossem resolvidas rapidamente as pendências processuais que mantinham Carlos Araújo no Presídio Central. Dias depois ele foi solto.

Araújo e Dilma haviam combinado morar num apartamento que ela já havia alugado, mas acabaram ficando na casa à beira do rio. O menino Leandro era uma presença frequente ali. Dilma fazia cursinho para o vestibular em ciências econômicas na Universidade Federal do Rio Grande do Sul. E tinha um grupo de estudos com dois amigos, também ex-presos políticos. "Ela era uma guria extremamente alegre, muito companheira e carinhosa", disse um deles, Carlos Alberto de Re, o "Minhoca", diretor do teatro da Assembleia Legislativa do Rio Grande do Sul em Porto Alegre. "Varávamos a madrugada estudando. Ela sabia mais do que nós, até por já ter sido universitária. Tinha método e disciplina, e não deixava o estudo ficar disperso."

O outro integrante do grupo era Calino Pacheco Filho, com quem Dilma fez o curso de ciências econômicas, concluído em 1977. "Cuidamos de estudar, não tivemos participação ativa no movimento estudantil", disse Pacheco Filho em sua sala da Fundação de Economia e Estatística, a FEE, órgão do governo gaúcho. Depois da cadeia, o primeiro emprego de Dilma, Minhoca e Pacheco Filho foi de estagiários da Fundação.

A retomada da militância política, dessa vez legalmente, deu-se no Instituto de Estudos Políticos e Sociais, o IEPES, mantido pelo partido oficial de oposição, o MDB, presidido no Rio Grande por Pedro Simon. "Ela era uma jovem bonita e uma mulher firme", contou o senador. Sem ter se filiado ao partido, Dilma organizou debates no Instituto. Iam lá, dar palestras concorridas, intelectuais como Fernando Henrique Cardoso, Francisco Weffort e Chico de Oliveira.

Na campanha eleitoral de 1976, Araújo e Dilma se empenharam para eleger vereador o emedebista Glênio Peres, casado com Lícia Peres. Peres foi eleito e logo cassado por ter feito um discurso denunciando a tortura. "Nós simpatizamos de cara e logo ficamos amigas, como somos até hoje", contou a socióloga, que também é integrante do Diretório Nacional do PDT. Com Araújo, que não gosta de viajar, Dilma foi à Europa uma vez. Com Lícia Peres, foi três, fora uma outra viagem aos Estados Unidos. Lícia se lembra de ter ido com a amiga a óperas, museus e de terem visitado a casa onde Marcel Proust passava férias, em Illiers-Combray. Ela disse que nos momentos muito difíceis, como a morte de Glênio e, anos depois, um câncer no seio, Dilma foi "absolutamente solidária".

No apartamento de Lícia há na sala uma estante abarrotada de livros. Alguns deles lhe foram dados de presente por Dilma, como *O mar*, do irlandês John Banville. "Lícia, há muito eu quero lhe mandar este livro. Feliz Natal. Um abração", escreveu ela na dedicatória, em dezembro de 2007. Um dos momentos mais tocantes do romance, vencedor do Booker Prize, é a constatação de um diagnóstico de câncer. A mulher do narrador, Anne, pergunta ao médico: "E então, doutor — disse ela, um pouco alto demais, dando à voz o tom forte e agudo daquelas atrizes de cinema dos anos 1940 —, é a sentença de morte ou tenho esperanças?". Ele respondeu: "Ah, não vamos deixar que a senhora se vá assim, senhora Morden. Pode ter certeza de que não vamos, não".

Dilma falou que gostou muito de *O mar*. Mas não é dos seus romances de cabeceira. "É um livro de época", afirmou. No momento, ela lê o romance *A trégua*, do uruguaio Mario Benedetti, recentemente falecido, e uma coletânea de contos do russo Isaac Bábel. Um dos livros que mais lhe chamaram a atenção foi *Um estadista do Império*, de Joaquim Nabuco. Foi no período em que, como contou, "estava interessadíssima no Segundo Império, e comprei a Coleção Brasiliana".

Além da literatura, Dilma adora artes plásticas. A ponto de dizer: "Só tenho uma tristeza na vida: não tenho o menor talento. Já tentei pintar, mas talento você tem ou não. E eu não tenho". Ela armazena no laptop reproduções de suas obras preferidas. É uma galeria eclética. Lá estão Katsushika Hokusai ("aquele da onda, de mil setecentos e pouco, período Edo"), Lucas Cranach, Bosch, Luca della Robbia ("por suposto"), Caravaggio, Matisse ("gosto muito do Matisse. Ele trabalhou em uma manufatura de tecido e era tecelão"), Remedios Varo ("é uma pintora mexicana, tem um quadro dela que eu amo: *Natureza-morta ressuscitando*, que é um barato, e tem outro que também é muito bonito, *Bordando o manto terrestre*"), Iberê Camargo, Renoir.

Outra amiga, a psiquiatra Vera Stringuini, lembrou ter perguntado uma vez a Dilma: "O marxismo é ou não é uma ciência?". E de ter obtido como resposta uma outra pergunta: "E o Super-Homem é um pássaro ou é um avião?". As duas aprenderam a guiar na mesma época e tinham um gosto literário semelhante. "Tivemos a fase Saramago, a fase de ficção científica, principalmente Ray Bradbury, e a fase da tragédia grega", disse. As duas foram alunas de um curso do dramaturgo gaúcho Ivo Bender. Durou um ano, com aulas semanais no auditório da FEE. Estudaram peças de Ésquilo, Eurípides e Sófocles. "Às vezes, chorávamos de emoção durante as aulas", contou.

"A Dilma se apaixonou por *Filoctetes*, do Sófocles", prosseguiu Vera Stringuini. Filoctetes, personagem que aparece na *Ilíada* e na *Odisseia*, era um exímio arqueiro grego. Quando partia para a guerra de Troia, uma mordida de cobra infeccionou-lhe gravemente o pé. Os companheiros não aguentaram o cheiro fétido e os gritos lancinantes de dor do arqueiro e o abandonaram numa ilha deserta. "A peça é uma obra-prima", justificou Dilma. "Filoctetes era um chato de galocha. Reclamava o tempo inteiro que a perna estava ferida. Largar ele na ilha é uma solução dentro de uma ética que não é a judaico-cristã. A ética grega não é boazinha, não tem culpados."

Foi para Vera Stringuini que Dilma ligou pedindo o telefone do cirurgião plástico Renato Vieira, que já reformara as pálpebras das duas. E foi Vieira quem fez, na virada do ano, a segunda plástica na ministra.

Paula Rousseff Araújo, a filha do casal, nasceu em março de 1977, quando Dilma tinha 29 anos. Amigas dizem que ela era um tanto desajeitada para as tarefas práticas. "Foi por isso que dei de presente para ela uma montanha de fraldas", contou a psiquiatra Vera. Quando Paula não parava de chorar, a mãe a colocava no carro e dirigia a esmo até que o balanço a fizesse dormir.

Com Paula crescendo, a mãe retomou os estudos. Queria fazer mestrado na Universidade Estadual de Campinas, a Unicamp, distante uma hora de São Paulo. Às vezes, levava a filha, que ficava no apartamento alugado com uma babá. Paralelamente, Dilma participava de um grupo de discussão com meia dúzia de ex-militantes da VAR-Palmares. Um deles era Rui Falcão. Outro, Roberto Espinosa, com quem estivera presa. O grupo, que se reunia em São Paulo, contou com a participação esporádica de Carlos Araújo. Ele já tomara a decisão de militar no trabalhismo. "Nós aprofundávamos a autocrítica sobre a experiência do passado e discutíamos novos caminhos", disse Espinosa. "Líamos Marx e também renovadores do marxismo como Poulantzas e Althusser." Na lembrança de Rui Falcão, o grupo durou uns dois anos, com reuniões trimestrais. "Não era nostalgia, mas um encontro para troca de informações, para se manter atualizado e avaliar o momento em que a atividade política poderia ser retomada", contou o deputado.

O site oficial da Casa Civil informa que a ministra é "mestre em teoria econômica pela Universidade de Campinas (Unicamp) e doutoranda em economia monetária e financeira pela mesma universidade". Na Plataforma Lattes, a base de dados de currículos e instituições das áreas de ciência e tecnologia, o currículo de Dilma Vana Rousseff registra um mestrado em ciência econômica, na Unicamp, em 1978-9, com a dissertação "Modelo energético do estado do Rio Grande do Sul", sob a orientação do professor João Manoel Cardoso de Mello. Informa também que ela começou, em 1998, um doutorado em ciências sociais aplicadas — mas não dá o nome do orientador nem o da tese de doutorado.

"Dilma Vana Rousseff nunca se matriculou em nenhum curso de mestrado na Unicamp", informou o diretor de registro acadêmico Antônio Faggiani. Pedi que, além de consultar no sistema informatizado, ele verificasse também o arquivo morto, que abriga os documentos em papel da Unicamp. Isso feito, Faggiani confirmou a informação: "O que existe, oficialmente, é a matrícula no curso de doutorado, em 1998, abandonado em 2004, quando acabou o prazo para a integralização dos créditos".

Ao saber da posição oficial da universidade, a ministra me disse: "Fiz o curso de mestrado, mas não o concluí e não fiz dissertação. Foi por isso que voltei à universidade para fazer o doutorado. E aí eu virei ministra e não concluí o doutorado". Em resumo, o site da Casa Civil está errado: Dilma não é nem mestra nem doutoranda.

Araújo e Dilma participaram das articulações, lideradas por Leonel Brizola, para a recriação do Partido Trabalhista Brasileiro. Quando Ivete Vargas ganhou a sigla PTB, entraram no PDT brizolista. "Nossa dedicação foi integral", disse Araújo. Ele foi três vezes consecutivas deputado estadual — de 1982 a 1994 — e duas vezes candidato a prefeito, perdendo primeiro para Olívio Dutra e depois para Tarso Genro. Jogou a toalha em 1994, depois do diagnóstico de enfisema pulmonar. "O meu sonho era ser prefeito e governador. Não deu, paciência", comentou.

Em novembro de 1977, quando estava na FEE, Dilma tomou um susto: seu nome apareceu no jornal *O Estado de S. Paulo* como um dos 97 funcionários acusados de serem subversivos infiltrados na máquina pública, apontados pelo general Sylvio Frota, ministro do Exército que acabara de ser exonerado pelo ditador Ernesto Geisel. A relação dos nomes, com um resumo dos antecedentes políticos de cada um, constava de uma carta que Frota divulgara. Dilma era qualificada como militante da VAR-Palmares e do Comando de Libertação Nacional, o Colina, "amasiada com o subversivo" Carlos Araújo. Na lista estavam também o vice-governador de São Paulo, Alberto Goldman, e o então secretário de Economia e Planejamento do estado, Jorge Wilheim. Entre os gaúchos da FEE, havia mais quatro nomes, que, junto com Dilma, foram prontamente demitidos. Sinval Guazelli os anistiou e reconduziu aos cargos quando foi eleito governador do Rio Grande do Sul, pouco depois.

Seu segundo emprego, na primeira metade dos anos 1980, foi de assessora da bancada do PDT na Assembleia Legislativa gaúcha. Uma de suas amigas, também pedetista, e até hoje por lá, foi a advogada Maria Regina Barnasque, a "Buluga", como Dilma a apelidou. "Ela tinha uma personalidade forte e mostrava uma grande habilidade política", disse Buluga. Ela jurou que, naquele período, Dilma jogava no time de vôlei feminino do PDT.

O ex-governador Alceu Collares, nos seus 81 anos, continua simpático, falante e de posse de uma portentosa memória declamativa. Há que vê-lo, mal a manhã raiou, a escandir, tonitruante e com gestos largos, os versos do poema "O voto é tua arma", de sua própria lavra. Pedetista, ele foi o primeiro prefeito de Porto Alegre eleito diretamente depois da ditadura. O deputado Araújo e Dilma sustentaram a sua candidatura de corpo e alma. Parte expressiva da campanha, inclusive o programa de governo, foi planejada na casa à beira do Guaíba.

Na eleição para o governo estadual, contudo, o PDT tomou uma lavada do candidato peemedebista Pedro Simon. "Foi quase um milhão de votos na frente deles", comemora o hoje senador. Entre outros motivos, porque a chapa pedetista juntava o brizolista Aldo Pinto com um dos quadros civis da ditadura, Nelson Marchezan (seu vice). "A Dilma foi uma grande assessora da nossa campanha", disse o ex-deputado Aldo Pinto. "Ela acreditava muito no PDT", explicou Vera Stringuini. "Empolgada com Brizola, ela me tirou na marra do PT e me levou para o PDT. A exigência da aliança com o Marchezan foi do Brizola. Tivemos que engolir aquele sapo." Dilma faz um raciocínio tortuoso para dizer que a aliança "pode ter sido" um equívoco: "Marchezan foi líder da ditadura, mas nunca foi um *enragé*. A ala Marchezan era a da pequena propriedade radicalizada. E ele era um cara ético".

Alceu Collares disse que, por influência de Carlos Araújo, "mas também pela competência dela", nomeou Dilma para o seu primeiro cargo executivo, o de secretária municipal da Fazenda. Dilma se afastou do cargo para se dedicar à primeira campanha do marido à prefeitura de Porto Alegre, em 1988, contra o petista Olívio Dutra. Foi substituída na Secretaria da Fazenda pelo advogado e jornalista Políbio Braga. No salão de café de um hotel cinco estrelas, Políbio Braga contou que, antes de se decidir a aceitar o cargo, Dilma o chamou para uma conversa e disse: "Não assume, não, que isso pode manchar a tua biografia. Eu não consigo controlar esses loucos e estou saindo antes que manche a minha". Collares afirmou que a gestão de Dilma "foi da maior transparência e competência". Políbio Braga tem outra lembrança: "Ela não deixou sequer um relatório, e a Secretaria era um caos".

A eleição de Olívio Dutra inaugurou os dezesseis anos em que o PT gaúcho ficou no poder. Com o PDT em baixa, Dilma Rousseff foi nomeada, em 1989, diretora-geral da Câmara Municipal de Porto Alegre. Joaquim Felizardo era funcionário da Câmara no mesmo período. Ele contou que Dilma foi demitida pelo presidente da Casa, o vereador Valdir Fraga, porque chegava tarde ao trabalho. "Eu hoje brinco com o Fraga: 'Tu conseguiste exonerar a mulher que vai mandar no país, tchê!'." O ex-vereador Valdir Fraga tem uma versão mais benigna para a demissão: "Eu a exonerei porque houve um problema com o relógio de ponto".

Alceu Collares foi eleito governador em 1990 e Dilma virou presidente da FEE, cargo no qual ficou três anos. O peso de Araújo e de seu grupo de militantes, que era forte e articulado, ajudou Dilma a ser nomeada para a Secretaria de Energia, Minas e Comunicações. Ficou no cargo até dezembro de 1994. Nos últimos meses de trabalho, seu casamento chegou ao fim.

A tarde ia se pondo sobre o Guaíba e Araújo levantou-se, foi a uma estante e pegou um porta-retratos em que aparecem seus filhos Rodrigo, de catorze anos, e Paula, ao lado do marido. A gravidez da mãe de Rodrigo pôs fim aos 26 anos de casamento entre Dilma e Carlos Araújo. Ao saber, Dilma botou as coisas dele em malas e ele saiu da própria casa. "Aconteceu", contou Araújo. "Havia um desgaste na nossa relação afetiva."

Vera Stringuini, a amiga do curso de teatro, consolou Dilma. Para comentar a separação, ela recorreu a uma frase do filme *Frida Kahlo*, a pintora mexicana que teve um caso com Leon Trotsky quando era casada com o muralista Diego Rivera: "Tu podes ser infiel, mas não podes ser desleal". Vera disse: "A deslealdade cria uma rachadura, e a Dilma não aguentou".

"Depois a gente se reconciliou e voltei para casa", contou Araújo. O acerto durou até o ano 2000, quando Dilma alugou um apartamento e se mudou. Araújo namora uma arquiteta que se dá bem com Dilma. Seus três filhos convivem sem problemas entre si, e Dilma se dá bem com todos eles, inclusive Rodrigo. "Tenho muito orgulho da Dilma", disse Araújo. Eles se encontram com frequência e se falam sempre pelo telefone. Ao saber que a ministra tinha câncer, Araújo foi a Brasília e ficou uns dias com ela.

Acabado o governo Collares, Dilma voltou para a Fundação de Economia e Estatística e foi editora da sua revista *Indicadores Econômicos*. Publicou ali alguns artigos técnicos com discretos laivos políticos. Um deles, "A privatização do setor elétrico no Chile: o erro mudou", de 26 páginas, critica os excessos nos dois sistemas — o estatal e o privado — e defende uma solução híbrida, com controle e regulação do primeiro sobre o segundo. Num trecho, a ministra sustenta que a propriedade privada não garante a ausência de interferência política: "Tanto o Estado pode estar interessado em controlar uma indústria privada, como também, o que até é mais usual, uma indústria privada pode estar interessada em manipular o Estado para seu próprio benefício econômico".

Ela voltou à vida pública em 1999, quando o petista Olívio Dutra foi eleito governador, dessa vez apoiado pelo PDT no segundo turno. Levou-a para a mesma Secretaria de Energia. Dilma era uma entre meia dúzia de pedetistas que assumiram postos no primeiro escalão. "Eu já a conhecia e respeitava", disse Olívio Dutra, entre duas bombadas de chimarrão. "E a nomeei também porque ela estava numa posição mais à esquerda no PDT, menos populista."

Leonel Brizola, no entanto, achava que o PDT merecia mais pelo apoio no segundo turno. Argumentava que todos os cargos juntos não representavam 1% do orçamento do governo. Olívio

Dutra contou que Brizola, nos telefonemas que lhe dava, pedia mais e mais cargos. Como o governador não cedeu, Brizola passou a pressionar os pedetistas a saírem da administração petista. Com a proximidade das eleições municipais de 2000, o conflito se acentuou. Brizola queria Collares como candidato e o PT indicava Tarso Genro. Dilma defendia a continuidade da aliança que elegeu Olívio Dutra e, portanto, a candidatura de Tarso Genro. Ela disse à época (em contraste com o apoio que dera à dobradinha Aldo Pinto-Nelson Marchezan) que não aceitava "alianças neoliberais e de direita".

Dilma ficou no cargo e apoiou o candidato petista. Alceu Collares foi para o segundo turno da eleição, numa aliança que congregava PDT, PFL, PPB, PSB, PMDB e PL. E ainda assim Tarso Genro ganhou. Dilma filiou-se ao PT.

Brizola chamou de traidores os que saíram do PDT. "Venderam-se por um prato de lentilhas", disse à imprensa. "Eu afirmei e reafirmo que naquele momento eles foram traidores", ecoou Alceu Collares. Olívio Dutra analisou assim a situação: "Eu sempre disse que seria uma honra enorme se a Dilma viesse para o PT. É claro que tive um protagonismo, mas não houve cooptação. Sair do PDT não foi fácil para ela. Mas, naquele momento, eu acho que ela foi visionária".

A engenheira Cláudia Hofmeister, que também trabalhou com Dilma na Secretaria de Energia, contou que, no primeiro mês da gestão, em janeiro de 1999, os gaúchos sofreram 31 cortes de energia. A Secretaria organizou um programa emergencial de obras, com a participação das estatais da área e de cinco empresas privadas, o que resultou em um aumento de 46% na capacidade de atendimento até o final da gestão.

Quis a natureza que o Rio Grande do Sul, como o Paraná e Santa Catarina, escapasse do apagão que infernizou o Brasil no segundo governo de Fernando Henrique Cardoso: não houve seca por lá. "Não havia sentido em fazer um racionamento por solidariedade no Rio Grande, nem em Santa Catarina, nem no Paraná", explicou Pedro Parente, chefe da Casa Civil no governo de Fernando Henrique, a quem coube gerir a crise do apagão. Mesmo assim, o consumo de energia diminuiu na região Sul.

Dilma esteve com Pedro Parente em duas reuniões, e defendeu os interesses do estado e da iniciativa privada gaúcha — ambos queriam receber uma compensação pela redução do consumo, como ocorreu nos estados em que houve o racionamento. Como no Sul a redução do consumo foi voluntária, o governo tucano não cedeu e a secretária botou panos quentes nos ímpetos sulinos. "A Dilma soube administrar a crise entre os grandes consumidores gaúchos de energia e o governo federal", disse Parente. "Ela era pragmática, objetiva e demonstrou que tinha um diálogo fluido com o setor empresarial."

O presidente Luiz Inácio Lula da Silva contou a *piauí*, em uma entrevista no fim de 2008, como conheceu Dilma Rousseff:

"Eu sabia que ela era secretária do Olívio Dutra, mas não tinha muito contato, até porque ela era do PDT. Quem cuidava do meu grupo de energia era o Pinguelli Rosa. Então, a gente tinha, a cada ano, três, quatro reuniões com vários engenheiros do setor energético. Já próximo de 2002, aparece por lá uma companheira com um computadorzinho na mão. Começamos a discutir e percebi que ela tinha um diferencial dos demais que estavam ali porque ela vinha com a praticidade do exercício da Secretaria de Minas e Energia do Rio Grande do Sul. Aí eu fiquei pensando: acho que já encontrei a minha ministra aqui. Ela se sobressaiu em uma reunião com quinze pessoas. Pela objetividade e pelo alto grau de conhecimento do setor. Foi assim que ela apareceu no meu governo."

As reuniões com Lula ocorriam no Instituto Cidadania, em São Paulo, que ele montou para fazer as vezes de governo paralelo. O físico e engenheiro nuclear Luiz Pinguelli Rosa era a estrela maior, seguido de Ildo Sauer. A missão deles era elaborar a plataforma da área de energia para a campanha presidencial. Em junho de 2001, Pinguelli convidou Dilma a participar. "Ela era uma menina tímida no meio de grandes professores", disse Ildo Sauer. "Mas toda hora ela puxava aquele computador, que parecia ter tudo, até análise sobre o aço da palheta da turbina." Algumas vezes Dilma levou, como convidado, o engenheiro Luiz Oscar Becker, seu subordinado na secretaria gaúcha. Já separada de Araújo, Dilma e Becker eram namorados. (A ministra não quis comentar sua ligação com Becker.)

Maurício Tomalsquim, hoje presidente da Empresa de Pesquisa Energética, também participava do grupo. Divergia de Pinguelli e de Sauer, ambos contrários às privatizações que o governo promovia no setor — para eles, responsáveis pelo apagão. Tomalsquim era contra o estatismo e Dilma também. "Eles diziam, brincando, que eu era o neoliberal do grupo", contou Tomalsquim. Disse também que estava claro para todos no grupo que, se Lula fosse eleito, o ministro das Minas e Energia seria Pinguelli Rosa.

Mal se anunciou a vitória do PT, Pinguelli Rosa telefonou para Ildo Sauer e disse: "Vamos montar o grupo de transição da área de energia aqui no Rio mesmo, que é mais fácil para mim". O tempo passava, no entanto, e não chegava o convite de Lula. Avaliou-se que o presidente reservara Minas e Energia para o PMDB, com o qual José Dirceu acertava um acordo estratégico. Avaliação errada, segundo José Dirceu. "Lula estava decidido a nomear a Dilma Rousseff", contou-me o ex-ministro. "Para o PMDB, discutiam-se outros ministérios, como o de Transportes, o de Comunicações e o da Saúde."

Pesou na decisão de Lula a simpatia que Antonio Palocci tinha pela secretária gaúcha. Mais do que pessoal, a afinidade era política: o ministro da Fazenda estava informado sobre o trânsito fluido que ela tinha entre empresários do setor — assustados com a possível indicação de Pinguelli Rosa — e sabia de sua concordância com a Carta aos Brasileiros, o documento de campanha que simbolizava a adequação do PT à ortodoxia econômica.

Se ainda restassem dúvidas quanto às ideias de Dilma, ela as enterrou numa viagem a Frankfurt, a convite do ministro tucano Pedro Parente. Era um seminário com investidores estrangeiros do setor elétrico, promovido pela Câmara de Comércio e Indústria Brasil-Alemanha. "A presença dela foi muito importante porque os investidores ficaram com uma visão clara de que não haveria ruptura", contou Parente.

Olívio Dutra disse que, "depois da eleição, o Lula me consultou. Eu falei para ela: 'Olha, Dilma, o Lula vai te convocar para a transição na área de Minas e Energia e te digo que tem mais coisas para tu assumir'". O que o Lula viu nela?, perguntei, e Olívio respondeu: "Um certo comedimento, o fato de ela ter uma visão articulada da área, uma discrição, uma modéstia sem falsidade. Ela com o laptop dela. Está tudo organizado ali. Tem números, elementos, quadros. Ela é sempre afirmativa. Posso ter pesado um pouco na balança naquele momento, mas, da transição para a frente, o mérito é todo da Dilma".

Ela tratou de se aproximar de José Dirceu. "Todo mês, e muitas vezes quinzenalmente, nos encontrávamos para falar de energia, infraestrutura, petróleo e gás, áreas que diziam respeito ao ministério que ela ocupava, e também de meio ambiente, política e questões pessoais", disse Dirceu. "Sempre tivemos uma relação muito boa." A afinidade de Dilma com o ministro também se solidificou durante o governo.

Ela levou para o governo de transição, em Brasília, a amiga Maria Regina Barnasque, a Buluga. No começo de dezembro, Dilma recebeu um telefonema. Quando desligou, estava emocionada. Chamou a amiga e disse: "Era ele. Eu vou ser a ministra das

Minas e Energia". Buluga correu para o abraço, mas foi contida: "É segredo absoluto. Não podemos nos emocionar". Nos feriados do Natal, foi a vez de Tomalsquim receber um telefonema: Dilma o chamou para ser o secretário executivo do Ministério.

O que Dilma fez de essencial nas Minas e Energia foram três coisas: cumpriu os contratos do governo anterior, evitou outro apagão e construiu um modelo para o setor elétrico menos estatizante do que o modelo Pinguelli-Sauer. Um dos seus interlocutores nessas tarefas foi o empresário Luiz Fernando Leone Vianna, presidente da Associação Brasileira dos Produtores Independentes de Energia Elétrica. Vianna ia tanto ao Ministério que Dilma dizia que ele já tinha uma xícara própria por lá. "A gestão foi boa porque partiu para um modelo competitivo", disse o empresário, em Brasília. "Ela não só manteve como ampliou o mercado livre de energia, e, mais importante, usou o critério técnico, e não o ideológico. A Dilma participava pessoalmente, ligando, perguntando. Ela ouve, processa e decide. A decisão é toda dela."

Pinguelli Rosa acabou sendo nomeado presidente da Eletrobrás. Dilma contou a amigos que sempre soube que, fiando-se na amizade com Lula, Pinguelli lhe criaria dificuldades. No início do governo, ele montou uma equipe para discutir a organização da área de eletricidade — o Grupo de Estudo para a Nova Estruturação do Setor Elétrico (Genese), que Dilma logo implodiu.

O ex-preso político Alexandre Magalhães da Silveira foi convidado por Pinguelli Rosa para ser diretor financeiro da Eletrobrás. Doutor em matemática, ele aceitou o cargo por amizade a Pinguelli e por acreditar que o governo Lula modernizaria o setor. Decepcionou-se logo, quando viu a solidez de feudos cristalizados. Um deles, o da Eletronorte, era comandado pelo senador José Sarney.

Dilma se aborreceu com ideias que Silveira expusera em um encontro com acionistas da Eletrobrás. Numa reunião com os presidentes e diretores de todas as estatais de energia — umas cinquenta pessoas —, no nono andar do Ministério, ela se exaltou e o atacou com dureza. Ele ouviu o destempero, engoliu em seco e não respondeu. Pinguelli tomou as dores do amigo e subordinado: se disse também desrespeitado e colocou o cargo à disposição. Enquanto Silveira abandonava a sala, a ministra reconsiderou e pediu que Pinguelli continuasse no posto.

Ele continuou à frente da Eletrobrás, mas passou a ironizar as oscilações de humor da ministra: "Essa moça formata o disquete a cada semana", comentava. Silveira ficou mais alguns meses no cargo, não conseguiu a modernização com a qual sonhara e anunciou que deixaria a empresa. O anúncio provocou uma queda das ações da Eletrobrás. A ministra o chamou e empenhou-se em que ele continuasse no posto. Silveira não aceitou. Meses depois, Pinguelli Rosa também saiu, criticando o modelo que foi implantado.

Maurício Tomalsquim disse que, no começo, a ministra não gritava com ele. Quando se conheceram melhor, passou a gritar esporadicamente: "É o jeito dela. Não é pessoal. E em cinco minutos fica tudo bem". Ele lembrou que, quando assumiu o cargo, "o Ministério não tinha quadros próprios. Eram uns dez motoristas, um engenheiro e o resto era tudo funcionário burocrático. Uma falta de estrutura quase total. A Dilma montou a equipe e queria saber tudo nos mínimos detalhes".

O presidente da Light, José Luiz Alquéres, conheceu Dilma Rousseff quando ela era secretária municipal da Fazenda. Ele era diretor da Eletrobrás, e queria que uma estatal gaúcha pagasse uma dívida de bom tamanho. "Lembro que ela foi uma defensora radical dos pontos de vista gaúchos, inteligente e correta", disse em uma sala de reuniões da empresa, no centro do Rio. Mais tarde, quando ela era secretária de Energia, Alquéres era presidente da Alstom no Brasil. Queria comprar uma falida estatal gaúcha de energia, a Ansaldo Coemsa. Nas negociações, a secretária conseguiu que o número de demissões fosse menor.

Alquéres contou que Dilma gostava de aprender. "Às vezes, ela pedia as minhas anotações", lembrou. Em junho de 2003, Alquéres organizou um almoço para ela, em seu apartamento de Ipanema, com vários ex-ministros de Minas e Energia, inclusive os dos presidentes Castelo Branco e Médici. Por sugestão do anfitrião, fizeram uma rodada em que cada um avaliou os problemas da área e a forma de resolvê-los. "Ela mostrou humildade e fez questão de anotar tudo num caderno aramado que tirou da bolsa." Na avaliação do presidente da Light, o modelo que Dilma implantou no setor elétrico "é excelente e está ajudando o segmento". Ele só critica a lentidão com que foi implementado, mas acha que esse foi um problema do governo, e não da ministra.

O diretor do Centro Brasileiro de Infraestrutura, Adriano Pires, tem uma crítica semelhante: "O setor ficou dois anos sem investimento". Pires acha que a ministra "vendeu a imagem de que não é ambiciosa, de que está ali para servir. Ela é o garçom do presidente". Ildo Sauer passou a antipatizar com sua companheira do Instituto de Cidadania quando foi visitá-la no Ministério para lhe entregar o livro *A reconstrução do setor elétrico brasileiro*. Fruto das antigas discussões, o livro defende a visão estatizante. Dilma o abriu, deu uma folheada e logo disse que discordava de muita coisa. Sauer aceitou, tempos depois, o cargo de diretor de Gás e Energia da Petrobras.

Foi outra pedra no sapato da ministra. "Se vocês não se enquadrarem, eu chamo o *presida*", dizia Dilma a Sauer e a outros diretores da Petrobras, inclusive ao presidente, Sergio Gabrielli, nos momentos de maior divergência. Num deles, sobre o preço mínimo do gás num leilão de energia, o *presida* foi efetivamente chamado a decidir a questão. Organizou-se uma reunião, numa tarde de sábado. A ministra quase não deixava Gabrielli e os diretores falarem. "Eles estão enrolando o senhor, presidente", dizia. "Isso não é como eles estão dizendo", atalhava. "Deixa eles falarem, Dilma", teve que pedir o presidente, mais de uma vez. Divergindo da ministra, em 2007 Sauer deixou o cargo.

Luciano Zica cumpriu três mandatos como deputado federal do PT e hoje não quer mais saber de política. Zica, que conheceu e ficou amigo de Dilma em 2001, disse que "ela era vibrante, tinha uma grande capacidade de convencimento e era muita astuta na argumentação". A ministra não se aborreceu quando ele chegou atrasadíssimo para um almoço.

As coisas mudaram quando o deputado divergiu das condições em que se daria a sexta rodada do leilão de áreas de exploração de petróleo. Como não convenceu a ministra a acolher suas ponderações — que hoje considera "meio quixotescas" —, Zica levou-as formalmente ao presidente Lula e pediu a suspensão do leilão. "Aí ela ficou brava", ele contou. "Me ligou, me chamou de desleal, foi muita dura, bastante autoritária, esqueceu que, além de amigo, eu tinha um mandato parlamentar." Ficou-lhe na memória uma frase dela: "Pô, meu, você pisou na bola". Na avaliação da ministra, a desavença com Zica "foi uma questão de governo, e não pessoal. Porque um deputado do governo não entra com uma ação contra o governo sem avisar". Para o ex-deputado, o episódio mostrou que "a Dilma é a pessoa mais democrática do mundo, desde que se concorde cem por cento com ela".

O secretário particular do presidente, Gilberto Carvalho, recebeu-me em seu gabinete e contou que, no início do governo, Dilma Rousseff via Lula pelo menos uma vez por semana. "Duas coisas colocaram a ministra Dilma no visor do presidente: a coragem de encarar situações difíceis e a capacidade técnica", disse. Ela contava com o apoio dos dois pilares do governo: Antonio Palocci, da Fazenda, e José Dirceu, da Casa Civil. Mas o escândalo do mensalão provocou a queda de José Dirceu. E o caseiro Francenildo dos Santos Costa teve o seu sigilo bancário violado e Palocci saiu do governo. Com a debacle dos dois, em vez de perder poder, Dilma ficou mais forte: Lula a nomeou chefe da Casa Civil.

O ministro da Comunicação Social, Franklin Martins, que trabalha no mesmo andar de Gilberto Carvalho, é um dos três ex-guerrilheiros do primeiro escalão, junto com Carlos Minc, do Meio Ambiente, e Dilma Rousseff. Brinquei com Martins dizendo que o governo Lula era o que tinha o maior número de ex-guerrilheiros no mundo. "Um dos maiores", ele devolveu, sorrindo. Por que Lula escolheu Dilma para a Casa Civil? "Naquele momento, ela tinha conquistado uma confiança muito grande do presidente", respondeu Martins. "O Ministério das Minas e Energia não era periférico. Lula sabia que outro apagão seria desastroso. E ela executava, trazia resultados. Lula percebeu que ela fazia as coisas andarem."

O presidente percebeu também que, por mais penosas que tivessem sido as quedas de Dirceu e de Palocci, ele se livrara da disputa surda entre os dois superministros: ambos almejavam sucedê-lo. Além de Dilma não cogitar a Presidência da República, tinha a vantagem de não ser uma petista orgânica. Viera do PDT e não integrava nenhuma das alas do PT, o que facilitava o seu trânsito.

"Com a indicação da Dilma, o presidente surpreendeu todos nós, inclusive a mim", disse Gilberto Carvalho. O "a mim" se justifica: Carvalho está com Lula quase todo o tempo, durante a jornada de trabalho. Seria natural que tocasse no assunto. Mas Carvalho garante que o presidente não lhe falou nada. Ao escolher Dilma, Lula quis tirar a Casa Civil dos holofotes e dar-lhe uma feição mais técnica, mais gerencial do que o perfil político implementado por José Dirceu. "Foi uma sacada solitária do presidente, como algumas que ele costuma ter", disse Carvalho. Ao ser informado da escolha de Dilma, o secretário demonstrou surpresa e apreensão. Lula captou a preocupação e tranquilizou seu secretário: "A parte política a gente toca". Lula também não consultou José Dirceu sobre quem o sucederia na Casa Civil. "Fui informado pelo presidente e a apoiei, de forma enfática, desde o primeiro momento", disse ele. "E não errei: a ministra tem estado à altura do cargo e das responsabilidades."

Na intimidade, Dilma chama Carvalho de Gilbertinho, e ele a chama de Tia. Ela deu-lhe de presente as obras completas de Adélia Prado, e ganhou do ex-seminarista uma imagem de são Francisco de Assis. Num café da manhã, a ministra contou ao secretário que ser indicada para a Casa Civil foi um susto muito maior do que a indicação para Minas e Energia. Disse-lhe que realmente não esperava, e estava com medo de não dar conta do recado.

Dilma levou para a Casa Civil alguns gaúchos de confiança. Deixou outros nas Minas e Energia, onde ainda manda bastante, e em estatais do setor elétrico. É o caso de Valter Cardeal, diretor da Eletrobrás. Levou também Erenice Guerra, seu braço direito, e o advogado Beto Vasconcelos, o chefe do setor jurídico, que despacha com Lula quase que diariamente. É ele quem leva a papelada que move o governo para o presidente assinar. Beto é filho de um ex-companheiro de militância, cadeia e tortura da ministra, o advogado Gilberto Vasconcelos. Pelo menos duas outras companheiras das mesmas agruras são suas assessoras: Celeste Martins e Sônia Maria Lacerda. Todos eles sabem que a chefa tem um temperamento áspero — e tomam cuidados para não irritá-la.

Já estava na Casa Civil, desde os tempos de José Dirceu, Miriam Belchior, do PT paulista, uma funcionária organizada, eficaz e mandona. As duas tiveram vários atritos. "Vocês têm que se dar bem", Lula disse a ambas mais de uma vez. "Se não morrem de amores uma pela outra, agora trabalham em harmonia." Miriam Belchior é uma das responsáveis pelo acompanhamento das obras do PAC, o Programa de Aceleração do Crescimento que é a menina dos olhos de Lula e serve de alavanca para Dilma forjar uma imagem pública de "fazedora" e boa gerente.

Na Casa Civil, Dilma passou a se reunir com o presidente praticamente todos os dias de trabalho, e até em feriados e, excepcionalmente, nos finais de semana, quando é convidada a jogar mexe-mexe, um jogo de cartas, com dona Marisa e o marido. Tirante o círculo de assessores diretos — Gilberto Carvalho, Franklin Martins e Clara Ant —, Dilma é quem mais vê Lula. Chama-o de presidente, ou de senhor presidente, e o presidente a chama de dona Dilma, ou de Dilminha.

Um levantamento feito pelo gabinete pessoal do presidente mostra que, desde que assumiu a Casa Civil, em junho de 2005, até junho de 2009, somando-se os despachos entre ela e o presidente, reuniões com outros ministros, audiências com gente de fora, cerimônias, viagens, cafés da manhã, almoços e jantares, Dilma e Lula estiveram juntos 1093 vezes. Em 49 meses, é uma média de mais de um encontro por dia útil. As reuniões entre o presidente e a ministra, sozinhos, foram 144, três por mês.

Nas audiências com representantes de entidades, empresários, visitas internacionais e imprensa —, a ministra esteve presente 352 vezes. Tomou café, almoçou ou jantou com o presidente 28 vezes. Acompanhou-o em nove viagens internacionais e 77 nacionais. As viagens pelo Brasil deslancharam depois do lançamento do PAC: foram 27 em 2008 e já vinte este ano, mais do que o dobro das onze em 2006 e doze em 2007. Gilberto Carvalho explicou o que a ministra da Casa Civil faz: "Ela chama ministro por ministro, vê os projetos de cada um, o que é que está entravando as ações do governo, e sai destravando".

O ministro Franklin Martins, que esteve presente em reuniões entre a ministra e o presidente, fez a seguinte avaliação da química entre ambos: "Eles têm uma relação de pai e filha. Ele, de um pai com um orgulho imenso da filha, por saber que ela tem qualidades, capacidade de ir ao essencial e produzir resultados. E ela o admira profundamente e tem uma absoluta lealdade a ele".

Expus à própria ministra a interpretação de Franklin Martins, e ela caracterizou assim sua relação com o presidente:

"O presidente me cobra quando tem que cobrar. Mas tenho que reconhecer que, muitas vezes, afetivamente — e mais ainda com essa história da doença —, ele me protege. Agora, a nossa relação é muito objetiva: eu tenho metas para realizar, cumpro o que prometo, dou satisfações. Não recebo nenhuma facilidade nisso. Mas ele é uma pessoa extremamente afetiva, que respeita a dimensão pessoal. Na minha doença, ele foi extremamente protetor. O presidente combina muito bem a intuição, o saber emocional, com a mais fria razão, com a avaliação racional. Por isso ele é uma figura excepcional."

Lula também gosta da disposição aguerrida dela em defender os interesses do governo, principalmente quando a briga é com gente poderosa. Uma delas foi travada com a Odebrecht, quando a empreiteira perdeu o leilão para a hidrelétrica de Jirau. A empresa tinha levado a hidrelétrica de Santo Antônio, no mesmo rio Madeira, em Rondônia, e estava certa de levar a de Jirau. Mas perdeu para um consórcio que incluía a Tractebel e a Camargo Corrêa. Além de surpresa com a derrota, a Odebrecht soube, só após o resultado do leilão, que o projeto vencedor projetara a usina em um local a doze quilômetros do que estava acertado. A mudança possibilitou a redução drástica do preço da tarifa — e foi esse o critério que prevaleceu, coincidindo com a posição da ministra.

A Odebrecht reclamou do que considerou uma truculência, e ameaçou ir à Justiça. Mas não foi. A versão do Planalto é que tanto a ministra quanto o presidente se empenharam muito — junto a Emílio Odebrecht e seu filho Marcelo, respectivamente — para evitar a pendência judicial. Não é uma versão que a Odebrecht assine embaixo. A empreiteira não foi à Justiça porque o Ministério Público o fez. Solicitada a municiar essas ações, não economizou documentos. A direção da empreiteira ficou vivamente impressionada, para não dizer assustada, com a energia da ministra no embate. (Procurada, a Odebrecht não falou sobre a disputa.)

Impressão semelhante teve a multinacional Neoenergia quando tentou comprar as ações da Votorantim na CPFL Energia, uma poderosa holding do setor elétrico controlada pela empreiteira Camargo Corrêa. Depois de fazer uma oferta que até um outro sócio da CPFL, a Previ, considerou ótima, a Neoenergia viu a própria Camargo Corrêa comprar as ações.

Quando começaram a circular no governo rumores de que a Petrobras havia descoberto enormes depósitos de óleo no fundo do mar, Clara Ant, assessora especial do presidente, cruzou com a chefe da Casa Civil num corredor do Planalto e lhe disse, entusiasmada: "Dilma, você é o nosso pré-sal!". A ministra não entendeu a brincadeira. Clara Ant queria dizer que, pela sua avaliação do xadrez político, Dilma tinha condições de ser uma peça no jogo sucessório, talvez a rainha. A ministra era uma descoberta inesperada e com enorme potencial futuro — um pré-sal político.

Os nomes de que Lula dispunha para jogar no tabuleiro sucessório cabiam nos dedos da sua mão. Todos eram ministros e do PT: Marta Suplicy, do Turismo, Tarso Genro, da Justiça, Fernando Haddad, da Educação, e Patrus Ananias, do Desenvolvimento Social. Cada qual tinha sua cota de virtudes e problemas. Marta é mulher e é conhecida nacionalmente, mas foi derrotada por José Serra na eleição para a prefeitura de São Paulo. Tarso foi responsável pela implantação de um dos programas vitoriosos do governo, o ProUni, e assumiu a presidência do PT e pacificou o partido num momento de grande perigo, a crise do mensalão. Mas está à esquerda de Lula e lidera uma das tendências minoritárias do PT. Haddad é jovem, operoso e não tem imagem de político. Mas nunca disputou eleição, não tem trânsito junto ao empresariado nem proximidade com o presidente, além de não dispor de apoio na base principal do PT, São Paulo. Patrus Ananias é sério, mas seu trabalho no governo não deslanchou e é desconhecido fora de Minas Gerais.

Lula surpreendeu todos não apenas por ter escolhido Dilma, e sim porque se adiantou a todas as articulações e botou a sucessão na rua, impedindo que os pré-candidatos organizassem suas forças. A preferência do presidente se manifestou, junto ao seu círculo mais próximo, quando o PAC começou a ser pensado, no primeiro semestre de 2007. Em tom de brincadeira, o presidente dizia frases como "Estou pensando em lançar a Dilma candidata". Como as repetisse, constatou-se que não era piada. Era uma sondagem informal em vias de se tornar realidade.

A sondagem do presidente chegou à imprensa. O PT foi pego de calças curtas e não combateu a escolha de Dilma. O único a esboçar um gesto de resistência foi Tarso Genro, mas já no final de 2008. Ele deu a entender, em uma entrevista à *Folha de S.Paulo*, que achava que o lançamento de Dilma poderia ter sido precipitado, mas logo em seguida ressalvou: "Sempre que achei que o presidente tinha dito uma coisa arriscada, eu estava errado e ele, certo". Lula não disse nada ao ministro da Educação, mas falou a outros que Tarso não deveria ter dito aquilo.

Lula reforçou sua convicção no dia em que a ministra, em pleno Congresso, com plateia e televisão, passou um pito no senador José Agripino, do DEM. Foi em maio de 2008, na Comissão de Infraestrutura. A ministra havia dito, em entrevista à *Folha*, que, durante a tortura, usara a tática da mentira como forma de sobrevivência, e que tinha muito orgulho disso. Agripino levou a frase ao pé da letra e insinuou que a ministra, se mentira antes, poderia mentir em outras ocasiões. Dilma lhe passou uma descompostura. "Não tive a intenção de ofendê-la", disse o senador em seu gabinete. “Ela se vitimizou. Porque eu perguntei sobre sinceridade, e ela me respondeu sobre tortura.”

Em 2008, a deputada Maria do Rosário procurou a ministra. Queria o seu apoio, na disputa interna no PT gaúcho, contra o ex-ministro Miguel Rosseto, para se lançar candidata a prefeita de Porto Alegre. “Estou apoiando o seu adversário”, disse-lhe Dilma, sem enrolar. “Mas, se você ganhar a Convenção, terá o meu apoio.” Rosário ganhou. “Ela cumpriu a palavra”, contou a deputada. Dilma esteve duas vezes em Porto Alegre para participar da campanha. Numa delas, esqueceu um batom vermelho-acobreado no estúdio de gravação. “Foi uma confusão”, contou Rosário. “A assessoria dela deixou a minha equipe maluca. Ela queria porque queria o batom. Graças a Deus um assessor meu achou, e mandamos para Brasília.” A deputada diz que a ministra, como candidata, “tem uma qualidade que todos os outros petistas não têm: o apoio do presidente Lula”.

Em quatro meses de apuração desta reportagem, durante os quais foram entrevistadas setenta pessoas, nenhuma disse que Lula discutiu com Dilma, diretamente, a sua candidatura à sucessão. A começar pela ministra. “Nunca conversei sobre essa questão com o presidente”, afirmou. Por isso, ela diz: “Não sou candidata ainda”. Mas ocorre de Lula fazer piada sobre o assunto na frente dela. “Quem disse que a Dilma é a candidata?”, perguntou o presidente, por exemplo, a Franklin Martins e Gilberto Carvalho quando os dois, na frente da ministra, puxaram propositalmente o assunto.

Carvalho se lembra de um almoço com Dilma. Ele falou: “Tia, se prepara porque você é a bola da vez”. Ela disse: “Mas como, Gilbertinho, se ele nunca falou comigo a respeito?”. O secretário particular do presidente contrapôs: “E talvez nunca fale. Mas se prepara porque a coisa vai indo”.

Foi o que Dilma fez, e continua fazendo, mesmo depois de saber que tinha um câncer linfático. Ela manteve o diagnóstico em segredo o máximo que pôde. O presidente só soube que ela faria uma cirurgia 48 horas antes. Sua filha, Paula, na véspera. "Fica tranquilo, eu vou tirar de letra" foi a frase pós-cirurgia mais dita aos amigos de governo.

Ela incorporou a ideia de que estava curada, e de que era preciso fazer o tratamento apenas para que não houvesse recidiva. Com isso na cabeça, manteve o ritmo de trabalho. Quem tenta convencê-la a diminuir, ou até a se licenciar, ouve, além de uma aula sobre a doença, a explicação de que efeitos colaterais da quimioterapia — como dores fortes nas pernas que a levaram com urgência para o hospital — são consequência dos medicamentos, e não do seu ritmo de trabalho. "Ela tem muita dificuldade de assimilar a fragilidade", disse Carvalho. "A gente tem que dar bronca para ela se dar ao direito de não abusar."

Encerrada a quimioterapia, Dilma parte agora para a radioterapia. No final do mês, fará a primeira de quinze aplicações. "É um tratamento menos invasivo, não tem efeitos colaterais, ou seja, não cai cabelo, não dá enjoo, não diminui a fome, não te altera", disse. "Farei a radioterapia no Hospital Sírio-Libanês, que, ao que me consta, tem aparelhos bastante precisos."

A literatura médica estabelece que, numa paciente com as condições e o tratamento de Dilma, a possibilidade de a doença voltar é de apenas 10%. Isso significa que, ainda que reduzida, existe a possibilidade de que ela não possa vir a disputar a eleição por motivos de saúde. Nesse caso, qual seria a alternativa que Lula teria em mente? O ministro Franklin Martins respondeu de bate-pronto: "O presidente pode ter um plano B, mas não pode comentá-lo com absolutamente ninguém. Porque, em política, o aparecimento de um plano B inviabiliza imediatamente o plano A. Por isso a candidata é Dilma".

Julho de 2009

O mundo dos fundos: Sérgio Rosa

Consuelo Dieguez

Faltava pouco para as nove horas da noite de uma chuvosa sexta-feira de junho quando Sérgio Rosa entrou no salão de festas do clube dos funcionários do Banco do Brasil no Rio, em frente à lagoa Rodrigo de Freitas. Carregava uma caixa de uísque Red Label, vestia camisa cor-de-rosa e calça cáqui e tinha ao lado o filho Mateus, de doze anos, que usava uma roupa exatamente igual. Compenetrado, inspecionou as mesas cobertas com toalhas verde-claras, sobre as quais havia velas, flores e guardanapos brancos. Perguntou ao DJ se estava tudo certo com a aparelhagem de som e cumprimentou os garçons.

Sérgio Rosa acompanhou passo a passo a organização da festa do seu aniversário de cinquenta anos. O convite foi ele mesmo quem bolou: um jornalzinho intitulado *Tribuna do Sérgio Rosa — fundado em 23 de junho de 1959* (data do seu nascimento). Logo abaixo, uma foto dele menino e outra, atual, de óculos, cabelos negros sem um fio branco, e um raro sorriso. Junto delas, a afirmação: "Pronto. Cheguei até aqui. Meio século de vida. O que posso falar desse tempo e de mim?".

O garoto de calças curtas tornou-se presidente do maior fundo de pensão da América Latina, Previ, a caixa de previdência dos funcionários do Banco do Brasil, que tem um patrimônio de 121 bilhões de reais. Comanda a entidade desde que o Partido dos Trabalhadores subiu ao poder. A Previ é sócia de algumas das maiores empresas do Brasil, entre elas a Vale do Rio Doce, de mineração, a Oi/Telemar, de telefonia, a Brasil Foods, de alimentos, e a Empresa Brasileira de Aeronáutica, fabricante de aviões.

No jornalzinho-convite, Sérgio Rosa aludiu a um verso de Fernando Pessoa para dizer que espera um futuro "que valha a pena, e que a alma não seja pequena. Com minha mulher, meus filhos, amigos, companheiros e parceiros". Nenhum dos grandes empresários que são parceiros da Previ foi à festa. Os amigos e companheiros compareceram em peso.

Pouco antes das dez horas, entrou no salão o presidente do PT, Ricardo Berzoini, acompanhando a mulher de Sérgio Rosa, Gema, uma morena magra e sorridente, trajando um vestido preto com um cinto prateado. Chegou em seguida Luiz Gushiken, o ex-ministro de Comunicação de Lula. O círculo íntimo do aniversariante se fechou com a entrada de Wagner Pinheiro, o presidente da Petros — o fundo de pensão da Petrobras —, de Guilherme Lacerda, dirigente da Funcef — o fundo da Caixa Econômica Federal —, e do gerente executivo de comunicação institucional da Petrobras, Wilson Santarosa, que é também presidente do conselho deliberativo da Petros.

Na última campanha de Ricardo Berzoini para deputado, Sérgio Rosa, Wagner Pinheiro e Guilherme Lacerda doaram, cada um, 10 mil reais para o amigo. À exceção de Lacerda, o grupo é egresso do sindicalismo bancário paulista, liderado nos anos 1970 e 80 por Luiz Gushiken. Eles fizeram oposição aos pelegos ligados à ditadura e ao Partido Comunista Brasileiro, foram eleitos para a diretoria do sindicato e participaram da formação do PT e da

Central Única dos Trabalhadores, a CUT. Migraram depois para os fundos de pensão de companhias estatais, nos quais combateram as privatizações promovidas pelos tucanos durante o governo de Fernando Henrique Cardoso. Com Luiz Inácio Lula da Silva no poder, chegaram à presidência dos fundos, passaram a defender as privatizações e a gerir centenas de bilhões de reais.

Sérgio Rosa nasceu em São Paulo, numa família de classe média no bairro da Penha. Seu pai veio de Portugal com dezessete anos para trabalhar com um dos catorze irmãos, dono de um açougue. Continuou no ramo e montou seu próprio negócio, o Açougue Gouvêa. Aos treze anos, Sérgio Rosa foi convocado pelo pai para aprender o ofício. Todos os dias, depois das aulas na escola pública, o menino rumava para o açougue. Sua função era desossar as carnes, coisa que odiava. A parte mais terrível era limpar peças de contrafilé, cheias de ossinhos. "Eu não tinha a menor habilidade, ficava lá manobrando a faquinha, mas era um desastre", contou Sérgio Rosa durante um almoço num restaurante carioca, onde comeu peixe grelhado com espinafre. "O pior de tudo era ficar com a carne entranhada debaixo das unhas."

Em meados dos anos 1970, o açougue prosperou e o pai construiu uma casa para dar mais conforto à mulher, uma brasileira filha de portugueses, e os três filhos — Sérgio Rosa e duas irmãs. Mudaram-se, mas a alegria durou pouco. O pai tomara empréstimos para fazer a obra e, um ano e meio depois, teve que vender a casa para pagar as dívidas. "Fomos morar de aluguel, mas não foi nada dramático", contou o presidente da Previ. "Tínhamos uma vida boa, tranquila, sem necessidades."

Sérgio Rosa chegou ao fim da adolescência cheio de dúvidas quanto ao futuro. Pensava em cursar direito, e também em ser piloto de avião, que ele associava a desafios e aventuras. Acabou optando pelo jornalismo. "Eu gostava de ler e, como no direito, o jornalismo está envolvido em grandes causas, investigações e debates", explicou.

Passou no vestibular e, em 1977, começou a cursar a Escola de Comunicação e Artes da Universidade de São Paulo. Na ECA, logo se envolveu no ativismo estudantil. "O movimento operário e o sindicalismo começavam a crescer, mas o movimento estudantil ainda estava na dianteira das lutas sociais", lembrou. Tornou-se militante da Organização Socialista Internacionalista, a OSI, um grupo trotskista clandestino com forte presença na escola.

"Ele era muito sério, organizado e disciplinado", contou o jornalista Eugênio Bucci, que militou na mesma célula de Sérgio Rosa e foi presidente da Radiobrás no primeiro mandato de Lula. "Ele tinha uns lábios de Mick Jagger, raramente sorria, e nunca o vi brincando ou conversando à toa. Dava a impressão de ter vindo ao mundo para fazer a revolução. Era um bolchevique de cabo a rabo."

Como secretário de uma célula da OSI, cabia a ele fixar metas e fiscalizar o cumprimento de tarefas dos camaradas, que iam da venda de exemplares do jornal *O Trabalho* até o número de pessoas que cada um tinha que atrair para o grupo, passando pela arrecadação de fundos para a organização. "Ele fazia isso com enorme facilidade", contou outro jornalista, d'*O Globo*, que conheceu o presidente da Previ naquela época. "Nenhum de nós sabia nem tinha paciência para ficar fazendo organograma e controlando desempenho."

Sérgio Rosa se divertiu ao saber dos comentários dos ex-companheiros. "Eu era o chato do grupo, aquele que cobrava resultados e enviava relatórios para o comando", reconheceu. "Era o responsável pelas broncas e punições. As drogas eram proibidas, mas imagina controlar isso na ECA?"

Antes de se formar, Sérgio Rosa tentou se empregar como jornalista e não conseguiu porque, em função da fracassada greve da categoria em 1979, os jornais e revistas de São Paulo haviam cortado dezenas de vagas. Como precisava trabalhar, aceitou a primeira oferta que apareceu e foi vender enciclopédias de porta em porta. A orientação da empresa era que os vendedores fingissem fazer uma pesquisa. Em seguida, deveriam elogiar as respostas dos entrevistados e lhes dizer que haviam sido premiados por isso. Junto com o recibo do prêmio, o cliente acabava assinando, sem saber, a compra de uma enciclopédia. "Fui desmascarado logo na minha primeira venda", contou. "Levei uma bronca do cliente, lhe dei razão e nunca mais voltei à empresa."

A saída foi fazer concurso para o Banco do Brasil. Aprovado em 1980, começou a dar expediente no departamento de digitação do banco, no bairro de Santo Amaro. "Eu era o mais reles dos escriturários, tinha que digitar documentos a três mil toques por hora", disse, soltando em seguida uma risada. "Acho que pensavam que, assim, eu poderia empregar meu vasto conhecimento de jornalista."

Ali ele conheceu outro jovem bancário, Ricardo Berzoini, e logo se tornaram amigos. "A comida era um horror e nós elegemos o Berzoini como fiscal do restaurante", contou. "Acho que foi a primeira atuação política dele."

No começo de julho, encontrei Ricardo Berzoini na sede do PT, num prédio escondido no Setor Comercial Sul, em Brasília. Seu gabinete fica numa sala mal-ajambrada, cujas paredes estão cobertas por bandeiras do partido. O presidente do PT fez um esforço para lembrar-se do departamento de digitação e disse: "Uma característica marcante do Sérgio desde sempre é a frieza. É bom estar do mesmo lado que ele numa negociação porque ele nunca se descontrola. O Sérgio é calculista e perspicaz", avaliou.

O Sindicato dos Bancários elegera, em 1979, uma chapa de oposição bastante atuante. Berzoini e Rosa participaram de várias greves juntos. O presidente do PT falou de uma que o marcou: "Os bancários estavam em greve havia várias semanas e o movimento começava a enfraquecer. Sérgio Rosa estava em Brasília, negociando com a direção do banco, quando recebeu a notícia do esvaziamento do movimento. Ele então ligou para São Paulo, onde estava sendo realizada uma assembleia, e pediu que o telefone fosse acoplado a um alto-falante. Falou por mais de vinte minutos, sem alterar o tom de voz. Ao final, a assembleia votou pela continuidade da greve".

Militando então numa das células de bancários, Sérgio Rosa ficou amigo de Luiz Gushiken, um funcionário do Banespa que fora eleito vice-presidente do sindicato e integrava o comitê central da Organização Socialista Internacionalista. E se aproximou de outros dirigentes da organização, como o médico Antonio Palocci, a arquiteta Clara Ant, o sociólogo Glauco Arbix e Luiz Favre, que fazia a ligação do grupo com os trotskistas franceses.

"O Sérgio é desses amigos para a vida inteira", disse-me Clara Ant, assessora especial do presidente Lula. "Temos muitos anos de afeto. Foi engraçado ele ter se casado com a Gema. Todo mundo brincava com eu ser a Clara e ela a Gema." Os dois militaram no setor sindical da OSI numa época de crise. "Nos reuníamos uma vez por semana e ele sempre trazia ideias novas", disse. "Ele era muito dedicado. É uma alegria quando consigo arrancar uma gargalhada dele."

A crise da organização dizia respeito ao Partido dos Trabalhadores. Uma parte dos militantes defendia a integração total ao PT, e a outra a independência dos trotskistas como corrente do partido. A OSI explodiu e a maioria aderiu à ala do PT liderada por Lula e José Dirceu. Entre os que abandonaram o trotskismo, Clara, Gushiken e Palocci foram eleitos deputados. Arbix veio a presidir o Instituto de Pesquisa Econômica Aplicada, o IPEA. Favre trabalhou em campanhas eleitorais de Lula. Sérgio Rosa chegou à presidência da Confederação Nacional dos Bancários.

Ele teve poucos contatos com Lula antes de se tornar presidente da Previ. Mas classificou como um dos momentos mais intensos de sua vida ter visto Lula em ação, no início dos anos 1980, durante uma greve em São Bernardo: "Ali compreendi a diferença entre os estudantes e os operários. Quando a tropa de choque chegou e bloqueou a passeata, os estudantes correram. Os metalúrgicos ficaram. Foi uma pancadaria. Com a explosão de bombas de gás lacrimogêneo, a cidade virou um inferno. Não tinha carro de som, não tinha mais nada. Quando Lula chegou, ouviu-se aquele coro uníssono: Luuuuuuuula!". Ao relembrar o episódio, Rosa embargou a voz. Foi a única vez, em várias entrevistas, em que demonstrou emoção.

Numa das reuniões de bancários, em Brasília, Sérgio Rosa conheceu Gema, uma advogada trabalhista. Quem os apresentou foi o ministro do Planejamento Paulo Bernardo, então diretor do Sindicato dos Bancários do Paraná. "O Paulo Bernardo vinha para nossas reuniões numa Caravan caindo aos pedaços", disse. "Ele fazia a viagem até Brasília em tempo recorde." (Recentemente, o ministro teve a carteira apreendida por excesso de multas, algumas delas por dirigir acima da velocidade permitida.) Gema e Sérgio Rosa namoraram durante um ano, casaram e têm dois filhos, Leonardo, de dezessete anos, e Mateus. Ela é a principal assessora do presidente da Petros, Wagner Pinheiro.

Foi Luiz Gushiken, ainda no início dos anos 1990, o primeiro sindicalista a atentar para a importância dos fundos de pensão. Na Previ, o Banco do Brasil indicava três diretores, e os funcionários elegiam outros três. Durante anos, os diretores eleitos eram ligados à Confederação Nacional dos Trabalhadores nas Empresas de Crédito, que os petistas chamavam de pelegos. Na prática, os cargos nos fundos funcionavam como cabides de emprego para sindicalistas aposentados.

Zélia Cardoso de Mello, ministra da Economia no início do governo Collor, pôs os fundos das estatais em evidência em 1991. Ela pressionou a Previ, a Petros e a Funcef, os três maiores fundos, a investir 12 milhões de dólares na compra de ações da Sade, uma empresa praticamente falida, cujo dono era o empresário Nelson Tanure, amigo da ministra. "Aí nós começamos a ver que precisávamos tomar conta do nosso patrimônio", disse Rosa.

Não só no Brasil, os fundos de pensão tornaram-se uma força recente e poderosa na economia. No livro *Os novos capitalistas,* Stephen Davis, Jon Lukonmnik e David Pitt-Watson sustentam que o grosso da riqueza financeira mundial não está mais nas mãos de investidores individuais, e sim na de trabalhadores com recursos aplicados em fundos de pensão. Nos Estados Unidos, segundo os autores americanos, os mil maiores fundos de aposentadoria gerenciam mais de 5 trilhões de dólares em recursos de terceiros. Os cinco maiores representam os funcionários públicos da Califórnia, Nova York e da Flórida. "Em conjunto", diz o livro, "os trabalhadores, por meio de suas poupanças, são acionistas majoritários das empresas mais poderosas do mundo." Em 1970, os fundos de trabalhadores tinham participação de apenas 19% nas ações das empresas. Hoje, a fatia chega a 52%.

Um ex-dirigente do PT me contou que Gushiken levou a questão dos fundos das estatais à direção do partido. "Lula e José Dirceu foram alertados de que os fundos de pensão eram o *business*", disse esse militante. "Os fundos entraram no projeto de poder que a Articulação desenhou em 1992, quando o grupo percebeu que a batalha pelo poder, dentro e fora do partido, não poderia ser ganha apenas ideologicamente. Que partido não gostaria de ter acesso a esse caixa milionário?" Os sindicatos de bancários passaram a se empenhar na eleição de seus quadros para cargos de diretoria da Previ e da Funcef. Tiveram êxito. Hoje, quase todos os representantes dos funcionários são sindicalistas oriundos do Partido dos Trabalhadores.

O geógrafo Demétrio Magnoli, outro ex-militante da OSI, mas que hoje tem posições próximas às dos tucanos, prepara um estudo sobre os fundos de pensão. "Antes, havia um antagonismo entre os diretores indicados pelas estatais, subordinados ao Executivo, e os diretores eleitos pelos sindicatos, ligados ao PT", disse ele. "Dessa forma, criava-se um equilíbrio de forças, já que os representantes sindicais cumpriam o papel de fiscalizar o uso político dos fundos. Mas agora, como os sindicatos são ligados ao PT e à CUT, o controle desapareceu."

Para Magnoli, "o Estado, através dos fundos de pensão das estatais, controla setores inteiros da economia, como petroquímica, mineração, telefonia, distribuição de energia, alimentação". O recente caso da Sadia serviria de exemplo. Como a empresa foi comprada pela Perdigão, que já era controlada pelos fundos, o Estado tornou-se um dos donos da maior empresa de alimentação do país, a Brasil Foods, surgida da fusão dos dois grupos. O mesmo ocorreu com a petroquímica, que vem sendo, de certa forma, reestatizada, por meio da compra do controle das empresas pelos fundos. "Isso se chama capitalismo de Estado", concluiu Magnoli.

Foi no governo Fernando Henrique Cardoso, e não no do PT, porém, que os fundos adquiriram o papel de protagonistas na economia nacional. Na privatização da Vale do Rio Doce, em 1997, a Previ foi convocada a entrar com boa parte dos recursos necessários ao negócio, já que os consórcios interessados não tinham caixa para bancar a compra da companhia, leiloada por 3,3 bilhões de reais. A atuação maior dos fundos se deu no ano seguinte, quando da privatização do setor de telecomunicações. Foram eles que garantiram o grosso do capital, enquanto o Estado atuava também na outra ponta, financiando os investidores privados através do Banco Nacional de Desenvolvimento Econômico e Social, o BNDES.

Valmir Camilo, um homem de olhos claros, cabelo e barba totalmente grisalhos, é presidente da Associação Nacional dos Funcionários do Banco do Brasil. No período da privatização das empresas de telecomunicação, ele era um dos diretores eleitos da Previ. Camilo lembrou a compra de uma das companhias, a Telemar, por um consórcio integrado pelo grupo La Fonte, de Carlos Jereissati (irmão de Tasso, o senador tucano), e pela empreiteira Andrade Gutierrez: "Tanto a Andrade quanto a La Fonte tinham apenas cento e cinquenta milhões de reais cada para comprar a empresa. O negócio só se viabilizou porque o BNDES foi obrigado a emprestar o que faltava". A Telemar foi arrematada por 1 bilhão de reais. Na época da privatização, a Previ tinha um patrimônio de 20 bilhões de reais. Hoje a cifra é seis vezes maior. O fundo tem participação em setenta empresas e direito a indicar 285 conselheiros.

Logo no início do governo Lula, um intelectual de primeira hora do PT, o sociólogo Francisco de Oliveira, rompeu com o partido em função da política adotada pelo presidente. No ensaio "O ornitorrinco", de 2003, ele aprofundou as razões da sua discordância e defendeu uma tese ousada, a da "nova classe":

"O aparente paradoxo de que o governo Lula realiza o programa de FHC, radicalizando-o, não se trata de equívoco, nem de tomada de empréstimo de programa, mas [do surgimento] de uma nova classe social, que se estrutura sobre técnicos e economistas *doublés* de banqueiros, núcleo duro do PSDB, e trabalhadores transformados em operadores de fundos de pensão, núcleo duro do PT. A identidade dos dois casos reside no controle do acesso aos fundos públicos, no conhecimento do "mapa da mina". Há uma rigorosa simetria entre os núcleos dirigentes do PT e do PSDB no arco político, e o conjunto dos dois lados simétricos é a nova classe."

Segundo Oliveira, os formuladores da política econômica de Fernando Henrique Cardoso vieram da Pontifícia Universidade Católica do Rio, onde lecionaram e estudaram Pedro Malan, Armínio Fraga, Gustavo Franco, Pérsio Arida e André Lara Resende.

Já o núcleo duro do PT teve origem na Escola de Administração de Empresas da Fundação Getulio Vargas, em São Paulo, onde Luiz Gushiken e Ricardo Berzoini se formaram, o ministro Guido Mantega foi professor e Celso Daniel (destinado a ser ministro da Economia, mas assassinado em 2002) fez mestrado.

Numa tarde ensolarada, Sérgio Rosa me recebeu em uma das salas de reunião da Previ, num prédio espelhado da praia de Botafogo. Vestindo calça esporte e camisa social com as mangas arregaçadas, não parecia um alto executivo e, muito menos, um bolchevique. Assemelhava-se a um gerente de banco, de semblante inescrutável ao ouvir um pedido de empréstimo. Ele disse ter uma relação respeitosa, e sem maiores intimidades, com os sócios da Previ: "Não gosto de muita aproximação. Detesto essa coisa de tapinha nas costas, de sair para beber ou jantar fora. Isso eu reservo para meus amigos íntimos". Tem tido pouco tempo para esses prazeres. Seus finais de semana se restringem a compras no supermercado, um ou outro conserto no apartamento onde mora, no Leblon, e a levar o caçula a festas de aniversário.

Rosa listou de cabeça os principais investimentos do seu fundo. Na Brasil Foods, a Previ tem 15%, e é o maior investidor individual. Na CPFL, a distribuidora de energia de São Paulo, tem 31%. Detém 14% das ações da Embraer. O maior investimento é na Vale do Rio Doce, na qual o fundo tem aplicados 30 bilhões de reais, além de deter 50% da Valepar, que controla a mineradora. Isso faz de Sérgio Rosa o presidente do conselho da companhia, com poder de veto nas decisões.

Sessenta por cento dos investimentos da Previ são no mercado acionário. Em 2007, sua carteira de ações valia 90 bilhões de reais. Com a crise no sistema financeiro, encolheu para 66 bilhões no final do ano seguinte. "A Bovespa caiu 43%, enquanto nós, apenas 24%", ressaltou. Parte da perda já foi recuperada com a alta da Bolsa em 2009. A Previ tem 166 mil participantes, entre aposentados, pensionistas e funcionários da ativa do Banco do Brasil. Até 2002, o patrimônio do fundo era de 43 bilhões de reais, mas havia um déficit acumulado de 2 bilhões, o que significava que faltariam recursos para honrar os benefícios futuros.

A partir de 2003, sobretudo em função do *boom* da Bolsa, a Previ passou a registrar superávit, que chegou a 52 bilhões de reais em 2007. "Temos reservas para pagar os benefícios até o último funcionário se aposentar", disse Sérgio Rosa.

Quando se tornou diretor de participações da Previ, em 1999, Sérgio Rosa decidiu fazer uma auditoria nos contratos do fundo com o Opportunity. A Previ era sócia do banco na Brasil Telecom e em outras empresas, como a Telemig, a Amazônia Celular e o Metrô do Rio, num fundo chamado CVC Opportunity — um negócio de mais de 20 bilhões de reais que também tinha a participação do Citibank. Mesmo tendo investido 2 bilhões de reais na sociedade, a Previ não tinha direito ao prêmio de controle, caso as empresas fossem vendidas. Também não tinha preferência de compra se um dos sócios saísse do negócio. Além disso, o Citibank e o Opportunity haviam firmado um acordo paralelo garantindo vantagens que não se estendiam aos outros sócios.

"Era um acordo extremamente prejudicial aos fundos", justificou Sérgio Rosa. "Os nossos representantes que aceitaram esse acordo com o Opportunity agiram, no mínimo, de forma descuidada." Ele disse que foram feitas várias tentativas de negociar com o dono do Opportunity, Daniel Dantas, para que os fundos não ficassem em desvantagem. "Como o Opportunity recusou todas as nossas propostas, acendeu-se a luz amarela de que o que o banco queria era nos tomar o negócio."

A Previ contratou advogados para tentar provar que os contratos assinados com o Opportunity não eram apenas desvantajosos, mas também continham irregularidades. Um delas referia-se à prestação de contas do fundo CVC. Segundo Sérgio Rosa, o Opportunity supervalorizava o patrimônio para cobrar uma taxa maior de administração. A cobrança acabou sendo revertida pela Comissão de Valores Mobiliários.

Lula venceu as eleições e Rosa foi chamado a Brasília para participar do governo de transição. Ficou responsável pelo comando do grupo que discutia as estatais. Tinha três padrinhos poderosos no ministério em gestação: Luiz Gushiken, que foi para a Comunicação, Antonio Palocci, nomeado ministro da Fazenda, e Ricardo Berzoini, o titular da Previdência. Saiu de Brasília com a indicação para ser o presidente da Previ. "O nome do Sérgio Rosa foi nossa sugestão", disse-me Berzoini. Em 2005, num depoimento na Comissão Parlamentar de Inquérito do mensalão, Rosa garantiu aos senadores que sua nomeação partira da direção do Banco do Brasil.

Unido aos diretores da Petros e da Funcef, também recém-empossados com o aval de Gushiken, ele aprofundou a ofensiva contra Daniel Dantas. Sérgio Rosa se ajeitou na cadeira e disse: "Passávamos horas discutindo com os representantes do Opportunity mudanças nas cláusulas que nos eram prejudiciais. Quando íamos ler o novo contrato, descobríamos que eles tinham alterado tudo que havia sido combinado. Percebemos que não havia possibilidade de acordo. Nossa única saída seria destituí-lo da gestão do fundo". Começou aquilo que Gushiken chamou de a maior disputa societária do capitalismo brasileiro.

Como o Opportunity só poderia ser destituído da gestão do CVC com a aprovação de mais de 90% dos cotistas, Sérgio Rosa procurou a Telecom Italia, que também se ressentia de estar alijada da gestão da Brasil Telecom. O passo seguinte foi atrair outro sócio estratégico: o Citibank, que era aliado de Daniel Dantas.

Sentindo o cerco se fechar, Dantas procurou José Dirceu, o chefe da Casa Civil. Em meados de 2003, reuniu-se com o ministro em seu gabinete no Palácio do Planalto. No bate-papo inicial, Dirceu disse que, por ser de origem modesta, custou a valorizar o prazer de um bom vinho e uma boa refeição. E se impressionou quando o banqueiro respondeu que, por vir de uma família rica, havia saboreado todo tipo de iguaria na juventude e não se encantava mais com essas coisas. Dirceu ficou ainda mais surpreso ao saber que Dantas acabara de chegar de uma reunião de trabalho em Paris, onde passara 24 horas, desperdiçando a chance de flanar por uns dias.

Na parte substantiva da conversa, José Dirceu criticou o Opportunity por impedir que os fundos participassem da administração das empresas. Daniel Dantas retrucou que era exatamente por isso que elas iam bem. O ministro desafiou-o a provar o seu ponto. O banqueiro puxou uma folha com números e mostrou que a tarifa dos telefones da Brasil Telecom era mais barata que a dos concorrentes. E disse que os acionistas da empresa recebiam dividendos mais altos que os dos competidores.

José Dirceu quis saber como ele conseguia o milagre de oferecer um produto mais barato que, no entanto, dava um lucro maior. "É simples", respondeu Dantas, sorrindo. "Eu não bebo vinho, não perco horas almoçando e jantando, e vou a Paris num dia e volto no outro." Ao final da reunião, o ministro disse que o governo não iria se envolver na disputa do Opportunity com os fundos.

Pelo seu lado, os fundos procuraram o Citibank. "Nosso advogado foi a Nova York a fim de tentar uma conversa com a direção do banco", contou o presidente da Previ. "Depois de horas mofando na recepção, ele foi finalmente recebido por um advogado de quinto escalão, que não deu abertura para nenhuma negociação." O advogado americano sugeriu que, se os fundos tivessem alguma reclamação, a enviassem por escrito. "Em nenhum momento o Citi se dispôs a negociar conosco, tamanha a confiança dele em Daniel Dantas", disse Sérgio Rosa.

O Citibank, no entanto, reviu a sua posição. Sem explicações, aceitou rediscutir com os fundos a estrutura societária da administração dos negócios que tinham em comum, geridos pelo CVC Opportunity. Sérgio Rosa negou que o governo brasileiro tenha pressionado o banco americano, creditando aos advogados e administradores dos fundos de pensão a responsabilidade pela mudança. "Teria sido muito fácil se o governo tivesse participado da briga", disse-me ele. "Isso teria nos poupado um trabalhão."

A correspondência entre executivos do Citibank, logo depois de uma visita do uruguaio Gustavo Marin, presidente do Citi no Brasil, ao ministro Antonio Palocci, conta uma história diferente. Num e-mail endereçado ao vice-presidente mundial do Citibank, Michael Carpenter, e a Jorge Bermudez, alto executivo do banco, com data de 28 de agosto de 2003, Marin relatou a reunião:

"Em menos de 24 horas tive dois encontros sobre esse assunto ontem. O ministro Palocci me chamou a Brasília para uma conversa privada. Dois tópicos foram discutidos, um deles, o CVC Opportunity. O ministro abriu a conversa dizendo que o governo do Brasil — ele mencionou que tinha discutido o assunto com o presidente Lula — não quer nenhum antagonismo com o Citi. Eles valorizam demais a nossa presença no país. Ele nos encorajou a aumentar a presença no Brasil. Contou que tem proximidade com os fundos. E que os fundos foram preparados para agir agressivamente contra Daniel Dantas. Ele pareceu não saber de detalhes, e confessou que não entendia por que os fundos de pensão estavam fazendo isso, e que falaria com o ministro Dirceu, que tinha dedicado mais tempo ao assunto."

Pouco depois, Gustavo Marin teve uma reunião com Cássio Casseb, o presidente do Banco do Brasil que tinha sido consultor da Telecom Italia, também em litígio com Dantas. O e-mail prossegue:

"Tive um café com Casseb. Ele passou as mensagens do governo do Brasil: Lula, Palocci e Dirceu odeiam Daniel Dantas e vão tirá-lo do seu papel de gerente. Que a briga não é contra o Citi, ele repetiu duas ou três vezes. Mas a imagem da nossa franquia ficaria inevitavelmente impactada pela futura batalha. Que os fundos queriam ter controle direto dos investimentos, e não através de Daniel. Eles escolheram o Pactual, que não concordou. Que uma mudança na gerência não provocaria impacto no valor do nosso investimento porque contrataríamos um gestor competente. Fiquei em silêncio. Histórias de corrupção. O monólogo foi interrompido apenas por uma chamada de Carmelo Furci, da Telecom Italia, para marcar um encontro com Tronchetti Provera [presidente da empresa]."

Gustavo Marin encerrou a mensagem com um alerta à direção do banco: "Nossa melhor opção é preservar nossos investimentos. Temos que evitar qualquer confronto depois da oferta do ministro Palocci".

Ou seja: José Dirceu dizia a Daniel Dantas que o governo não se envolveria na disputa; Palocci dizia ao presidente do Citi que o governo não tinha nada contra o banco, mas que os fundos agiriam agressivamente contra o Opportunity; e Cássio Casseb avisava que Lula, Palocci e Dirceu odiavam Dantas, e que a imagem do Citi ficaria prejudicada e o banco não perderia se trocasse o Opportunity por outro gestor.

Um mês depois, o próprio Michael Carpenter foi convidado para uma reunião com o ministro José Dirceu no Palácio do Planalto. A essa altura, Daniel Dantas havia contratado Roberto Amaral para ser seu consultor. Figura mítica nas relações do empresariado com o poder político, Roberto Amaral fora executivo da

Andrade Gutierrez durante três décadas. Graças a ele, a construtora conseguira contratos fabulosos em São Paulo durante as prefeituras e governos estaduais de Jânio Quadros, Paulo Maluf, Orestes Quércia e Luiz Antonio Fleury. Amaral privara com políticos de todos os quadrantes, dera presentes a eles, emprestara jatinhos da companhia e ajudara suas campanhas eleitorais. "Contratei o Roberto para ele me explicar como funciona o Brasil", me disse Daniel Dantas em 2007.

Foi Roberto Amaral quem concebeu a coreografia da visita de Michael Carpenter a José Dirceu. Ele disse a Daniel Dantas que convencesse o vice-presidente do Citibank a viajar ao Brasil no maior jatinho que pudesse arrumar. Que fosse à reunião e retornasse imediatamente aos Estados Unidos — sem se reunir com a diretoria do banco no Brasil, sem visitar agências e sem falar à imprensa. A ideia de Amaral era demonstrar ao governo brasileiro o quão importante era o assunto para o Citibank.

No dia 17 de setembro, Carpenter aterrissou em Brasília num jato Gulfstream. Estava acompanhado por Paulo Caldeira, diretor do CVC Opportunity na América Latina. Às duas e meia da tarde, eles se reuniram com Dirceu e retornaram em seguida para Nova York. O ministro lhes repetiu que o governo brasileiro não se envolveria na briga.

O efeito da visita durou pouco. Semanas depois, o Citibank foi impedido de operar com papéis de qualquer companhia na qual a Previ tivesse participação. E, em outubro de 2003, os fundos finalmente destituíram o Opportunity do posto de gestor de seus investimentos, depois de conseguir cassar na Justiça o direito de voto do fundo de pensão controlado pelo banco.

A gestão do CVC passou primeiro para a distribuidora de títulos do Banco do Brasil e, em abril de 2004, para uma empresa novíssima no mercado, a Angra Partners. Foi uma escolha estranha: a empresa havia sido fundada apenas em fevereiro daquele ano, e vencera uma concorrência contra o experiente Banco Pactual. No e-mail de Gustavo Marin, ele diz, no entanto, que o Pactual "não aceitou".

O principal executivo da Angra Partners é Ricardo Knopfelmacher, conhecido como Ricardo K. Ele presidira antes a Pegasus Telecom, uma empresa de transmissão de dados da Andrade Gutierrez que teve vida curta. Outros dois sócios são o executivo carioca Alberto Guth e Pedro Paulo Campos, ex-executivo do Citigroup. "O Pedro Paulo foi muito importante para nos aproximar do Citi", disse Sérgio Rosa.

A vitória dos fundos não era definitiva. Mesmo após a destituição do Opportunity, Daniel Dantas continuava mandando nas empresas do cvc, ainda com o apoio do Citibank, que, com os seus 45% de participação, somados aos 10% do banqueiro, lhe garantiam o controle. A disputa se acirrou. Em 2004, a Brasil Telecom contratou o advogado Antonio Carlos de Almeida Prado, apelidado de Kakay, para representá-la num caso específico. Depois, o próprio Daniel Dantas negociou diretamente com o advogado e o contratou no dia em que sofreu uma operação de busca e apreensão no seu apartamento, em Ipanema. Kakay, amigo de muitos anos de José Dirceu, recebeu 8 milhões de reais de remuneração da Brasil Telecom.

A Brasil Telecom também contratou o advogado Roberto Teixeira, compadre do presidente Lula, e lhe pagou 1 milhão de reais. A empresa investiu, ainda, 100 mil reais por mês, durante um curto período, na Gamecorp, uma empresa de jogos de vídeo de propriedade de Fábio Luiz da Silva, filho do presidente. "Alguns executivos da Brasil Telecom achavam que, se contratassem pessoas ou empresas próximas ao governo, mostrariam que a companhia não tinha nada contra o PT ou o presidente", me disse Daniel Dantas. A Telemar de Carlos Jereissati e Sérgio Andrade, adversários do Opportunity, também se movimentou e investiu 5 milhões de reais na Gamecorp.

No final de 2004, o ministro Palocci teve uma nova reunião com quatro dos principais executivos do Citibank. Três meses depois, em março de 2005, o Citi comunicou ao mercado seu rompimento definitivo com o Opportunity, sem tê-lo avisado previamente. Daniel Dantas tentou uma última cartada. "Quando nós pensávamos que tínhamos finalmente conseguido destituí-lo, ele sacou da cartola um tal de acordo Umbrella", contou Rosa. O acordo, assinado por Dantas em nome de todos os sócios, dava ao Opportunity o direito de decidir sobre os investimentos dos fundos e do Citibank. A pendência foi novamente parar na Justiça.

Os fundos conseguiram uma liminar garantindo o controle das empresas. Pouco depois, uma juíza no Rio concedeu outra liminar e voltou a dar o comando para Daniel Dantas. "Foi um momento muito tenso, porque nós temíamos que a Justiça brasileira desse ganho de causa a Dantas", contou um dos advogados da Previ. Os sócios reuniram-se na sede do fundo em Botafogo para buscar uma solução. Havia gritaria na sala e os advogados não se entendiam. Segundo um dos participantes, foi então que Sérgio Rosa, com calma monástica, disse que, apesar de a decisão da juíza ser um escândalo, a solução era simples. "Ele falou que o Daniel Dantas não ia querer ser impedido de entrar nos Estados Unidos por ir contra uma decisão judicial americana", contou o participante. "Então, a saída seria pedir ao Citi que movesse um processo nos Estados Unidos contra o Umbrella."

Rosa telefonou para o Citibank, que entrou com um pedido de liminar contra o Opportunity no Tribunal Distrital Federal de Nova York. A decisão do juiz Lewis Kaplan foi eloquente: "Não tenho ingerência sobre a Justiça soberana de outro país, porém, na ação que me compete, se o Opportunity fizer qualquer coisa para mudar o *status quo* das empresas, vou considerar seus dirigentes *in contempt of court*". Ou seja: se desrespeitasse a Corte americana, Dantas seria proibido de entrar nos Estados Unidos. O banqueiro recuou, liberando o Citi do Umbrella.

No Brasil, porém, por decisão do Judiciário, o Umbrella continuava valendo. Até que, em maio de 2005, uma ordem judicial do ministro Edson Vidigal, do Superior Tribunal de Justiça, determinou que as empresas passassem definitivamente para o controle dos fundos. Em junho, foi marcada uma assembleia na sede da Brasil Telecom, em Brasília, para que os fundos assumissem formalmente o controle da empresa. Novamente, o Opportunity conseguiu uma liminar garantindo a manutenção dos seus administradores.

Às dez horas da manhã, Maria Amália Coutrim, diretora do Opportunity e representante do conselho da Brasil Telecom, abriu a assembleia que avalizou a permanência dos administradores do banco de Daniel Dantas. Às 10h30, ela encerrou a reunião. Quinze minutos depois, quando os advogados dos fundos chegaram com uma ordem do ministro Vidigal determinando a transferência do controle, as portas já estavam fechadas e não havia mais ninguém para recebê-los.

Os fundos conseguiram marcar uma nova assembleia para destituir o Opportunity somente para 9 de setembro. Quando seus representantes chegaram à sede da Brasil Telecom, acompanhados de um oficial de Justiça com a ordem para que lhes fossem entregues os livros da companhia, a energia do prédio havia sido cortada. "Fizemos a reunião no escuro, no saguão da empresa", contou um representante dos fundos. "Tivemos que comprar uma impressora a pilha para imprimir a ata da assembleia. Foi assim, no escuro, que conseguimos recuperar a companhia", contou.

Embora fora do controle, Daniel Dantas continuou sócio da Brasil Telecom. Durante um jantar num restaurante em Ipanema, em junho de 2007, ele fez uma análise dos movimentos que o governo poderia fazer dali para a frente. Sua avaliação era de que seria feita a fusão da Telemar com a Brasil Telecom. Como a legislação não permitia a fusão, perguntei como ela poderia ser feita. "O governo está com um discurso nacionalista, dizendo que é preferível fundir as duas empresas a deixar que uma delas seja comprada por algum grupo estrangeiro", respondeu ele. Dantas sugeriu que a intenção dos petistas era fazer uma reestatização do setor, ou uma "previtização", trocadilho que criou para se referir ao espaço que a Previ ocuparia.

Daniel Dantas acertou no atacado e errou no varejo a sua previsão. Seis meses depois, Arthur Carvalho, sócio do Opportunity e ex-cunhado do banqueiro, foi procurado por Alberto Guth, da Angra Partners. O executivo trazia uma mensagem clara do governo: todos os sócios da Brasil Telecom teriam que vender sua participação para a Telemar. Teriam também que vender, diretamente para Sérgio Andrade e Carlos Jereissati, as ações que possuíam na Telemar. A ideia do governo era mesmo fazer a fusão das duas companhias, como Dantas imaginara.

Só que, ao contrário do que previra, o controle passaria para Sérgio Andrade e Carlos Jereissati, e não para os fundos de pensão. A decisão do governo pegou os fundos de surpresa. Eles esperavam que, por terem uma participação maior no negócio, seriam os compradores, e não os vendedores. "Os fundos resistiram o quanto puderam, mas a ordem veio de cima", contou um representante das entidades. Sérgio Rosa me disse que isso é um delírio: "O que houve é que não tínhamos dinheiro para comprar a participação do Sérgio Andrade e do Carlos Jereissati". Quem financiou os empresários foi o BNDES e o Banco do Brasil, dois bancos estatais. Perguntei por que, então, não financiaram os fundos. "Não importa", disse o presidente da Previ. "Nós estamos satisfeitos com a nossa participação." Juntos, os fundos terão 25% da nova empresa.

Às seis da manhã do dia 4 de junho de 2007 — o mesmo mês em que Daniel Dantas fez as suas previsões no restaurante em Ipanema —, uma equipe da Polícia Federal tocou a campainha de uma casa modesta em São Bernardo do Campo. O dono levantou da cama, desceu a escada, abriu a porta e os policiais lhe mostraram um mandado de busca e apreensão. Ordenaram-lhe que ficasse sentado na cozinha. Com o vozerio, sua mulher saiu da cama de camisola e, ao descer as escadas, tropeçou e caiu. Levantou-se e recebeu a ordem de, sem falar com o marido, sentar-se num sofá da sala.

Os policiais começaram pelo térreo uma revista minuciosa. Fuçaram armários, olharam atrás do tanque, embaixo dos sofás e até na caixa-d'água. No andar superior, entraram no quarto da filha do casal, que ainda dormia. Disseram-lhe que ficasse de pé, de camisola. Reviraram tudo. Ao chegar à gaveta das calcinhas, um policial pinçou uma delas, levantou-a, balançou-a e perguntou à moça: "Esta aqui é para ocasiões especiais, não?".

Sem encontrar nada de comprometedor, a equipe da Polícia Federal foi embora com uns papéis inofensivos. Assustado, o dono da casa, Genival Inácio da Silva, irmão do presidente Lula, procurou o telefone de um amigo advogado. Encontrou um cartão de visita com o nome de Luiz Eduardo Greenhalgh e, chorando, ligou-lhe e contou o que acontecera.

Defensor de presos políticos na ditadura, fundador do PT e eleito quatro vezes deputado pelo partido, o advogado foi direto para a sede da Polícia Federal. Soube que Genival, cujo apelido é "Vavá", havia sido indiciado por tráfico de influência no Executivo e exploração de prestígio no Judiciário. A operação da PF, batizada com o nome de Xeque-Mate, visava incriminar uma máfia de máquinas caça-níqueis que subornava policiais. Greenhalgh fez um escarcéu na Polícia Federal, acusando delegados e policiais de, ilegalmente, constrangerem Vavá e sua família sem nenhuma prova consistente. (Vavá, no final do inquérito, não foi denunciado.)

Passaram algumas semanas e Greenhalgh recebeu um telefonema de Gilberto Carvalho, o secretário do presidente. Ele lhe disse que Lula passaria por São Paulo e queria vê-lo. O encontro foi marcado na área de autoridades da Base Aérea. Entre cigarrilhas e cafés, o presidente perguntou ao advogado se era verdade tudo aquilo que Vavá lhe contara. Greenhalgh disse que sim, até porque o tom de voz de Genival, quando lhe telefonou, era de emoção exaltada.

Lula reclamou que o ministro Tarso Genro, da Justiça, não tinha controle da PF. (Tarso fora informado da busca na casa de Vavá pouco antes de ela acontecer. Não a impediu porque julgou que não cabia ao ministro da Justiça fazer isso. Tarso Genro disse a Lula que só poderia determinar medidas contra os policiais que entraram na casa do seu irmão se Vavá desse entrada com uma queixa formal, o que não foi feito.)

O presidente agradeceu a ajuda de Greenhalgh a Vavá, perguntou como ia a família e o que ele andava fazendo. O advogado contou que mudara de vida. Havia se separado, casado de novo e, quase aos sessenta anos, tinha uma nova filha, ainda bebê. Perdera a eleição para a presidência da Câmara para Severino Cavalcanti, se desiludira e afastara-se da política. Voltara a advogar em tempo integral. Disse a Lula que não defendia só causas políticas. Como precisava ganhar a vida e criar uma filha pequena, ampliara o leque de clientes. Agora defendia empresários. Contou ao presidente que era advogado de Daniel Dantas.

O dono do Opportunity contratara Greenhalgh para fazer uma avaliação geral nas suas querelas judiciárias. O advogado passou semanas numa sala no 28º andar do banco, de frente para a baía de Guanabara. Reviu os processos, entrevistou outros advogados do banqueiro e levou sua conclusão a Daniel Dantas: o melhor era fazer um acordo com os fundos e sair da Brasil Telecom. Depois de muito relutar, o cliente concordou.

Lula perguntou a Greenhalgh o que o banqueiro queria e ouviu: um acordo. O presidente objetou que Daniel Dantas não era confiável, que sempre rompia a corda. O advogado lhe garantiu que dessa vez o acordo seria para valer. O presidente o incentivou a ir adiante.

Luiz Eduardo Greenhalgh procurou Sérgio Rosa para tentar distender as relações entre a Previ e o Opportunity. A conversa virou uma altercação. "Você não pode confiar mais em Dantas do que em nós", disse a ele o presidente do fundo. "Esse cara não vale nada." O advogado defendeu o cliente e o acordo, e o presidente da Previ reagiu: "Greenhalgh, entenda uma coisa: há um rio entre nós. Agora estamos em lados opostos". Ofendido e irado, Greenhalgh exigiu que Sérgio Rosa o respeitasse e disse que ele não tinha moral para lhe dar lição de ética. O advogado saiu de lá certo de que os fundos resistiriam ao acordo.

Em fevereiro de 2008, houve uma reunião decisiva, em Nova York, para sacramentar a conciliação entre os fundos e o Opportunity. Os representantes dos fundos voltaram ao Brasil e disseram a Greenhalgh que, mais uma vez, os advogados de Dantas haviam mudado de posição na última hora, colocando exigências descabidas. Greenhalgh entrou furioso na sala de Dantas e o acusou de estar dificultando o acordo. O banqueiro garantiu que não criara nenhum empecilho de última hora. Pediram aos advogados uma ata da reunião em Nova York e concluíram que os fundos haviam sido os responsáveis pelo impasse. Mas como uma cláusula das negociações determinava que todas as propostas teriam que ser secretas, para evitar especulações, o Opportunity não podia provar ao governo que eram os fundos que remanchavam as negociações.

Greenhalgh redigiu então um documento pelo qual o seu cliente abria mão do sigilo. Na prática, isso significava que autoridades da República poderiam pedir para ver qual era, afinal, a proposta de Daniel Dantas para sair do negócio. O documento foi encaminhado à Previ e as negociações finalmente deslancharam.

As conversas finais foram feitas no escritório de advocacia Leoni Siqueira, num prédio de vidro marrom no centro do Rio. As reuniões entre as dezenas de advogados e representantes dos sócios eram realizadas no último andar do prédio, numa sala grande, com piso de mármore bege e paredes com detalhes em madeira escura. Uma suntuosa escadaria leva a um pequeno restaurante na cobertura. Ali, por volta das dez horas da noite, o grupo se reunia para comer pizzas com refrigerantes trazidas por um entregador.

Durante mais de um mês, inclusive nos finais de semana, os negociadores deixavam o escritório de madrugada e voltavam pela manhã. Todo final de tarde, eram visitados por Otávio Azevedo, principal executivo da Andrade Gutierrez. Sempre de terno, ele cobrava que os participantes acelerassem o fechamento do acordo. "Ele assumiu o comando", me disse um dos advogados. "Dava bronca em todo mundo. Queria saber, de um por um, por que o acordo não andava."

Na reta final, a tensão aumentou. "Tinha muita gritaria e bateção de boca, principalmente entre o pessoal do Opportunity e do Citibank", disse um participante. Na madrugada do dia 25 de abril de 2008, o acordo foi fechado. Às dez da manhã, o grupo seguiu para a sede da Telemar, na praia de Botafogo. Lá, um mapa indicava a ordem das salas onde cada um dos sócios teria que passar para assinar os vários documentos. Às oito horas da noite a sessão foi concluída. Só o pessoal da Telemar comemorou.

O governo mudou a lei das teles, permitindo a fusão da Brasil Telecom com a Telemar. O negócio foi sacramentado e a nova empresa passou a se chamar Oi. Sérgio Andrade e Carlos Jereissati ficaram com o controle da maior companhia de telefonia do Brasil. Daniel Dantas recebeu cerca de 1 bilhão de reais pela sua parte na sociedade.

Luiz Eduardo Greenhalgh ficou satisfeito com o acordo. Achava que o seu cliente fora remunerado justamente, apesar de Dantas considerar que suas ações valiam mais. Fazendo blague com um amigo, ele disse que mandaria fazer um cartão de visitas no qual, embaixo do seu nome, botaria uma frase com algo como "solucionador de divergências insolúveis".

Num domingo, no início de julho de 2008, o advogado foi convidado a almoçar no apartamento de Verônica Dantas, irmã de Daniel e diretora do Opportunity, de frente para a praia de Ipanema. Ao chegar à entrada do prédio, notou que havia seguranças armados. Durante o almoço, no qual se falou sobretudo do futuro, Greenhalgh comentou a presença dos seguranças. Verônica disse que não eram guarda-costas dela. O advogado imaginou que fossem de outro morador. Saiu de lá e foi se encontrar com a mulher e a filhinha na Livraria da Travessa, nas imediações, onde compra livros há anos.

Dias depois, em 8 de julho, uma caravana da Polícia Federal entrou na sede do Opportunity e na casa dos seus principais executivos no Rio. Mais de dez pessoas foram presas, inclusive Daniel Dantas. Na mesma hora, em São Paulo, também eram detidos o investidor Naji Nahas e o ex-prefeito de São Paulo Celso Pitta. Foram todos acusados de corrupção e lavagem de dinheiro.

Começava a Operação Satiagraha, comandada pelo delegado Protógenes Queiroz, da Polícia Federal. Ela envolveu dezenas de policiais da PF, mais de oitenta homens da Agência Brasileira de Inteligência, a ABIN, e detetives particulares. Um deles fotografou Luiz Eduardo Greenhalgh na porta do prédio de Verônica Dantas e na Livraria da Travessa, com a mulher e a filha.

Os policiais invadiram também, por engano, a sede da Angra Partners, que pensaram pertencer a Daniel Dantas. Dali, levaram não só os computadores, mas também os cadernos em que Alberto Guth anotava à mão, diariamente, desde 2005, os movimentos da empresa para recuperar as companhias nas mãos do Opportunity para os fundos. São anotações frequentemente sumárias e, às vezes, cifradas.

Num dos cadernos, está reproduzida uma carta do advogado Roberto Rosas, contratado pela Angra, relatando como obteve do ministro Edson Vidigal a decisão de mandar o Opportunity realizar a assembleia na qual os fundos tomaram o controle das empresas. Na carta, endereçada a Alberto Guth, Rosas explica que, um dia depois de o juiz Itagiba Catta Preta haver impedido a realização da assembleia, ele procurou o ministro Edson Vidigal, às oito e meia da manhã. Às 10h45, o advogado já estava de posse da liminar do ministro, ordenando a realização da assembleia.

O Opportunity ingressou no Supremo Tribunal Federal com um pedido de suspensão dessa liminar. Rosas procurou então o presidente do STF, Nelson Jobim, que se disse impedido e sugeriu que ele procurasse a ministra Ellen Gracie. A ministra cassou o pedido do Opportunity. Rosas encerrou a carta com o seguinte pedido: "Diante dessa exposição, solicito a compreensão para nova cobrança de honorários apenas com referência à decisão da ministra Ellen Gracie e do ministro Edson Vidigal, no valor de 250 mil cada atuação, no total de 1 milhão". Uma contabilidade no caderno da Angra Partners revela que a empresa pagou mais de 50 milhões de reais a advogados.

Outra anotação de Guth, num canto superior de página, dá a entender que o governo brasileiro já discutia em 2005, num contexto internacional, o futuro da Brasil Telecom. A anotação faz referência ao encontro do presidente Lula com Silvio Berlusconi, primeiro-ministro da Itália, e com Tronchetti Provera, presidente da Telecom Italia, na Sardenha, em outubro de 2005. Guth escreveu:

Lula na Sardenha com Silvio Berlusconi e Provera

Pontos SR — antecipar

1 — Houve negociação

2 — Delta = 10%

3 — Fizemos última proposta

4 — Vendedores

Um mês antes do encontro na Sardenha, o investidor Naji Nahas, que representava os interesses da Telecom Italia no Brasil, deu uma entrevista à *Folha de S.Paulo* que se revelou profética. Era tido como certo no mercado que a Telecom Italia, sócia dos fundos e do Citibank na Brasil Telecom, queria comprar a companhia. Tanto os fundos como o Citi se diziam interessados no negócio. Nahas não pensava assim. "Não tenho certeza se os fundos querem vender para a Telecom Italia. A Telemar não desistiu de comprar a Brasil Telecom", disse ele à repórter Janaína Leite. Ou seja, desde 2005 o governo brasileiro planejaria a venda da Brasil Telecom para a Telemar.

Em 7 de maio de 2007, as negociações para a compra da Telecom Italia parecem finalmente estar prestes a se concretizar. Guth escreveu num caderno:

1 — Contrato com Telecom Italia

A) Aprovação prévia SPC [Secretaria de Previdência Complementar] *não é problema.*

B) Fechar logo

C) Flexibilidade 25 US$ não oficial

No dia 18 de julho, dois meses depois, a Telecom Italia vendeu sua participação de 19% na Brasil Telecom para os fundos de pensão.

O Congresso instalou uma Comissão Parlamentar de Inquérito para investigar a Operação Satiagraha. No seu bojo, foram gravados telefonemas da ministra Dilma Rousseff e de Gilberto Carvalho. Encontrei-me com o relator da CPI, o deputado Marcelo Itagiba, do PMDB, em seu gabinete, na avenida Beira-Mar, no Rio. Delegado licenciado, Itagiba disse que, quando o superintendente da Polícia Federal, Paulo Lacerda, foi transferido para a Agência Brasileira de Inteligência, fez um único pedido ao presidente Lula: que pudesse dar sequência ao inquérito para apurar de onde tinha partido o dossiê, publicado pela revista *Veja*, e jamais comprovado, insinuando que integrantes do governo, inclusive o próprio Lacerda, além de Lula, Gushiken, José Dirceu e outros, tinham contas secretas em bancos no exterior, um dos quais seria o Delta Bank. As suspeitas de Lacerda recaíam sobre Daniel Dantas.

Segundo testemunhas ouvidas pela CPI, Paulo Lacerda pediu ao novo superintendente da Polícia Federal, Luiz Fernando Corrêa, que desse suporte a Protógenes Queiroz. Como a investigação se estendesse interminavelmente, Corrêa começou a retirar os recursos materiais que sustentavam o operação. Protógenes foi buscar na ABIN, junto a seu ex-superior na Polícia Federal, Paulo Lacerda, o apoio necessário.

Marcelo Itagiba disse que a Operação Satiagraha foi resultado de uma disputa de grupos dentro do governo em torno da fusão da Brasil Telecom com a Telemar. "De um lado estavam o presidente e a ministra Dilma defendendo a fusão para a criação de uma grande empresa nacional de telefonia", afirmou. "Do outro, o grupo do Gushiken, que queria que o controle ficasse com os fundos. Por isso tanta gente envolvida no negócio foi grampeada."

O deputado acredita que o pano de fundo da disputa são as eleições presidenciais. "Os grupos no PT estão se digladiando de olho nas eleições de 2010. O caixa milionário da nova empresa de telefonia é um trunfo para quem o controlar", disse. E fez uma especulação: "Talvez para o presidente seja mais seguro ter no comando da companhia um empresário amigo do que um companheiro com quem disputa o poder".

O empresário amigo seria Sérgio Andrade, que conhece Lula há mais de duas décadas e transformou a empreiteira Andrade Gutierrez numa potência das telecomunicações e num dos maiores grupos privados da América Latina. O companheiro com quem disputa o poder estaria no "núcleo duro" identificado por Francisco de Oliveira em "O ornitorrinco", capitaneado por Luiz Gushiken e operado por Sérgio Rosa.

Sérgio Andrade, um mineiro de voz e gestos suaves, pediu tempo para dizer o que pensava de Sérgio Rosa. Estivera com o presidente da Previ apenas uma meia dúzia de vezes, achara-o silencioso e não tinha uma opinião formada a respeito dele. Depois de falar com executivos da Oi, ele fez uma descrição parecida com a que ouvi dos ex-companheiros trotskistas de Sérgio Rosa: "É um homem sereno, que nunca se altera", disse Sérgio Andrade. "Mas é um cobrador infatigável de resultados. Não quer saber de nomear gente ou se meter na administração, o que é certo para um gestor. O que ele quer são resultados."

Procurei Francisco de Oliveira para perguntar se aprofundara a sua tese da "nova classe" — aninhada nos fundos de pensão das estatais e com trânsito junto ao grande empresariado — à luz da guerra feroz pela telefonia. O sociólogo, que está com 75 anos, me falou:

"Lamento dizer, minha filha, mas a questão é muito mais prosaica, banal e triste. Não tem nada a ver com programa de governo, nem com ideologia. Eles estão brigando por uma empresa que é um filão. O grupo liderado por Gushiken tem o controle da Previ, que está em todos os negócios. Os administradores desses fundos estão mais preocupados com a sua rentabilidade, que está associada ao bom desempenho das empresas onde têm participação, do que com o bem-estar dos trabalhadores dessas companhias — para não falar dos trabalhadores em geral. O PT, que controla os fundos através dos sindicatos, virou uma casamata onde uns atiram nos outros — é um conjunto de gangues que desfruta dos bens públicos. José Dirceu se transformou em um homem de negócios que tem aliados em várias empresas importantes. Na outra ponta há um empresário sem escrúpulos, o Daniel Dantas."

E quanto ao presidente?, perguntei. O sociólogo respondeu que "Lula é mais próximo de Gushiken, tem com ele uma camaradagem de boteco. Já o José Dirceu ele teme, por ser muito inteligente e metido a refinado. Está claro que o Gushiken queria um candidato que não fosse a Dilma. O Lula é forte para ganhar a eleição, mas não para manipular o partido. Isso quem faz é José Dirceu. Toda essa briga está acontecendo porque há muito dinheiro e muito poder em jogo".

Passava da meia-noite quando os mais de 150 convidados da festa de Sérgio Rosa reuniram-se em volta do bolo, enfeitado com um boneco que amparava uma bola com o distintivo do Corinthians, para os parabéns ao aniversariante. No telão, eram projetadas imagens de sua vida, sua família, seus amigos. Nelas, de novo, estavam Gushiken e Berzoini, que haviam passado a noite no terraço do clube conversando e bebericando. Ao final da cantoria, Rosa fez um rápido discurso de agradecimento. Depois, olhou para a mulher e perguntou: "E aí, Geminha? Como continua essa festa?".

Agosto de 2009

Na hora da decisão: José Serra

Daniela Pinheiro

Sentado de pernas cruzadas num sofá na sala, enquanto acompanhava o cair da tarde pela ampla janela do seu apartamento que dá vista para uma colina do Pacaembu, Fernando Henrique Cardoso explicou como José Serra desistiu de ser candidato ao Planalto:

"Ele queria sair, estava bem nas pesquisas, mas o Alckmin não recuava e ameaçava rachar o partido. Era um domingo, e na terça, algo assim, deveríamos bater o martelo. O Serra passou o fim de semana inteiro no telefone, vendo pesquisas e se encontrando com gente. Ele adora uma reunião, acho que é resquício do movimento estudantil. Na véspera, veio aqui, à noite, e ficou sentado ali, naquela poltrona. Eu e a Ruth aqui, neste sofá. Falei pouco, até porque ele fez a maioria das perguntas à Ruth. A conversa se arrastou, não acabava, e ele, cada vez mais angustiado, não decidia. Até que, meio em voz baixa, disse que sairia candidato".

Na manhã seguinte, Fernando Henrique falou ao telefone com o senador Tasso Jereissati, presidente do Partido da Social Democracia Brasileira, que lhe disse não ter tido nenhuma notícia do recém-candidato. "O tempo passou e, pouco antes do anúncio oficial, o Serra me ligou. Falou que havia desistido, que já tinha avisado o Alckmin, e que não iria à cerimônia de anúncio do nome dele", contou o ex-presidente. "Aí ele ligou de novo, para falar que a Verônica, a filha dele, tinha achado errado avisar o Alckmin direto, que ele deveria ter ligado primeiro para o Tasso."

José Serra optou por concorrer ao governo de São Paulo num cenário no qual, segundo projeção do Datafolha, chegaria ao segundo turno na disputa pelo Planalto com oito pontos percentuais atrás de Luiz Inácio Lula da Silva. Nas simulações em que o candidato tucano era Geraldo Alckmin, o presidente seria reeleito já no primeiro turno.

Para explicar a desistência em 2006, um amigo de mais de duas décadas do governador paulista lembrou o poema "Se", no qual Rudyard Kipling indaga: "Se és capaz de arriscar numa única mão de cartas/ tudo quanto ganhaste em toda a tua vida...". "Pois bem", disse o amigo, "o Serra é um homem que *não* aposta sua carreira numa mão de cartas. Ele é diferente do Fernando Henrique, que pôs todas as suas fichas no Plano Real, e do Lula, que arriscou sua Presidência numa política para os pobres."

O amigo contou ainda que "Serra sentiu o golpe de 2002, e não se lançou de novo porque não tinha certeza em qual chão estava pisando". Naquele ano, ele chegou ao segundo turno contra Lula, mas a candidatura desmoronou bem antes. Entre outros motivos, porque Serra hesitou entre defender e tomar distância do governo, àquela altura altamente impopular, de Fernando Henrique, no qual fora ministro. Tasso Jereissati, diante da impossibilidade de ser ele próprio o presidenciável do PSDB, apoiou um adversário, Ciro Gomes, dividindo os tucanos nordestinos. E houve disputas entre seus dois marqueteiros, Nizan Guanaes e Nelson Biondi, que quiseram, de maneiras diferentes, recriar a sua imagem pública.

Quatro anos depois, ao sentar-se à mesa no restaurante Massimo, em São Paulo, para o jantar dos chefes tucanos para escolher o candidato do partido, Serra intuiu que aquela turma não era bem a sua — e seria derrotado outra vez se insistisse em concorrer. Estavam no jantar Aécio Neves, Tasso Jereissati e Fernando Henrique.

Numa pesquisa de agosto de 2009, do Datafolha, Serra tinha 37% das intenções de voto e era seguido de longe por Dilma Rousseff, com 16%. Ele cumpria o roteiro de candidato: viajava pelo Brasil, fora ao Nordeste comer buchada de bode, homenageara o sanfoneiro Luiz Gonzaga, articulava candidaturas de correligionários, trocava chamegos públicos com Aécio, evitava críticas ao presidente Lula e concentrava as ações do governo paulista em obras com data de inauguração marcada para as vésperas da eleição. Mas, ao contrário de Dilma Rousseff, Ciro Gomes e Marina Silva, ainda não decidiu se concorrerá.

"Antes de decidir, ele ouve bastante gente, mas leva mais a sério as mulheres", explicou Fernando Henrique, agradecendo o café que a empregada lhe trouxera. "Como o Serra é muito competitivo, qualquer conversa dele com um homem tende a se tornar um embate. E com as mulheres ele acha que não tem competição."

O ex-presidente acha que essa característica lhe vem da infância: "Parece que ele foi uma criança cercada de mulheres que o paparicavam. E é fato que a sua vida foi marcada pela interlocução feminina. A madre Cristina foi essencial na formação dele. Conversava bastante com a Maria da Conceição Tavares e a Liana Aureliano, sempre falou mais com a Ruth do que comigo — não reparou como ele ficou destruído quando a Ruth morreu? —, com a Marta Suplicy, com a Soninha, com a Cosette Alves, com a Verônica".

Vicencia Marin, uma senhora baixinha e espevitada de 63 anos, é uma das mulheres com quem Serra conviveu na infância.

Primos, filhos únicos, ele quatro anos mais velho do que ela, os dois foram criados como irmãos. Para a família, eram Zé e Bidu. "Preciso falar antes com o Zé", disse Bidu ao ouvir o pedido para entrevistá-la junto com sua mãe, Teresa. Uma semana depois, elas me receberam na portaria do prédio onde Bidu mora, no Jardim Paulista ("Desculpe, é dia de limpeza, não dá para subir"), sentaram lado a lado num sofá da recepção, e a prima anunciou: "O Zé me disse para ser espontânea e contar coisas da nossa família".

Na beira de completar noventa anos, Teresa é forte e se veste com apuro. Tem os mesmos olhos do sobrinho político, e fala dele com emoção e orgulho. "A Serafina e o Francesco se casaram numa cerimônia linda, tocaram charamela, dançaram tarantela, ai, me arrepio só de lembrar", disse, com forte sotaque calabrês. Um ano depois, nasceu José Serra. A família morava na Mooca, o bairro dos imigrantes italianos, numa casa de apenas um quarto, que o filho dividiu com os pais até os quatro anos de idade, quando foi transferido para a sala.

Bidu e Zé passavam o dia na casa da avó materna, Carmela, calabresa nascida na Argentina, que foi a maior referência afetiva de Serra na infância. No livro de entrevistas *O sonhador que faz*, no qual conta sua vida, ele diz da avó: "Conversávamos muito, trocávamos confidências. Oferecia-me um amor sem tutelas". Na casa dela, ele almoçava, brincava e fazia tarefas escolares, cercado por tias e vizinhas, além de Serafina e Bidu. "Tudo o que ele queria a gente fazia: uma comida, uma brincadeira, um bolo", disse a tia Teresa, logo acrescentando: "Mas ele nunca impôs nada".

Quando Bidu tinha cinco anos, o primo Zé tomava-lhe as capitais do mundo. "Ele também me fez decorar o nome científico da Cibalena", contou. "Até hoje me lembro: *dimetilaminofenildimetilpirazolona*. E ele nem era hipocondríaco ainda." Ao que a tia Teresa atalhou: "Bidu, para! Ele não é hipocondríaco. Ele era precoce. Sempre foi um crânio".

A comida de Serafina e do filho era preparada em separado. Mãe e filho não comiam alho, cebola e pimentão. "Por isso, o Zé não come nada disso. Meu tio, pai dele, morreu de câncer no intestino; ele também nunca digeriu bem essas coisas. Tem o estômago como válvula de escape, somatiza tudo no estômago, sabia?", contou a prima. "Bidu, para!", interrompeu tia Teresa. "Não é nada disso. Isso a mamãe sabe: era que ele não gostava e pronto."

Segundo elas, Serra era bonzinho em casa, barulhento na escola e briguento na rua. Bidu se lembrou da ocasião em que ele desafiou um professor, conhecido como "Porquinho", a resolver uma equação, e ele não conseguiu. "O Zé sabia mais que os professores. Uma vez, ele disse que o livro estava errado, e estava mesmo! Ai, dá até vontade de chorar", disse Bidu. Seu rosto enrubesceu e lágrimas borraram a maquiagem.

Aos onze anos, Serra e os pais se mudaram para uma casa onde o menino teve um quarto só para ele e o que mais queria: uma escrivaninha. A ex-inquilina, uma cigana contrariada por ter que deixar a casa, contou Bidu, rogou uma praga para a nova proprietária. "Ela disse: 'Você nunca vai ter sorte nessa casa'. E minha tia Serafina depois tropeçou, caiu, quebrou o pé num degrauzinho e a vida dela nunca mais foi a mesma. Foram seis meses engessada, um ano de cama e cirurgias até o fim da vida."

Chegara a hora de Serra retribuir o afeto feminino. "Você não imagina o carinho do Zé com ela", disse Bidu, novamente derramando lágrimas. "Era minha avó com hérnias horríveis, minha tia engessada, e ele ao lado da cama o tempo inteiro, fazendo tudo para elas." Tia Teresa fez coro nas lágrimas e elogios: "Ele é assim: ajuda todo mundo. Em doença, então, nem se fala. Compra tudo com dinheiro dele. Mas emprego, ele não dá, não".

Francesco quis que o filho o ajudasse no Mercado Municipal da Cantareira, onde tinha uma barraca de frutas, mas Serafina insistiu para que ele só estudasse. A relação entre pai e filho era "distante e fria", nas palavras de Bidu. "Ele era imigrante, meio rígido, não tinha senso de humor, mas era um homem muito correto, trabalhador e pontual."

A prima Bidu começou a contar que "o Zé era o galã das meninas, olho verde, lindo. Ele tinha uma namorada, o grande amor da vida dele, a...". E foi interrompida pela mãe, brava: "Ô Bidu, pode falar isso em entrevista?". A prima hesitou e prosseguiu: "Ele era lindo, galanteador, cantava Nat King Cole no ouvido das meninas, tipo o Raj, da novela, sabe?".

Egydio Bianchi, ex-presidente dos Correios, que conheceu Serra aos catorze anos, e com quem cursou o colégio e frequentou as matinês dançantes do Clube Americano, guarda a mesma impressão que Bidu: "Ele era um sucesso, bom dançarino, só namorava garotas bonitas. Insinuante e charmoso, era o que a turma chama hoje de mulherengo". Na adolescência, moleques da Mooca passaram a se referir a Serra como "aquele que quer ser presidente do Brasil", disse Bianchi. "Ele era um pouco precoce. Andava com biografias de Hitler e Mussolini debaixo do braço e, se não me engano, andou lendo *O capital* no ônibus para Vila Bertioga. Tinha gente que o achava pernóstico; era uma coisa que ninguém fazia."

Perguntei a Bianchi, que veio a militar com o colega na Ação Popular, se alguma característica pessoal do adolescente Serra se mantivera intacta até hoje. "Ele já tinha essa coisa de implicar", respondeu, rindo. Deu como exemplo "o Juribino, que era um ótimo dançarino de rock-and-roll, e o Serra pegava no pé dele por ser muito feio. Perguntava como eu podia ser amigo daquele cara frívolo, que tinha aparência desagradável. Implicava com o Juribino e comigo, que me dava com o sujeito". Anos mais tarde, quando precisou de um nome de guerra na AP, Serra batizou Bianchi com o nome verdadeiro do Juribino, Adilson.

Bidu havia contado que o primo implicava com ela, dizendo que tinha almofadas demais em casa e que usava muitas bijuterias. A conversa não foi adiante porque tia Teresa cortou: "Não tem isso, ele só fala coisa boa". E virando-se para mim: "Minha filha é como criança, é muito espontânea, fala sem pensar". Quando o assunto passou a ser a imagem pública de Serra, Teresa se irritou: "Não é nada disso, ele não é antipático. Ninguém sabe a imagem real dele, como ele é. Ele só não tem tempo, é isso!".

Amigos próximos e distantes, correligionários, conhecidos, jornalistas, todos que entrevistei — exceto seus familiares — consideram Serra, de alguma maneira, implicante. Já o viram implicar com comida, com a maneira de os outros se vestirem, com o vinho servido num jantar, com a redação de um cardápio, com o frio ou o calor, com o trajeto que o motorista escolheu, com o fato de ele ir devagar ou depressa, com o que colunistas escrevem a seu respeito, com as ações de aliados e adversários, com o que o presidente Lula faz e a maneira como a oposição o combate.

A diferença é que escancara suas implicâncias, enquanto a maioria dos políticos as silencia. Além disso, enfatiza divergências, cita dados de cabeça, é professoral e grave na exposição de argumentos, bufa como um francês, mostra indiferença como um italiano, tem juízos taxativos e se esforça longamente — às vezes mais do que o razoável — para que sua opinião prevaleça, mesmo em assuntos fúteis.

Ao voltar de um compromisso na periferia de São Paulo, José Serra me contou que havia visto *Sangue negro* no sábado anterior. "Achei bom, mas o Daniel Day-Lewis é muito previsível", disse, com desdém, sobre o ator inglês que ganhou o Oscar pela interpretação no filme. E esticou o queixo para a frente, fechou os olhos, fez uma careta e, balançando a cabeça, mastigou um fumo imaginário. Não foi uma interpretação digna de um Oscar, mas imprevisível e engraçada. Ele foi ator amador na universidade e trabalhou numa peça de José Celso Martinez Corrêa, o diretor do

Grupo Oficina. "Se eu não fosse político, queria ser ator", disse. "Nunca me senti tão bem quanto no palco, como ator."

Na despedida, tirou cinco folhas grampeadas do meio de uma papelada e, ao entregá-las, falou: "Lê este texto do Machado de Assis. É sobre sombras, a alma de fora e a de dentro. Tem muito a ver comigo. Li Machado quando ainda era *teenager*: *Quincas Borba, Dom Casmurro*, tudo".

"O espelho", que tem o subtítulo "Esboço de uma nova teoria da alma humana", é um conto que Machado escreveu em 1882, um ano depois da publicação do romance *Memórias póstumas de Brás Cubas*, a obra-prima que inaugurou a sua fase realista. O conto se passa à noite, na pequena sala de uma casa no morro de Santa Teresa, no Rio. Tem quatro personagens, homens de meia-idade que discutem amigavelmente "questões de alta transcendência", e um quinto, o único com nome, Jacobina.

Ao contrário de Serra, Jacobina não gosta de discutir. Mantém-se à margem do debate por pensar que "a discussão é a forma polida do instinto batalhador, que jaz no homem como uma herança bestial". Tem uns 45 anos e é descrito como "provinciano, capitalista, inteligente, não sem instrução, e, ao que parece, astuto e cáustico". Ao discutirem a "natureza da alma", os quatro personagens divergem radicalmente. Jacobina é convocado a expor sua opinião sobre o tema. Prefere contar um caso verídico, que se passou com ele, para demonstrar que o homem não tem uma alma só, mas duas.

Os amigos fazem troça de Jacobina. Ele conta que, ao ser nomeado para o posto de alferes, quando tinha 25 anos, passou a ser tratado como um homem ilustre. Foi convidado a ficar uns dias no sítio de uma tia, e a impressão se reforçou: é enaltecido pela parenta e seus escravos como alguém de destaque. Para homenageá-lo, um grande espelho é colocado no seu quarto, no qual ele se admira, orgulhoso da farda. Mas a tia tem que viajar, os escravos fogem e Jacobina fica sozinho. Sem os elogios, sem o reconhecimento da sua condição de alferes, ele se sente perdido. O tempo não passa, o silêncio é enorme, ele não sabe o que sentir, pensar ou fazer. Usando roupas civis, olha furtivamente para o espelho e não se reconhece. Vê uma imagem sem contornos, embaçada. Desespera-se e cogita o suicídio.

Tem então a ideia de vestir o uniforme e se postar na frente do espelho. Ao levantar os olhos, Jacobina se reencontrou. O espelho "reproduziu então a figura integral; nenhuma linha de menos, nenhum contorno diverso; era eu mesmo, o alferes, que achava, enfim, a alma exterior. Essa alma ausente com a dona do sítio, dispersa e fugida com os escravos, ei-la recolhida no espelho".

A primeira alma seria, então, interna: a maneira como a pessoa se vê. A segunda seria externa: o modo como é vista pelos outros. Para Jacobina, essas duas almas "completam o homem, que é, metafisicamente falando, uma laranja. Quem perde uma das metades perde naturalmente metade da existência".

Como boa parte dos contos de Machado da fase madura, "O espelho" permite múltiplas abordagens — as filosóficas (a tensão entre a existência subjetiva e a objetiva), metafísicas (a inexistência da unidade do Ser), psicanalíticas (a fase do espelho, teorizada por Jacques Lacan) e as políticas (o nome do personagem seria uma alusão aos radicais da Revolução Francesa).

Dez dias depois, Serra falou sobre o conto. Viajara ao Rio para participar de um seminário internacional de finanças, no qual foi apresentado como aquele "que lidera todas as pesquisas na sucessão do presidente Lula", e de um jantar. Era quase meia-noite quando entrou no carro e tomou o rumo do aeroporto, onde o jatinho do governo paulista o aguardava para levá-lo de volta. Ao sentar, pegou imediatamente um frasco de álcool, a sua disposição no bolsão do assento do passageiro, e limpou as mãos. Há anos ele tem o hábito de lavar as mãos várias vezes por dia, sobretudo depois de cumprimentar estranhos; quando não pode, usa álcool.

"O conto mostra que o Eu tem três dimensões", começou, fechando a tampa do álcool. "O Eu que você é, o que é visto pelos outros e o Eu que você vê. Machado é um gênio. Imagine, no final do século XIX, sem Freud nem nada, ele chegou a essa conclusão."

Trazendo a conversa das duas almas e dos três Eus para um plano mais prático, disse: "Muita gente chega para mim, depois de um tempo, e diz: 'Nossa, não sabia que você era assim'. A pessoa quer dizer que ficou impressionada positivamente. Isso ocorre porque a gente é de um jeito, acha que é de outro, e tem uma imagem social diferente. Como político, tudo isso fica exacerbado". Aquilo o incomodava? "Não é achar bom ou ruim, só acho curioso", respondeu. "Acho que todo mundo tem isso, mas fico me perguntando por quê."

Ventava bastante no Santos Dumont e Serra passava a mão pela testa como se tirasse uma franja imaginária do rosto. Antes de entrar no avião, ele comentou a sua imagem: "Às vezes, tendo a racionalizar demais. Como trabalho com a lógica das coisas, o que pode ser uma virtude ou defeito, como quiser, pode parecer arrogância. Mas, de fato, tenho muita dificuldade de entender como uma pessoa não compreende uma coisa que é lógica".

Correligionários que colecionam pesquisas sobre a imagem de Serra garantem que a figura de antipático e arrogante foi inventada por desafetos e jornalistas, e encontra respaldo apenas na classe média alta. Um deputado tucano me mostrou (com o compromisso de não citá-lo: quando se trata de Serra, até os elogios são em *off*) uma extensa pesquisa, feita em municípios da Bahia. Em Itamaraju, a setecentos quilômetros de Salvador, onde boa parte da população tem antena parabólica e recebe o sinal da programação de São Paulo — assim como acontece na maioria dos municípios do Norte, Nordeste e Centro-Oeste —, a terceira característica mais citada de Serra é a simpatia. Nas pesquisas nacionais, a rejeição a ele fica em torno de 30% do eleitorado, enquanto a de Dilma Rousseff bate nos 40%.

Amigos dizem que Serra é engraçado, espirituoso, fofoqueiro e — acreditem — adora dançar. Mas reconhecem que ele não passa essa imagem. "Serra não faz concessões, não finge ser outra pessoa, mesmo que isso lhe cause prejuízo", disse José Gregori, ex-ministro da Justiça. "Você imagina ele fazendo graça no sofá da Hebe, no programa do Faustão ou na Luciana Gimenez? Pode até fazer, mas não vai soar natural. O problema é que a política hoje passa muito por esse padrão, por essas referências."

A economista Liana Aureliano, sua amiga há quarenta anos, disse que as reações que Serra provoca dependem do interlocutor. "Ele não dá abraços efusivos nem estende a mão com vontade, o que para mim é positivo, pois mostra que não é fingido", afirmou. "Ele adora um debate, um embate, na verdade. Uma briga o alimenta intelectualmente, mas há quem ache isso chato. E ele, definitivamente, não aguenta burrice."

Uma tarde, em seu gabinete na secretaria paulista da Cultura, João Sayad avaliou que há na *persona* pública dele um traço que não é levado em conta: a timidez. Depois de uma reunião numa cidade do interior do estado, ele caminhava com Serra, viu um bar e sugeriu que tomassem algo. O governador disse que não entraria porque as pessoas estavam olhando demais para ele. "Imagine só, um candidato à Presidência ter vergonha assim", disse Sayad.

Serra começou a usar o Twitter para ter contato direto com os eleitores. Em pouco tempo, o que ele escrevia era acompanhado diariamente por mais de 100 mil pessoas. Como a troca de mensagens não é mediada, passou a ser chamado com frequência de "Zé" e até de "mano". Quando escreveu que havia passado a noite ouvindo Paul McCartney e o guitarrista Santana, alguém postou um comentário sarcástico: "O.k., José Serra virou político pra-frentex, psicodélico e que gosta de Woodstock e Santana... Sei". Minutos depois o governador respondeu: "Por que a surpresa? Também sou da geração do rock, dos Beatles e de Woodstock".

Ele recebe cerca de quinhentas mensagens pessoais por dia. Perguntei por que havia divulgado no Twitter uma troca de mensagens com a apresentadora de televisão Ana Paula Padrão, da Rede Record. "Pra quem nem e-mail tinha, você está super *up to date*!", escreveu a apresentadora. E Serra respondeu: "Nunca é tarde demais para aprender. A curiosidade me trouxe para cá. Gostei e vou ficando".

"Foi para ela não brigar comigo", Serra explicou. "Porque ela é ciumenta e eu não a vejo faz tempo. E a Record está batendo em mim pesado por causa dessa disputa com a Globo. E ela fica fazendo cara de brava lendo...", disse.

Serra escreveu sobre dezenas de assuntos no Twitter. Mas quase nunca sobre suas ideias a respeito do Brasil e sobre política. E manteve silêncio absoluto sobre sua candidatura a presidente.

Já havia escurecido quando Fernando Henrique Cardoso levantou e abriu a janela para que a fumaça de cigarro se dispersasse. Na volta para a poltrona, disse que o silêncio de Serra não é fortuito. "Ele viu as pesquisas de opinião e não falou nada sobre a crise do Senado e o Sarney de caso pensado", contou. "Ficando quieto, ele não se confunde com os políticos, que têm uma imagem péssima, de corruptos. E aparece como um bom administrador, um governador que tem coisas para mostrar. Ficando quieto, ele deixa a briga para os outros. Veja o que aconteceu com a Dilma, que foi apresentada como candidata com tanta antecedência."

Para o ex-presidente, Serra tem uma enorme vantagem, em termos de imagem, sobre os seus eventuais adversários. "Ele nasceu na Mooca, seu pai era feirante, foi pobre, só estudou em escola pública, foi perseguido pelos militares", disse. "Num país de enorme desigualdade e de injustiça social, ele veio de baixo e se fez sozinho, não tem culpa ou responsabilidade pela pobreza. Você fica em desvantagem quando é de classe média, filho de militar e nasceu em Botafogo, como eu, por exemplo."

Fernando Henrique defende que José Serra seja o candidato dos tucanos à Presidência. Reconheceu que Aécio Neves poderia ser um concorrente "mais palatável" aos eleitores. Mas, além de acreditar que Serra terá boas chances no pleito, acha que "ele é o presidente que o Brasil precisa agora. Depois de oito anos de desconversa, evasivas e conciliações de todo tipo, o país precisa de alguém firme, com clareza e diretrizes. E o Serra é rombudo". Mas qual política Serra defenderia na campanha eleitoral? Fernando Henrique respondeu que o conteúdo da sua plataforma e mesmo a natureza da sua Presidência devem ser definidos mais tarde. "A vitória numa campanha eleitoral depende do contexto em que ela se dá", disse.

Um menino gordinho levantou a mão e perguntou a Serra o que ele fará se for eleito presidente da República. "Uhhhhhhn, muita coisa", respondeu o governador, na frente da sala de aula. "Eu faria o governo federal trabalhar para o crescimento do emprego. Quem tem desempregado na família?", perguntou ele aos 35 alunos de uma classe de 4ª série de uma escola no Mandaqui, bairro paulistano de classe média.

Desde que se elegeu prefeito, de quando em quando ele dá aulas em escolas públicas. Explicou que é um jeito de monitorar o ensino, interagir com crianças e identificar demandas da população. Naquela tarde, Serra falou duas horas, sobre os mais variados assuntos, para uma plateia que se alternava entre surpresa e dispersa. Tomou tabuada (apenas dois alunos acertaram), fez com que lessem em voz alta ("Forte! Solta a voz! Não estou entendendo nada!", encorajou, a seu modo, um menino), definiu *curiosidade mórbida* ("Alguma coisa que a gente acha feio, mas quer ver"), defendeu a leitura diária de jornais, mas os criticou ("Eles publicam a notícia errada e, em vez de corrigir, dizem que eu mudei de opinião").

Sete levantaram a mão para dizer que tinham desempregados na família. "Então, quem está desempregado quer trabalhar", disse o governador. "E emprego tem a ver com que faz o governo federal, o de Brasília. Disso eu cuidaria muito se fosse eleito presidente. E cuidaria também da saúde e da educação."

Quando aumentou o número dos que olhavam pela janela ou rabiscavam cadernos, Serra pediu que os iguais a ele, filhos únicos ou palmeirenses, levantassem a mão. Havia apenas uma menina sem irmãos e cinco meninos palmeirenses, contra dez são-paulinos e dezenove corintianos. Foi a deixa para que ele introduzisse o conceito de tabela, o ponto-chave da sua aula.

Ao sair da escola, um menino chamado Eron se aproximou e lhe entregou um papel, que Serra prontamente começou a assinar. "Não! É para você ler", alertou o garoto. Era uma carta pedindo para que o pai, policial militar, fosse transferido para um posto perto de sua casa. "Vou ver isso", respondeu. (O pleito foi encaminhado, mas Serra nunca soube se foi atendido.)

Ao entrar no carro oficial, recebeu um bilhete. Haviam ligado quatro políticos, entre eles Antonio Palocci e Tasso Jereissati. "Ai, que fome", ele disse, lendo os nomes no papel. Com um sorriso, comentou: "Me sinto revigorado com crianças". O automóvel estacionou diante de um hospital, onde o helicóptero do governo o esperava. Quando ele levantou voo, Serra se acomodou perto da janela, juntou alguns papéis e fez um sinal ao ajudante de ordens, que prontamente lhe passou um frasco de álcool em gel. E comentou a aula: "Nunca vi alguém falar alto ao responder a uma pergunta na frente dos outros. Quando vão escrever na lousa é sempre uma letra mínima, reparou? Tudo para se proteger".

José Serra foi eleito presidente da União Nacional dos Estudantes em 1963, quando cursava engenharia na Universidade de São Paulo. Integrava a Ação Popular, organização de origem católica, nebulosamente socialista, que não era marxista, nem revolucionária, nem defendia a União Soviética. "Ele tinha um senso de justiça exacerbado, era muito ligado às questões humanas", lembrou Egydio Bianchi. "Não era um formulador doutrinário, era um cara da ação."

Um de seus parâmetros na política era madre Cristina. Freira católica formada em psicologia, com especialização em psicanálise pela Sorbonne, ela fundara a AP com Herbert de Souza, o sociólogo Betinho. Numa entrevista à escritora Maria Rita Kehl e ao jornalista Paulo Vannuchi, madre Cristina, que morreu em 1997, contou como Serra entrou na vida pública quase que por acaso:

"A gente pensou: temos de fazer o presidente da UNE. Aí fomos catar o Serra, que estava estudando engenharia. Descobrimos que era inteligente e que, se déssemos uma engomada nele, ele toparia. Então, a gente pegou o Serra e disse: Você vai ser o presidente da UNE. Ele disse: 'O que é UNE?'. Bom, UNE é isto e aquilo. 'Ah, tudo bem.' E assim começamos a ganhar a UNE."

Com o golpe e o exílio, Serra abandonou a Ação Popular e a política. Estudou economia, no Chile e — com a derrubada de Salvador Allende — nos Estados Unidos. Sua obra acadêmica compõe-se de artigos, dos quais dois se destacaram, ambos feitos em coautoria. Um foi escrito com Fernando Henrique, em Princeton: "As desventuras da dialética da dependência". "Eu olhava pela janela e, às quatro da manhã, a luz do quarto do Serra era a única acesa", contou o ex-presidente. "Lá estava ele, revisando o artigo, que eu achava que estava pronto havia muito tempo." O outro foi feito com Maria da Conceição Tavares: "Além da estagnação".

Serra voltou ao Brasil antes da anistia, em 1978, e retomou a vida acadêmica, enquanto passava por sessões de psicanálise com madre Cristina. Foi dar aula na Universidade de Campinas, onde era professor o marido de Liana Aureliano, o economista João Manuel Cardoso de Mello, um dos idealizadores do Plano Cruzado, no governo Sarney. Ele é o único a fumar no gabinete de Serra.

"Espero que não tenha vindo falar dessa baboseira de currículo", disse Cardoso de Mello ao me dar boas-vindas. Mesmo com a resposta negativa, continuou: "Ficar nessa coisa pequena, nesse detalhezinho, nessa mesquinharia se o Serra se formou ou não se formou. O Serra não terminou a graduação, e daí? Qualquer instituição de ensino pode te dar um título, depende só dos critérios que você usa. Mas não, todo mundo quer ficar nessa discussãozinha de classe média".

João Manuel Cardoso de Mello disse que ele e Serra partilham a visão de que a política econômica é a chave para se resolver os problemas de desenvolvimento e crescimento do Brasil. "Essas taxas de juros estratosféricas destruíram parte da indústria brasileira", disse. "O custo social e econômico disso foram milhões de empregos perdidos." Ele acha que os equívocos da economia remontam aos dois mandatos de Fernando Henrique. "Naqueles anos, o Brasil cresceu dois por cento ao ano, o que é pífio", disse. "O Serra sempre discordou do que faziam na economia, mas ele estava na turma, o que ia fazer? Passar para o PT?"

Para ele, o objetivo político de Serra é um só: "Acabar com a pobreza. O negócio dele é esse. E é possível, se o Brasil retomar uma meta de crescimento de sete por cento ao ano, em duas décadas a pobreza estará erradicada." O autor de *O capitalismo tardio* considera, porém, que Serra tem uma visão fiscal ortodoxa: "Ele tem mania de não dar aumento para funcionário público, para não desequilibrar as contas públicas. Aí, teve greve de delegado querendo quinhentos 'merréis' de aumento. Dá o aumento, porra. Imagina o custo social de uma greve de delegado? Mas ele não dá!".

Cardoso de Mello foi professor de Dilma Rousseff na Unicamp, no mestrado que ela não concluiu. "Ela e o Serra são muito parecidos, têm a mesma visão de mundo", opinou. "Se houvesse uma reorganização política, eles estariam no mesmo partido. É uma gente que não existe mais na política, gente compromissada com o Brasil. Ambos podem ser enquadrados no conceito inglês de servidor público."

Em 1983, Franco Montoro o nomeou Serra secretário estadual de Planejamento. Na Constituinte, sua imagem de político de direita se consolidou por ter sido contra a nacionalização dos bancos estrangeiros e a limitação dos juros. Foi reeleito deputado e depois senador. Fernando Henrique o nomeou ministro do Planejamento. Foi um ministro de pouca expressão: havia divergido do Plano Real, que domara a inflação, e continuara divergindo da equipe econômica liderada por Pedro Malan e Gustavo Franco. Ainda assim, relutou em aceitar quando Fernando Henrique o convidou para ser ministro da Saúde. "Achei que seria bom para o governo, para ele e para o Brasil", disse o ex-presidente, "mas ele levou um tempão para dizer sim."

A passagem de Serra pela Saúde lhe rende dividendos eleitorais até hoje. Nas pesquisas do PSDB, constata-se que os eleitores o identificam imediatamente com os genéricos. Ele é considerado o político que ajudou os doentes e velhinhos a gastar menos dinheiro com remédios. Também conseguiu diminuir o preço do coquetel de medicamentos contra a aids e proibiu a propaganda de cigarro na televisão. Para implementar essas medidas, enfrentou interesses enormes e gente influente, como os laboratórios farmacêuticos, multinacionais proprietárias de patentes, a indústria do tabaco, agências de publicidade e redes de televisão. Enfrentou um inimigo de cada vez, advogando causas apoiadas pela opinião pública. "Eu defendo interesses gerais, e não os especiais ou setorizados", disse-me Serra. "E isso incomoda, eu sei, mas a meu ver desnecessariamente."

O ex-deputado e empresário carioca Ronaldo Cezar Coelho, que cede o seu jatinho para Serra fazer campanha, colocou a questão em outros termos: "Ele é um político que defende interesses difusos. Não representa nenhum grupo, nenhuma facção específica. Por isso, é considerado independente. Isso faz com que muitos setores não se sintam acolhidos ou temam o que ele pode vir a fazer no poder".

No 1º andar do Museu da Língua Portuguesa, em São Paulo, na centenária Estação da Luz, mais de vinte políticos aguardavam a inauguração da exposição sobre Gilberto Freyre. Estavam ali Fernando Henrique, o prefeito Gilberto Kassab, Andrea Matarazzo, o presidente do PSDB, Sérgio Guerra, e medalhões da política pernambucana: o governador Eduardo Campos, o senador Marco Maciel e o ex-senador Roberto Freire. Como um dos elevadores demorava a subir do térreo, Serra chamou uma funcionária e pediu explicações.

"O elevador está parado no térreo para receber mais gente, e então subir", disse ela.

"Não, não tem isso, não, manda subir esse elevador do jeito que está", ordenou ele, ríspido.

"Já está subindo, governador", disse a moça.

"Não está nada. O elevador está parado, olha aqui o botão de 'parado' aceso. Liga esse elevador", rebateu Serra.

Observando a cena, Roberto Freire falou: "Olha isso, rapaz! O homem está com o Brasil inteirinho aqui e fica prestando atenção no elevador. Meu Deus, ele é estressado demais". Enquanto o governador continuava a resmungar, Freire disse: "O Serra não aguenta nada que saia do controle dele. Isso às vezes é bom, mas deve ser uma complicação da gota".

Num canto, depois, Freire disse que estava preocupado com a polarização entre Aécio Neves e José Serra dentro do PSDB. "Estou trabalhando para convencer o Aécio de que ele tem que ficar com o Serra", disse. "Se não ficarem juntos, vão se foder, vão perder, acabou."

Serra e Eduardo Campos subiram ao terraço do prédio para o paulista mostrar a vista ao pernambucano. Olhando ao redor, Serra disse: "O que fica é cultura. A coisa que o Covas fez de mais importante foi a duplicação da Rodovia dos Imigrantes. Mas ele ficou marcado pela construção da Sala São Paulo".

Houve uma discussão sobre a diferença entre bode, carneiro e cabrito. Alguém lembrou, longe dos ouvidos de Serra, da piada, espalhada por Fernando Henrique, de que Serra teria visto uma vaca pela primeira vez aos cinquenta anos de idade. Enquanto isso, Serra reconhecia candidamente nunca ter imaginado haver diferença entre bode e cabrito.

Quando ele mesmo é o alvo de sua franqueza, Serra fica involuntariamente simpático. A um amigo que tentou convencê-lo a ser candidato a presidente com o argumento de que "é fácil ganhar da Dilma porque ela não tem a menor graça", por exemplo, ele retorquiu: "E eu tenho alguma graça?". Quando a franqueza é dirigida a outros, ele é capaz de, depois de anos sem ver alguém, cumprimentá-lo com um espantado e espantoso: "Nossa, como você está gordo!". Ou então de dizer a uma mulher, como se fosse um elogio, que ela se veste como uma perua. Ele me contou que, ao se encontrar com a filha de Orestes Quércia, uma moça muito bonita, disse-lhe que ela era "a prova da evolução da espécie". Segundo Serra, a moça "riu da piada".

Para Regina Faria, viúva do ex-assessor da Presidência Vilmar Faria, Serra tem um senso de humor especial. Quando ela e o marido dividiram com ele um apartamento no Chile, Serra gostava, por exemplo, de dar sustos. Tanto que, quando Regina estava grávida de sete meses, ele colocou uma cobra de papel em cima da porta do banheiro. "Quando entrei, a cobra caiu em cima de mim e tomei um tombo", contou. "O Vilmar ficou furioso, mas o Zé não tinha noção, não conseguia ver um perigo ali", disse. (Serra se lembra da cobra, mas não de Regina estar grávida.) No seu apartamento, ela mostrou uma foto de Serra, aos vinte e poucos anos, de short jeans, camisa polo verde e chinelão. A seu lado, Regina fazia uma cara de deboche e uma outra moça parecia emburrada. "Era a Helga, com quem ele implicava porque tinha perna fina", contou.

Regina listou as virtudes do amigo na seguinte ordem: "tenacidade, disciplina profissional, obstinação, muito exigente, não tem medo de trabalhar com gente competente e é muito generoso". O defeito mais evidente, para ela, é classificar as pessoas à primeira vista, de modo superficial: "Ele divide as pessoas e as coloca em celas na sua cabeça. Tipo: essa é competente, aquele é burro, aquele outro é confiável, aquele não. E aí fica difícil mudar a sua opinião".

Ela lembrou a viagem entre Brasília e São Paulo, em 2001, num jatinho da Presidência, trazendo o corpo do marido para ser enterrado em São Paulo. "O Zé não falou nada", contou. "Ele sentou ao meu lado e ficou quarenta e cinco minutos de mãos dadas comigo. Aquilo foi muito forte, de uma profundidade que poucas pessoas conseguem ter." Depois de falarmos sobre outros assuntos, perguntei qual ela achava ser a maior diferença entre Serra e Fernando Henrique. Novamente, ela usou a morte do marido como exemplo: "O Fernando Henrique, no enterro do Vilmar, bateu nas minhas costas e disse: 'Não chore'".

Verônica Allende Serra usava moletom e sandálias Croc, tarde da noite, em sua casa no bairro do Morumbi. Morena, cabelos longos que lhe dão um ar latino, ela tem quarenta anos, trabalha no mercado financeiro e é casada com Alexandre Bourgeois, filho de um francês com uma brasileira. Eles têm três filhos: Antônio, de seis anos, Gabriela, de dois, e Francisco, de dez meses. Outra filha, que havia nascido com um problema congênito, morreu aos três meses de vida.

(A prima Bidu contara que, graças a um tratamento de fertilidade com o médico Roger Abdelmassih, Verônica pôde ter as duas últimas crianças. Quando Bento XVI esteve em São Paulo, Abdelmassih pediu a Serra que o incluísse no encontro privado com o papa, e foi atendido. "Imagina agora, que o médico foi preso", disse Bidu, "o Zé não pode ouvir falar o nome dele.")

"Ele está rindo mais, você não acha?", perguntou Verônica. Havia meses, Serra se submetia a um tratamento dentário que lhe mudara o sorriso. Os dentes frontais da arcada superior foram alinhados e o recuo gengival foi recapeado com uma fina camada de resina. Ou seja, não havia mais motivo para que chargistas o retratassem como Nosferatu. O governador me dissera que apenas havia trocado de pasta dental e arrumado uns "dentes de baixo".

Sentada na cabeceira de uma mesa de vidro, de lado para um grande espelho, para o qual olhava às vezes e ajeitava o cabelo, Verônica admitiu que o pai tem uma imagem pública bem diferente da privada. Mas acrescentou que um político deve se comportar exatamente dessa maneira. "Quando o assunto é sério, a reação deve ser séria", disse. "Não é do feitio dele ficar fazendo analogias engraçadas no meio de tragédias, ou dar exemplos tirados do futebol, como se faz por aí. Ele não finge ser o que não é. O marketing dele, se é que ele faz algum, é o da absoluta sinceridade. Ele não é um *entertainer*, é um ser público puro."

Pai e filha já discutiram como ele poderia deixar de ser tão professoral. "Ele pode até ser didático, mas o ideal é tentar usar palavras mais simples, um vocabulário menos acadêmico, mas nem por isso simplório", disse. "Isso ele já mudou. Quando vai dar aula na periferia, ele passa vários conceitos a partir de uma historinha, tipo um *key study*." Ela pensa que, como é rigoroso com as pessoas, Serra é avaliado com inflexibilidade.

Verônica tem um alerta que envia para o seu e-mail pessoal tudo o que sai na internet com a expressão "filha de Serra". Vez ou outra lhe chegam mensagens de pousadas nas montanhas que aceitam crianças. Mas, em geral, são estocadas ou críticas ao pai. Ela investigou a origem de um dos blogs que mais a atacavam, e descobriu que o provedor que hospedava a página ficava no endereço de uma empresa de um parente de Ciro Gomes.

Encontrei num domingo o filho de Serra, Luciano — que tem 36 anos e parece uma versão melhorada do ator Ben Stiller. Ele estava com a namorada, uma moça loira, magra, calada e arrumada. Serra também estava, e me cumprimentou com uma das mãos cheia de castanhas-do-pará. Fomos juntos para o estádio do Morumbi, onde quase 50 mil pessoas aguardavam o início do clássico Palmeiras × Corinthians.

Chegamos à tribuna de honra com o jogo começado havia cinco minutos. "Perdi alguma coisa?", perguntou Serra a Roberto Freire, e se sentou na ponta da cadeira como quem estivesse prestes a levantar e sair correndo. "Quem é esse vinte e sete? Quem é esse cabeludo?", perguntou alto, com os olhos fixos no campo, sem esperar a resposta. "Aaaaaaaiiiiiiii", gritou quando o Corinthians quase marcou um gol. "Ai, meu Deus, o medo me fez suar a mão", disse, e deslizou a mão molhada pelo meu braço direito. Na maioria do tempo, ficava calado, os olhos grudados no gramado. Vez ou outra comentava estar aliviado por um passe errado do adversário ou uma defesa benfeita do Palmeiras. Quando o juiz anulou um gol impedido do Corinthians, abraçou o filho gritando: "Êeeeeee! Que alívio!".

No segundo tempo, aparentemente incomodado com a minha presença, Luciano cochichou algo no ouvido do pai e saiu da tribuna de honra. Faltando poucos minutos para o final, o Palmeiras marcou um gol. Em um milésimo de segundo, Serra pulou da cadeira, deu uma gravata lateral em Roberto Freire, projetou o corpo para a frente e tirou os dois pés do chão ao mesmo tempo, levando-os para trás como se pulasse corda. Grudado em Freire, que tinha o rosto vermelho e suava, berrava "Goooollll" com uma expressão de alegria pura, ingênua e infantil.

"O futebol tem uma dimensão afetiva e cultural para o Serra", explicou o economista Luiz Gonzaga Belluzzo, presidente do Palmeiras, em uma manhã em sua casa. De fato, o futebol parece funcionar como uma válvula de escape, uma ponte entre Serra e os outros. É falando de futebol que ele se aproxima e quebra o gelo para conversar com quem não conhece. Num estádio, ele é acolhido como um igual. Talvez por isso, durante todos os nossos encontros, só estivesse relaxado interiormente no jogo contra o Corinthians — apesar de estar tenso até o Palmeiras marcar.

O avião do governo de São Paulo, fabricado há mais de vinte anos, decolou para Brasília e Serra enterrou os olhos num jornal. Teria uma reunião com o presidente Lula, para tratar de uma emenda da previdência social, e discutiria a concessão dos aeroportos de Cumbica e Viracopos. Ainda com o avião embicado, puxei um assunto e ele, com a expressão grave, me disse: "Deixa passar a turbulência. Minha mão transpira, olha só!". E, pela segunda vez em menos de uma semana, senti a palma suada deslizando pelo meu antebraço.

Quando a aeronave se estabilizou, aproveitou para despachar com os secretários. Enquanto olhava um gráfico sobre a situação da concessão da CESP, houve nova turbulência. Ele se calou, ficou imóvel como uma estátua e só alguns segundos depois olhou para os lados procurando um interlocutor. "Tenho horror quando faz assim", disse, mexendo a mão direita para cima e para baixo. O almoço foi servido, mas Serra devolveu a bandeja intocada. O chefe da segurança quis saber se havia algum problema com a comida. "Muito alho", disse. "Já falei um milhão de vezes e ainda me mandam coisa com alho." Providenciaram-lhe um sanduíche de queijo de minas, que ele comeu maquinalmente.

Como o voo seria longo, pedi que contasse como era a sua relação com Geraldo Alckmin e explicasse por que desistira de concorrer à Presidência, em 2006. "Mesmo quem era simpático a mim achava que o Alckmin tinha *direito* a ser governador", ele começou, pronunciando a palavra "direito" com sarcasmo. Durante quase meia hora, Serra discorreu sobre sua relação e opinião sobre Alckmin. Ao final, pediu que nada fosse publicado.

Passou a falar sobre comida. Defendeu a tese de que um cozinheiro de verdade sabe preparar qualquer prato sem usar alho ou cebola. Ele se incomoda quando dizem que suas implicâncias alimentares são manias — além de alho e cebola, não come frituras, não toma café e não digere sementes. Deu a receita de um macarrão "espetacular" para provar que entende do assunto. "Como chama a pasta dura?", perguntou. Alguém respondeu que era *grano duro*. "Ah, então essa é com essa *grano duro*", continuou. "O molho leva tomate, azeite, alcaparra, já botei até gengibre. Como se chama aquela folha da moda? É rúcula, não é? Então, pode pôr também. Esse molho fica maravilhoso e não tem alho nem cebola." Houve quem duvidasse que ele soubesse realmente preparar o tal prato. "Posso fazer essa pasta porque sei", garantiu, esclarecendo que aprendeu a cozinhar quando morou em Princeton. "Fazia truta ao forno, coisas com *berries*, banana assada com cravo e canela", disse.

"Eu queria ir em Heliópolis com o Zidane", disse o presidente Lula no ginásio do Ibirapuera, numa rodinha em que estavam Serra, Geraldo Alckmin e Gilberto Kassab. "Mas seria demais eu ir lá só por causa dele, seria bom se tivesse uma obra do PAC para inaugurar." Passava das nove da noite e eles aguardavam o início da cerimônia de formatura da primeira turma do curso de administração da Unipalmares, cujos alunos são em sua maioria negros. Havia uma mesa de salgadinhos e sanduíches. Garçons serviam espumante, uísque e cerveja. Serra beliscou um sanduichinho de pão branco. "Sanduíche é bom porque enche o estômago", justificou.

Alckmin, o paraninfo da turma, avisou que, além de atrasada, a solenidade seria longa. "Na última vez que vim, saí daqui mais de uma da manhã", disse. O presidente também estava incomodado com o horário. "Isso é hora de homem velho estar na cama", brincou Lula. Serra aproveitou uma brecha para falar com o presidente sobre a implantação de trens na Baixada Santista. Foi sua única conversa útil na noite. Saiu do ginásio no meio de um show de mulatas. Eram quase duas da manhã, e dali a cinco horas embarcaria para o Ceará e Pernambuco. "Nossa, hoje para mim parece que já é ontem", comentou. Ele disse que estava com vontade de comer rosbife, "que não é tão gordo", mas que ficaria em jejum.

Na semana seguinte, num trajeto de helicóptero, ele falou a contragosto sobre as suas relações com a imprensa. Perguntei se achava que suas características negativas eram mais exploradas do que as positivas. "Não, não acho, mas existe um script que alguns precisam seguir", disse. "Eu sou o cara que soprou no ouvido do Lee Oswald, entende? Tudo, acham que fui eu. O Genoino, que era até meu amigo, disse que era eu quem estava por trás de divulgar o caso Waldomiro, um sujeito que nunca vi na vida."

O oncologista carioca Jacob Kligerman, amigo de longa data, me dissera algo parecido: "Tem duas coisas que tiram o Serra do sério: falar que foi ele que inventou a candidatura da Marina Silva para desestabilizar a da Dilma, e que foi ele o responsável pela investigação no escritório da Roseana Sarney, em 2002, quando a PF achou aquela montanha de dinheiro".

No helicóptero, Serra fez uma concha com a mão e colocou ao lado da boca, na tentativa de ser bem ouvido: "Em qualquer pesquisa, eu tenho, disparado, mais votos que qualquer um, e na imprensa a minha imagem é de ser ruim de voto. Agora, inventaram que eu atropelo os outros, sei lá, ou que a 'turma do Serra' foi derrotada dentro do partido. Tudo isso é script. Na verdade, quem é contra mim no PSDB? O Tasso?".

O ex-deputado tucano Márcio Fortes acha que o presidente ter cerca de 80% de aprovação popular não trará dificuldades a Serra. "Quem tem a aprovação é o Lula, não a Dilma", disse ele em seu escritório, no Rio. "O Serra terá o que mostrar, em matéria de realizações, tem uma experiência administrativa fantástica, e as pesquisas mostram que ele não passa falsidade, que é confiável." A opinião de Márcio Fortes é a dominante no PSDB. Para os tucanos alinhados a Serra, a campanha se dará em torno de obras e empatia, e não em torno de posições políticas e ideológicas.

Márcio Fortes tirou de uma pasta um papel rabiscado com canetas azul e vermelha. "Isto aqui é uma pesquisa encomendada pelo Planalto sobre os programas do governo Lula", falou. "Com ela dá para ter uma boa radiografia da situação." A pesquisa aponta que as características que os eleitores mais admiram nos políticos são competência, capacidade de administração e honestidade. "Isso é o Serra", ressaltou Fortes. Segundo o levantamento, o Bolsa Família tem 55% de aprovação, seguido pelo Fome Zero, que nem existe mais, com 20%, e o Minha Casa, Minha Vida, com 18%. "Olha o que as pessoas querem", interpretou Fortes. "Elas querem ter uma renda e uma casa para morar."

Aloysio Nunes Ferreira, secretário-chefe da Casa Civil do governo paulista, resumiu assim a questão do discurso de Serra na campanha: "Quem não quer a cidade com infraestrutura, com boa escola, um sistema de transporte decente? É isso que ele terá para mostrar". Com esse objetivo, o governo Serra planejou investir 20 bilhões de reais no metrô e nos trens da região metropolitana. Na recuperação das estradas vicinais serão outros 15 bilhões. Nas escolas técnicas e profissionalizantes a meta é de aumentar em 100 mil o número de matrículas. "Serra tem o reconhecimento de ser um administrador completo", disse Nunes Ferreira.

Para Fernando Henrique, não basta Serra enumerar obras ou explicar o que precisa ser feito com a economia: "A eleição do Obama demonstrou que o bom candidato é aquele que simboliza a mudança, inspira as pessoas, lhes dá uma visão de que a vida e o país podem melhorar". Perguntei ao ex-presidente se, como ele dissera a um conhecido comum, continuava achando que Serra tinha "paixão pela gerência", em detrimento de uma visão abrangente do Brasil, que sensibilize os eleitores.

"Não é bem assim", começou Fernando Henrique. "O Serra é um ótimo gestor e ponto final. Mas acho que ele é mais administrador e economista do que formulador. É mais pragmático que imaginativo. Então, ele precisaria calibrar melhor o discurso. Adianta pouco ele insistir em falar de economia, em juros, em câmbio flutuante, em Banco Central e metas de inflação. Todo mundo sabe que ele entende de economia. Seria melhor se ele explicasse que sabe o que é ser pobre, e como vai fazer os pobres melhorarem de vida. O Serra precisa formular uma política que leve as pessoas a ver um futuro."

Na despedida, ao abrir a porta do elevador, Fernando Henrique sorriu e alertou: "Olha lá, hein, não vá me intrigar com o Serra". Antes, sem saber que o amigo gosta do conto "O espelho", havia dito: "O Serra é uma alma atormentada".

Numa noite de setembro, José Serra entrou no seu gabinete no Palácio dos Bandeirantes pingando colírio e contando que tinha ido ao enterro do pai do prefeito Gilberto Kassab, emendado uma maratona de reuniões e ainda teria um jantar com a colunista Dora Kramer na casa do empresário Andrea Matarazzo, para o qual estava atrasado. Ele se sentou em uma poltrona ao lado do telefone e continuou a pingar o colírio enquanto conversava sobre sua imagem, mais de um ano depois de ter me dado o conto de Machado de Assis. Dessa vez, ouviu comentários a seu respeito feitos por amigos, aliados e adversários: mandão, implicante, bom administrador, fala antes de pensar, manipulador, tem dificuldade para relaxar, generoso, mais pragmático do que imaginativo.

"Olha, que engraçado isso", falou em voz baixa, antes de ouvir a lista até o fim. De todas as características, ele se reconheceu em apenas uma: bom administrador. "O que é *mandão*?", indagou. "Se tem uma decisão para ser tomada, se há algo a fazer, eu faço, não fico contemplativo, esperando." Ele não se acha implicante. "Eu gosto de provocar, isso sim. Gosto de pegar no pé para amolar as pessoas. Como quando um secretário veio aqui com um sapato escandaloso, ou quando o Arthur Virgílio usou camisa preta com terno, ou o João Sayad faz nó de gravata mole. Mas isso é brincadeira, é uma micro-obsessividade que estabelece uma relação mais pessoal."

O que pareceu tê-lo chateado mais foi a opinião de que não é um formulador político. "De fato, não sou um teórico, mas isso não significa que não tenha uma formação teórica", afirmou. Desculpando-se por parecer cabotino, disse que no governo Montoro foi ele quem deu as linhas do que precisava ser feito. Que a concepção do sistema orçamentário e tributário que está na Constituição foi ele quem fez. E que foi ele quem criou a política adotada até hoje pelo Ministério da Saúde. Sobre suas características pessoais, reconheceu que é tímido, "o que pode ser confundido com ser orgulhoso. Tenho muito pudor de entrar num restaurante e sair cumprimentando gente de mesa em mesa. Isso vai incomodar as pessoas, isso eu não faço".

Ligaram pela segunda vez da casa de Andrea Matarazzo, cobrando a sua presença. "A Dora está me esperando há duas horas, vai ficar furiosa e brigar comigo", ele disse, olhando para o relógio. Eu o havia esperado por duas horas e meia.

A relação de Serra com a imprensa é paradoxal. A identidade política dos grandes jornais, revistas e redes de televisão é muito maior com ele do que com Lula, Dilma Rousseff e Marina Silva. Ele tem boas relações com colunistas da imprensa escrita, apresentadores de rádio e televisão e diretores de redação. Telefona para eles amiúde, faz perguntas sobre sua vida profissional e familiar, diz que está com saudade e pede conselhos. E se dá muito bem com os patrões da grande imprensa. Tudo isso se reflete no noticiário. Mas Serra é um dos políticos que mais reclamam da mídia, dos erros e injustiças dos quais é, ou imagina ser, vítima.

"Serra tem um grau de preocupação altíssimo com a imprensa", disse Otavio Frias Filho, diretor de redação da *Folha de S.Paulo*. Ele não se lembrou de nenhum outro político que se compare a Serra nesse quesito. E deu como exemplo mais recente a invasão da reitoria da Universidade de São Paulo. Antes de começar uma entrevista coletiva, Serra perguntou se Laura Capriglione, que havia escrito na *Folha* reportagens com críticas à atuação do governo, estava presente. O questionamento, azedo, causou mal-estar entre os jornalistas presentes.

Ao voltar do exílio, Serra se tornou editorialista da *Folha* e ficou amigo do dono do jornal, Octavio Frias de Oliveira. "Por causa disso, Serra acha que a Folha bate mais nele, para se mostrar independente", disse Frias Filho. "Ele tem caprichos, se considera injustiçado, não gosta de ser contrariado, mas que governante não é assim?", indagou.

Verônica tem uma explicação sobre a atenção excessiva que o pai dispensa à imprensa: ele ainda não encontrou um porta-voz que o satisfizesse. Serra também não tem chefe de gabinete, uma figura clássica dos porões da política. "Por isso, ele acaba fazendo o *fronting*", ela disse. "E se expõe demais, fica parecendo que ele quer se meter." Ela citou o exemplo da inundação das marginais dos rios Pinheiros e Tietê, em setembro, por causa das obras de duplicação. Os jornais procuraram um ex-secretário de Marta Suplicy para comentar o caso. "Isso é justo? Ele não tem o direito de reclamar disso?", perguntou.

Rumo à casa de Matarazzo, no carro (onde havia um frasco de álcool em gel tamanho família, colocado no meio do assento dos passageiros), Serra disse que o carisma político é um mito. "O carisma ganha eleição?", indagou, retoricamente. "Então, o Lula não tinha carisma quando perdia? A imagem do Lula, há vinte anos, não era a de hoje. Era a de briguento, e agora é *o cara*, segundo o Obama."

No dia seguinte, no início da tarde, Serra participou da assinatura de um convênio na área de combustíveis. Apesar de ter dormido apenas quatro horas, parecia bem-humorado. Aécio Neves havia sido entrevistado pela *Folha de S.Paulo*. "Não li", ele me disse. Lembrei-me de uma antiga entrevista, na qual Serra dizia admirar a maneira como Franco Montoro lidava com a imprensa. Montoro era "imbatível" porque, quando perguntavam sobre uma notícia ruim, ele sempre dizia não ter lido. Mas Serra reclamou de a *Folha*, "curiosamente", não ter publicado uma frase sua dizendo que ele era o "plano B do Aécio e o Aécio era o plano B dele". Nas últimas semanas, a chapa tucana puro-sangue na eleição era dada como certa por vários colunistas. Serra não estava tão certo. "Uma coisa é o Aécio ser candidato à Presidência, outra é ele querer ser vice, e ele pode querer ser senador", disse.

Ele examinava uma pesquisa com eleitores do interior de São Paulo. "Olha aqui", disse, apontando a página da cidade de Jundiaí. Diante da questão "em qual desses candidatos você não votaria de jeito nenhum?", Dilma Rousseff chegava a 23%, seguida por Ciro Gomes com 18% e ele, Serra, com 10%.

Serra retomou o assunto que o havia deixado desconfortável na véspera: "Andei pensando sobre aquilo de eu ser mais gestor do que teórico e não concordo. Acho que formulação e execução são inseparáveis". Novamente se desculpou pela autorreferência, citou várias ações imaginadas e desenvolvidas por ele na prefeitura, no governo, em ministérios e na Constituinte.

A copeira e o mordomo entraram com bandejas de prata, que iam passando para que cada um se servisse. Serra colocou no prato um pouco de carne, legumes e um bolinho de batata com cogumelos. A porção era tão exígua que o fundo da louça ficou quase todo à mostra.

Perguntado como se definia politicamente, se era de direita ou esquerda, disse que o conceito ficou obsoleto: "O governo Lula é de esquerda? Acho que não dá para falar isso. Virou uma conveniência eleitoral. Mas, com o significado do passado, eu certamente estaria mais à esquerda do que o PT. Política de desenvolvimento virou coisa de esquerda. Falar de política econômica se tornou quase subversivo". Falava devagar e pausadamente. Um pouco de molho manchou sua gravata vermelha. Ele apertou um botão que alerta os empregados na cozinha. "Oi, você pode me quebrar um galho? Caiu um molho aqui e se não tirar agora eu perco essa gravata. Obrigado", disse à copeira com a expressão compenetrada de quem assinava o Tratado de Tordesilhas.

Tudo com Serra é sério. É raro ele rir quando um interlocutor conta uma história. Na rua, quando é cumprimentado por desconhecidos, tem sempre o mesmo gesto: tranca os lábios como um bebê que não quer comer mais, e faz um movimento lento de cabeça, como se quisesse encostar o queixo no peito. É um cumprimento daqueles que se veem em filmes sobre a corte de Luís XV, sem a dobra do joelho. Aí, parece lembrar que algum marqueteiro o orientou a sorrir para os populares — e sorri timidamente.

Antes de voltar à discussão econômica, ele lembrou: "A coisa mais absurda que você me disse foi que eu implicava com uma menina de perna fina chamada Helga. A única Helga que eu conheci na vida foi a Helga Hoffmann, do movimento estudantil, que não tinha perna fina e nunca morou no Chile. E falar que eu implicava com um sujeito porque era feio... Nunca teve isso. Isso não é real. Você não pode escrever isso".

Tentei argumentar e ele quis encerrar o assunto: "Se aconteceu comigo, e eu estou falando que não existiu, logo não é real. Se não é real, não deve ser publicado". Lembrei outro caso que ele também negara ter ocorrido, e depois reconheceu que, de fato, havia acontecido, mas esquecera. "É, isso eu não lembrava", falou. Se ele podia ter esquecido uma coisa, podia também ter se esquecido da Helga e do feio.

Ele comentou a recente pregação de Fernando Henrique Cardoso a favor da descriminalização das drogas. Acredita que o ex-presidente só pode exprimir essa opinião porque está afastado da vida pública há quase dez anos. "Um governante não pode e não deve exprimir uma opinião de médio e longo prazo que tenha um efeito imediato", disse. "Tudo o que ele falar vai ser visto por outra ótica, a das ações dele no governo. É por isso que um governante dificilmente pode ir a um debate. Tudo o que ele falar como pensador vai ser transposto para o cenário político. Não se pode esperar que a mídia faça essa distinção."

Serra havia terminado. Apesar da microporção, ainda sobrava comida no prato. Entre um doce com goiabada e musse de maracujá, optou pelo segundo. Depois, partiu um pêssego que parecia apetitoso, mas quando foi cortado estava todo marrom por dentro. "Antigamente não tinha fruta bonita por fora e podre por dentro: isso é a revolução verde", disse.

Perguntei quais seriam os temas da campanha, e ele respondeu: a folha de serviços prestados de cada candidato, o peso do ataque dos adversários e, em terceiro lugar, aspectos subjetivos, como a imagem pessoal. Em 2002, durante a campanha, perguntaram a Lula o que ele queria para o Brasil. "Quero que todo brasileiro tenha dinheiro para tomar uma cervejinha depois do trabalho", ele respondeu. Enquanto tentava espetar uma rodela de beterraba, Serra deu sua resposta à mesma questão: "Quero que os jovens tenham emprego e perspectiva de futuro".

E o que fará se perder a eleição? "Não vou discutir isso", disse, balançando a cabeça. "Isso é sofrer por antecipação. Não sou masoquista. Não sei nem se vou ser candidato e já vou ficar pensando no que fazer se não ganhar?" Serra pretende decidir se concorrerá ao Planalto entre janeiro e março de 2010. Seu critério será bem simples: se tiver apoio político e boa colocação nas pesquisas, será candidato.

Houve no final do almoço uma conversa sobre amizade e amor. Ele se lembrou de Jorge Luis Borges, que dizia que a amizade era mais gratificante porque dispensava a convivência, enquanto o amor era escravo e possessivo. Por quase dez minutos, Serra falou sobre Borges, um dos escritores que mais admira. Citou frases, ilustrou situações que seriam perfeitamente definidas por um verso ou um pensamento do argentino. Perguntou se alguém à mesa conhecia o poema "Fragmentos de um evangelho apócrifo" e disse que, se alguém quisesse saber *tudo* a respeito dele, bastava ler o texto. Depois, ele consertou: "Eu assino embaixo de *quase* tudo".

Quando se levantou, constatou que o molho tinha espirrado também na camisa. Serra ficou parado, com os dois braços esticados, como se estivesse sendo revistado no portão de embarque do aeroporto, e perguntou: "E a gravata? Será que limparam? Eu gosto daquela gravata".

Na manhã seguinte, ele me telefonou e falou de novo dos "Fragmentos de um evangelho apócrifo": "Sou contra a parte que fala de matar, essas coisas. Mas o resto tem tudo a ver comigo". No fim da tarde, chegou um e-mail dele com o seguinte: "Se você suprimir os versículos 10 e 17, o evangelho do JLB é quase perfeito. Alguns deles eu devo ter dado a ideia ao Borges em outra encarnação".

O versículo 10 é assim:

"Bem-aventurados os que têm fome de justiça, porque sabem que a nossa sorte, adversa ou piedosa, é obra do acaso, que é inescrutável."

E o 17:

"Aquele que matar pela causa da justiça, ou pela causa que ele crê justa, não tem culpa."

Outubro de 2009

Pão e glória: Márcio Thomaz Bastos

Luiz Maklouf Carvalho

Da grande janela de sua sala de trabalho, no 14º andar de um prédio na avenida Faria Lima, o advogado Márcio Thomaz Bastos contemplava, lá embaixo, duas grandes mulheres nuas, de costas uma para a outra. Eram estátuas de bronze do escultor Galileo Emendabili. "Olha o monumento das musas", apontou o primeiro ministro da Justiça de Luiz Inácio Lula da Silva. Quem o conhece bem, e sabe de seu entusiasmo pelas formas artísticas, diria que o endereço foi escolhido pelo único motivo de tê-las sempre à vista. Embevecido, disse: "Olhar como proprietário é muito diferente de olhar como inquilino". Era uma tarde paulistana de setembro. Naquela manhã, o advogado e seus dois sócios no escritório trocaram os 25 mil reais de aluguel pelos 2,8 milhões que os tornaram donos do 14º andar inteiro no prédio. Para o criminalista, que concentra seus investimentos em imóveis de alto padrão, foi mais um na coleção. "Fiz um bom negócio", disse, roçando a mão direita na esquerda. "Sede própria!", exclamou, com uma risada curta. Ao se afastar da janela, deu mais uma olhadela no monumento das musas.

Márcio Thomaz Bastos tem 74 anos, 72 quilos e 1,75 metro de altura. A primeira impressão que passa é de calma. Parece ter todo o tempo do mundo para dedicar ao interlocutor e é tranquilo no andar, no falar, no gesticular. Mas, com alguma frequência, seu semblante fica opaco, e então é difícil saber em que ele está realmente pensando. Elegância é outra palavra que serve para defini-lo. Ela começa nos sapatos — manda engraxar todos os dias, no escritório, o par que está usando, enquanto fica de meias — e prossegue nos ternos Armani ou de alfaiates portugueses. Usa-os sempre abotoados, nunca os tira em público e muito menos em restaurantes. "Acho deselegante, e se insistirem digo que estou com a camisa rasgada", explicou, cortando um robalo grelhado no Magari, um restaurante caro da rua Amauri. O toque final está nas gravatas — elas são duzentas, pouco mais que os imóveis que possui. É raro que repita alguma, mas não gosta de se desfazer delas.

Thomaz Bastos almoça nas redondezas do escritório, em restaurantes aonde vai a pé, frequentemente em companhia dos sócios: o sobrinho José Diogo Bastos Neto e Marcos Chiaparini. O maître do Magari o recepciona com ministro para lá, ministro para cá, avental sobre o terno, e a cortesia de uma saladinha de 34 reais (sem tomate, que ele odeia, assim como feijão, cebola e alho).

"Venha ver o closet dele", convidou, numa tarde de sábado, Maria Leonor de Castro Bastos, com quem Thomaz Bastos está casado há 43 anos. Eles são pais de Marcela, que tem um menino e uma menina pequenos. "Ele é um entojo com a filha e com os netos, estraga os três", disse Maria Leonor, bem-humorada, no terraço ajardinado do apartamento de trezentos metros quadrados no qual moram com os empregados fixos e o cachorro Marcelinho, ultimamente adoentado. O prédio se chama Palazzo Reale e faz jus ao nome. "Este até que não dá muito trabalho", comentou ela ao mostrar as quatro salas da parte social. O apartamento anterior, um triplex de seiscentos metros quadrados, era bem mais trabalhoso de administrar.

O ex-ministro chegou, no começo da entrevista, de tênis branco e *jogging* azul-marinho. Disse que vinha do escritório — o das musas, ali perto —, onde trabalhara algumas horas. Beijou-a e se recolheu à sala de leitura. Maria Leonor percebeu quando ele fechou a porta. "Não quer nos atrapalhar", disse. Perguntei se ele era comportado. "É", ela respondeu. "Ou então faz muito benfeito."

Meia hora depois, a caminho da área íntima, avisou-o: "Vou mostrar o seu closet". Thomaz Bastos lia numa *chaise-longue*. "Eu quero ver é você mostrar o seu", disse a ela. No dele, com impecável arrumação, destacavam-se 25 pares de sapatos, a coleção de gravatas e os trinta ternos que o fazem implicar com as empregadas, quando acha que estão passados demais ou de menos. "Mostra o seu!", provocou ele novamente, da sala de leitura. Maria Leonor mostrou: o closet, de fato, é bem maior do que o dele. Os armários, com incontáveis divisórias, vão do chão ao teto e têm escadas corrediças para alcançar os que ficam em cima. "Parece uma butique, não é?", perguntou ela, entrando no quarto do casal. Na cabeceira da cama há um painel grande e colorido do pintor Martins de Porangaba. É peça dileta da coleção de quadros do advogado — esta, menor que a dos imóveis —, quase todos de artistas nacionais. No escritório e no apartamento, há trabalhos de Portinari, Di Cavalcanti, Rebolo, Bonadei, Tomie Ohtake e uma pitoresca coleção de 37 miniaturas de advogados em diversos materiais e situações.

A cidade de Cruzeiro, no vale do Paraíba, à beira da serra da Mantiqueira, tem 80 mil habitantes. Fica em São Paulo, perto da fronteira com Minas Gerais e o Rio. Continua de pé, numa das ruas centrais, o casarão em que Márcio Thomaz Bastos nasceu e cresceu. Ele é filho do médico José Diogo Bastos e de Salma, uma descendente de libaneses de quem herdou o nariz proeminente. Dos seus quatro irmãos, dois são falecidos. As irmãs — Maria Isabel e Maria Amélia — moram em São Paulo, em apartamentos diferentes de um mesmo edifício.

Mais do que médico, Diogo Bastos foi um chefe político conservador. Começou como prefeito indicado, na década de 1930, e, com a medicina ajudando o voto, tornou-se líder local do Partido Social Progressista, o PSP de Ademar de Barros, governador paulista que entrou para a crônica política associado ao lema "Rouba mas faz". Com a queda da ditadura getulista, Diogo Bastos elegeu-se deputado estadual. Passou a movimentar-se na ponte rodoviária Cruzeiro-São Paulo, onde montou apartamento. Reelegeu-se em 1954, foi secretário no governo de Ademar, depois presidente da Caixa Econômica Estadual e, no fim da carreira, ministro do Tribunal de Contas do Estado.

As irmãs contaram que Thomaz Bastos, a quem apelidaram de "Grilo Seco", tinha um jeito especial para cativar pessoas difíceis. Era o caso da empregada que serviu a família por mais de cinquenta anos. "Ela era primitiva, um terror, mas tinha paixão por ele e fazia o que ele quisesse", disse Maria Amélia. Thomaz Bastos estudou em escolas públicas e foi aprovado no vestibular para a Faculdade de Direito do largo São Francisco. Gosta de contar que foi estimulado por um júri de crime passional a que assistiu em Cruzeiro, aos onze anos, escondido, até que o juiz o mandasse sair. Não se lembra de algum momento mais destacado nos quatro anos de faculdade: "Eu ficava mais na biblioteca". Saiu bacharel, na turma de 1958, e foi aprender a advogar em Cruzeiro, primeiro como assistente de um rábula, e depois no escritório que montou na casa do pai.

A Câmara Municipal de Cruzeiro, um velho palacete amarelo e branco, ostenta numa parede dezenas de placas em que estão gravados, por ordem de legislatura, os nomes dos vereadores que lhe fizeram a história. O de Márcio Thomaz Bastos está nas placas da 16ª legislatura, de janeiro de 1964 a fevereiro de 1969. O filho do doutor Diogo foi candidato pelo PSP nas eleições de 13 de outubro de 1963. "O Márcio era bom de palanque e não tinha medo de cara feia", relembrou, em Cruzeiro, seu amigo Carlos Antico, delegado de polícia aposentado, também ele eleito naquela campanha. Advogado batalhador, namorador emérito, pé de valsa, boêmio e bom de conversa — Antico o chama carinhosamente de "Bico Doce" —, Thomaz Bastos era tão popular que chegou em primeiro lugar (com 670 votos) na eleição. Maria Amélia lembrou com alegria a votação do irmão: "Foi uma festa. A fila na porta de casa dobrava o quarteirão. Os eleitores queriam receber o prometido, como remédios e alimentação".

Antes mesmo de tomar posse, o vereador mais votado brigou com o jornal da cidade, o *Correio Popular*. Como Thomaz Bastos defendia um sindicato operário contra os laticínios Vigor, colunistas do jornal o criticaram por "buscar votos sofregamente", e ele mandou uma carta à redação. Publicada na primeira página, a carta dizia que para ele era uma honra ser advogado dos operários "não apenas na afirmação lírica dos comícios, mas no dia a dia concreto de um exercício profissional constante". Além de cancelar a assinatura do jornal, Thomaz Bastos atacou um político com quem viria a ter boas relações: "Buscar sofregamente votos é fazer, por exemplo, como o deputado Ulysses Guimarães, que nomeia para altos postos federais os seus cabos eleitorais, cobrando em cobertura da imprensa e votos tais nomeações".

Na resposta, também estampada na primeira página, o *Correio* o chamou de "moço irresponsável e leviano" e apontou-lhe contradições: "Aqui em Cruzeiro é o amigo dos operários. A favor de todas as greves. Contra qualquer despedida. No âmbito estadual justifica a repressão às greves e as despedidas em massa. Quer fazer o impossível: servir a dois senhores. Sem sinceridade, já se vê".

Márcio Thomaz Bastos foi um dos oradores na solenidade de posse dos novos vereadores, em 1º de janeiro de 1964. Em 19 de março, o governador Ademar de Barros comandou, em São Paulo, uma enorme manifestação contra João Goulart, a Marcha da Família com Deus pela Liberdade. Os Bastos, pai e filho, foram à capital participar da passeata. Doze dias depois veio o golpe que derrubou o presidente e instalou a ditadura militar.

As atas da 16ª legislatura de Cruzeiro estão preservadas em quatro grossos volumes na Câmara Municipal. A de 1º de abril de 1964 registra que a sessão começou às 22h15 e teve caráter "permanente, devido à situação do país". Um requerimento de Márcio Thomaz Bastos, em nome da bancada do PSP, da qual era líder, propôs um ofício ao governador Ademar de Barros, "exprimindo seu apoio à atuação dessas dignas autoridades". Oito vereadores manifestaram-se contrariamente, entre eles Zélio de Paula Aguiar, do PTB. A ata informa que Thomaz Bastos foi à tribuna e defendeu o apoio ao golpe.

"Foi uma sessão tensa, com muito bate-boca, que entrou pela madrugada", recordou o advogado Zélio Aguiar no escritório de sua casa, em São José dos Campos. "O Márcio falava bem, era enfático, mas nós conseguimos ganhar." Aguiar é filho da lavadeira que servia a família Bastos, e brincava com o garoto Márcio quando a mãe ia entregar ou buscar a roupa. "Tenho muito orgulho de tê-lo conhecido", disse. Na vereança, viu de perto o sangue-frio do futuro ministro: "Teve um dia em que o vereador Aurélio Novaes, grandalhão, partiu para cima dele. Pois sentado ele estava, e sentado ficou. Logo depois, na tribuna, desancou o Novaes. Não se acovardou".

Em 15 de maio de 1964, Márcio Bastos pediu que a Câmara nomeasse uma comissão de três vereadores para representá-los numa outra Marcha da Família com Deus pela Liberdade, agora de comemoração. Dessa vez, o requerimento foi aprovado. Na sessão de 1º de abril de 1965, aniversário do golpe, Bastos assinou um requerimento pedindo a inclusão nos anais da Casa de um manifesto do PSP. Um trecho dizia assim: "Os homens do Partido Social Progressista acreditam na brava ação construtiva do eminente presidente Castelo Branco, que o Congresso Nacional, como emanação da vontade do povo que representa, indicou naquele momento conturbado da vida brasileira para a todos nos conduzir à meta segura, além do caos em que maus patrícios pretenderam nos atirar".

O Ato Institucional nº 2 extinguiu todos os partidos em outubro de 1965. As restrições impostas levaram ao bipartidarismo, com a criação da Arena, de apoio ao regime militar, e do MDB, a oposição oficial. "O Márcio ficou na Arena, com o pai", disse Carlos Antico. "Eu fiquei com o MDB e ele com a Arena", informou Auxibio Novaes, também vereador na época. A única mulher entre eles era Aurora Motta. Ela tem 78 anos e lançou recentemente um livro de memórias no qual aparece ao lado de Thomaz Bastos, numa foto quando ele era ministro. "História é história: eu era do MDB e ele era da Arena", disse ela, na cozinha de sua casa, servindo café e pão de queijo. Thomaz Bastos tem outra lembrança. "Não me filiei a nenhum dos dois partidos", disse.

As atas da Câmara mostram que ele foi um vereador assíduo nos primeiros dois anos e meio do mandato, até meados de 1966. Casara-se em janeiro daquele ano com Maria Leonor, sua vizinha, e em agosto pediu licença de seis meses para servir na Secretaria do Interior do governador Laudo Natel — o substituto de Ademar, que a ditadura havia cassado. O secretário era o seu pai, Diogo Bastos. Sua última assinatura de presença na Câmara foi em 1º de janeiro de 1968. O pai o pôs como consultor da Companhia de Melhoramentos de Paraibuna e, depois, da Companhia Energética de São Paulo, a CESP. Mudou-se para São Paulo e, com dois colegas mais velhos, abriu um escritório de advocacia criminal.

Passou a fazer júris. Como às vezes enfrentava até três por semana, foram dezenas na década de 1970. Num, em Lorena, absolveu um réu que matou a esposa a tiros dentro de um ônibus. Bastos leu para os jurados a carta que a mulher havia mandado ao amante, encontrada pelo marido na manhã do crime. Arguiu legítima defesa da honra e ganhou por sete a zero. Defendeu vários maridos como o de Lorena, postulou por policial acusado de pertencer ao Esquadrão da Morte, por réu que confessara homicídio sob tortura policial, por mulher que matou o marido. Em setembro de 1976, no caso em que defendeu o policial Massaro Honda, acusado de pertencer ao Esquadrão da Morte e de torturar e matar três acusados de roubo, fez um apelo dramático aos jurados. Apontando a cruz, na parede, disse: "Em nome de Deus, não condenem um inocente. O processo tem mil e oitenta folhas e mil e oitenta falhas". Honda foi absolvido por unanimidade.

O desembargador aposentado Marino Júnior, de 84 anos, conheceu Thomaz Bastos em júris, quando era promotor. "A mim ele nunca venceu", disse com um sorriso maroto, na sala de seu apartamento em Higienópolis. "Era um bom advogado, mas empolado e metido a besta." Bateram-se em três casos — e Thomaz Bastos perdeu todos. O que ganhou mais destaque nos jornais foi o júri de um ex-soldado da Aeronáutica que matara, pelas costas, um menino de quinze anos. Thomaz Bastos alegou embriaguez do réu, o que configuraria homicídio sem intenção de matar. Não adiantou: o soldado foi condenado a 21 anos de prisão.

Marino foi o único promotor a abalar a frieza profissional de Thomaz Bastos. Fez tantos apartes verbais numa sessão que o juiz, acatando os protestos do advogado, pediu que o promotor o deixasse falar. Marino disse então que levantaria o braço toda vez que o advogado falasse uma mentira. E assim fez, em silêncio, a cada minuto. "Ele realmente me tirou do sério", admitiu o criminalista, com um esgar, ao ser lembrado do caso.

Em junho de 1972, o colunista social Tavares de Miranda, da *Folha de S.Paulo*, noticiou que a Ordem dos Advogados do Brasil, a OAB, designara Márcio Thomaz Bastos, "que vem despontando de forma brilhante no fórum criminal de São Paulo", como examinador de novos candidatos. Como conselheiro da Ordem, juntou-se a três outros criminalistas que viajavam pelo interior, fazendo palestras a serviço da entidade. Dois deles foram ministros da Justiça no governo de Fernando Henrique Cardoso: José Carlos Dias e Miguel Reale Jr. O outro, Arnaldo Malheiros Filho, poderia ter sido juiz do Supremo Tribunal Federal quando Bastos foi ministro, mas preferiu ficar com a banca. Depois das palestras, o quarteto divertia-se à larga em cabarés de província.

"Cigarro, sim; celular, não", avisa uma plaqueta na mesa de vidro de seis lugares em uma das salas do escritório de José Carlos Dias. Nos anos do quarteto, seu apelido era "Menino Jesus". "O Márcio já tinha liderança e era um grande advogado de júri", disse Dias, de setenta anos. "A brincadeira, entre nós, era dizer que ele era Arena, no interior, e MDB na capital. Ele tem uma habilidade tremenda." Pedi que explicasse melhor. Dias olhou para as gravuras francesas com a história de dom Quixote, penduradas na parede do escritório, e respondeu: "O Márcio é bagre de barriga ensaboada. Tanto que conseguiu chegar lá, e foi um ministro de grande coerência. Nunca o vi como um petista, mas como um advogado do PT, um petista atucanado".

José Carlos Dias era advogado de presos políticos e atuava na Justiça Militar. Thomaz Bastos nunca advogou nessa área. No restaurante Magari, ele falou que teve apenas um caso na Justiça Militar. Mas não quis dizer qual. "Eu não entrei porque havia um monopólio", justificou-se. "O que havia era carência", disse Dias.

Na década de 1970, os jovens bacharéis eram fãs de um advogado mais velho e experiente, Kleber de Menezes Dória. Ele havia cumprido pena pelo assassinato de um policial, mas, carismático, era figura catalisadora do grupo que se reunia na chamada "Praça da Alegria" — na verdade um banco de madeira que ficava na antessala do tribunal do júri do Fórum João Mendes. "Era uma grande figura", disse Thomaz Bastos. Ele batiza as salas do seu escritório com o nome de criminalistas falecidos que foram seus amigos. Uma delas é a Kleber de Menezes Dória. Thomaz Bastos também é nome de sala, mas no escritório da advogada e ex-deputada tucana, hoje nos Democratas, Zulaiê Cobra Ribeiro, sua amiga desde os anos 1970. "Eu era a motorista e assistente dele quando tínhamos casos no interior", contou. "Cansamos de viajar juntos e eu o ajudei em muitos júris. O Márcio é uma potência, um craque, e por isso merece ser nome de sala."

O criminalista Mauro Nacif tem dez anos a menos que Thomaz Bastos. Foram parceiros de advocacia e de farra, e dividiram um pequeno e movimentado apartamento no centro de São Paulo. O único mobiliário era um tatame. "Estudávamos muito, cada um no seu dia", lembrou-se Nacif, em seu apartamento nos Jardins. "Naquela época, o Márcio não tinha dinheiro sobrando. Trabalhava muito e vivia bem, mas sem folga. Uma vez me pediu uma boa quantia emprestada, mas pagou tudo direitinho."

Num certo dia de fevereiro de 1983, o general Manoel Augusto Teixeira, comandante da 11ª Brigada de Infantaria Blindada, em Campinas, retirou-se, ofendido, de uma sessão solene da OAB local. Instalando os novos conselheiros da seção campineira, Márcio Thomaz Bastos, presidente da Ordem em São Paulo, fizera um discurso criticando "a ilegitimidade dos que ocupam o poder desde o golpe de 1964". Foi um ponto de inflexão na sua participação política — uma autocrítica implícita e discretíssima do seu apoio ao golpe de 1964. A mudança começou em 1974, com a participação na OAB. Deu um passo à frente quatro anos depois, quando se elegeu secretário-geral da entidade. "Na Ordem, começamos a nos aproximar dos movimentos sociais", contou. "Lembro-me de uma frase que eu criei, e depois se espalhou: 'A greve é um direito, não é um delito.'"

Em uma das quatro entrevistas no seu escritório, perguntei o que o fizera se aproximar, vagarosamente, da centro-esquerda. Ele me disse que o processo começou antes, pois tivera um "deslumbramento adolescente" com Marx — "*Contribuição à crítica da economia política* me encantou" — e porque leu o Freud de *O mal-estar na civilização*. "Fiz cinco anos de terapia freudiana", revelou. Mauro Nacif contou: "O Márcio me disse uma vez, feliz da vida, que seria a primeira pessoa a fazer análise por estar muito bem, e não o contrário".

A Ordem solidarizou-se com as greves do ABC no começo dos anos 80. Foi quando Thomaz Bastos conheceu Luiz Inácio Lula da Silva. "Estive a primeira vez com o Lula em 1979, numa palestra de sindicato", disse. "Me colocaram para falar depois dele. Era uma gelada falar depois do Lula. Até pedi desculpas por isso. E ele riu, brincou, e daí para a frente a gente foi se aproximando. Fomos nos encontrando muitas vezes em eventos contra a ditadura, e ficamos mais próximos politicamente, mas ainda não afetivamente." Nas eleições de 1982, com Lula candidato ao governo de São Paulo, ele votou no peemedebista Franco Montoro.

Uma palmeira artificial alegra a sala de pé-direito alto do apartamento do promotor aposentado Antônio Visconti. Em agosto de 1984, ele fez o júri mais famoso de sua carreira, o do cantor Lindomar Castilho, acusado de assassinar a tiros a ex-mulher, Eliane de Gramont, e de tentar matar o namorado dela. Seu assistente na acusação foi Thomaz Bastos. "A grande figura daquele julgamento foi ele, sem favor", disse o promotor, entre esfihas e quibes, na mesa de jantar. Os repórteres registraram que Bastos foi aplaudido de pé ao concluir sua tréplica. Não era pouca coisa quando o advogado de defesa se chamava Waldir Troncoso Peres, tido como o melhor entre todos (e nome de outra sala do escritório da Faria Lima). Dessa vez, a tese da legítima defesa da honra — tantas vezes usada por Bastos — foi arguida por Peres. E perdeu: o cantor foi condenado a doze anos de reclusão. Como se dizia então, o criminalista galgou mais alguns degraus na escada da fama.

Dinheiro, do grosso, iria entrar a partir do ano seguinte. "De mim ele levou uns duzentos e cinquenta mil dólares, o que naquele tempo era muita coisa", contou o empresário Mário Garnero em seu cinematográfico escritório, numa torre envidraçada de um edifício da Faria Lima. Naquele 1985, começo do governo Sarney, o dono do Grupo Brasilinvest, acusado de ter provocado um rombo nos cofres públicos, foi indiciado pela Polícia Federal e estava ameaçado de prisão. "Ele foi muito corajoso", afirmou o empresário. Garnero contou também que, dado o sucesso de sua intervenção, o advogado quis reajustar os honorários. "Mas aí eu já estava mais esperto", disse, sorrindo. O "caso Brasilinvest" inaugurou, na advocacia criminal paulista, o ramo dos grandes crimes financeiros que faria, e faz, a fortuna de uma dúzia de grandes escritórios.

"Havia muita pressão para a prisão preventiva do Mário Garnero, à qual me opus com muita convicção porque não havia nenhum cabimento legal", disse Thomaz Bastos. "Eu já tinha uma reputação de homem de esquerda e era candidato a vice-presidente da OAB nacional. Fui muito patrulhado. 'Por quanto o senhor se vendeu?', me perguntaram, em um programa de televisão. Respondi que estava cumprindo o meu dever, o sagrado direito de defesa. Aquela causa me jogava muita adrenalina no sangue, era o sonho de qualquer advogado." Perguntei se recebera 250 mil dólares com a causa. "Fui bem remunerado", respondeu.

Ele contou que a primeira causa que o enriqueceu ocorreu em 1982, quando defendeu a viúva e o filho do usineiro Ivo Morganti, acusados de assassiná-lo. "Se fossem condenados, perderiam uma herança calculada em cento e quarenta milhões de dólares", disse. "Pedi vinte por cento disso se ganhasse a causa. Foi trabalhoso, demorado, mas ganhamos." Boa parte dos 20% que cobrou foi paga, para usar sua expressão, "com uma puta fazenda de mil e duzentos alqueires", em Ribeirão Bonito. Ele tem outra fazenda, em Piracicaba, e estão ambas arrendadas para o grupo canavieiro de Rubens Ometto. "Se fui às fazendas umas três vezes, é muito", disse, ao tomar a segunda xícara de café. "Eu sou do interior, mas não sou rural." Hoje ele toma três *espressos* por dia. Quando ministro, chegou a catorze xícaras diárias. Sem açúcar.

Nos três escritórios que teve antes de se mudar para perto das musas, Thomaz Bastos encerrava a semana de trabalho com drinques eventuais com os colegas. Às vezes jogava-se um baralhinho. Ele gosta de jogar, pela fissura do desafio. Frequentou cassinos pelo mundo afora. E uma vez, só uma, como estivesse perto de fronteira, foi a um cassino no Paraguai. Perdeu, na roleta e no 21, os 10 mil reais que levara. Tomou emprestado outro tanto com o gerente e recuperou parte do prejuízo. Os poucos amigos a quem contou a aventura comentaram que pedir emprestado a gerente de cassino paraguaio era algo que só Thomaz Bastos faria.

O terceiro endereço — um andar inteiro na avenida Liberdade, número 65, próximo ao fórum central — foi comprado do advogado Paulo José da Costa. "O Márcio já era um advogado de prestígio", disse Costa, no escritório que divide com o filho. Nas muitas fotos pelas paredes, Bastos aparece em festas de aniversário de Costa. Quando o ex-ministro voltou a advogar, no ano passado, Costa e o filho o convidaram para um almoço. Foi no Parigi, outro restaurante estrelado da rua Amauri. Costa lhe disse que ficaria feliz se seu escritório pudesse compartilhar algumas causas com ele. Em conversas desse gênero, é difícil que Thomaz Bastos diga diretamente um não. Disse que ia ver. Até o final de outubro não tinha dado resposta. "Talvez ele ache o Fernando muito novo e eu muito entrado nos anos", especulou Costa.

No novo endereço, Bastos consolidou sua banca. Criou hábitos como a graxa diária nos sapatos e a soneca depois do almoço. Manteve as reuniões sociais de vez em quando, e começou a investir em estagiários que considerava inteligentes, nem um pouco preguiçosos, serenos e sedentos por dinheiro e sucesso profissional. "Gosto de apostar em pessoas, de estimular vocações", disse. "Não tenho medo de sombra nem de emulação." Alberto Zacharias Toron foi um desses iniciantes. O aprendizado lhe deu asas para o voo próprio e ele montou sua banca. Tiveram uma encrenca há algum tempo. Toron era advogado do juiz Nicolau dos Santos Neto, o "Lalau". Sentiu-se ofendido quando o jornalista Boris Casoy disse, no *Jornal da Record*, que réus como Lalau "têm bons advogados, pagos, aliás, com dinheiro rapinado de todos nós, e acabam saindo ilesos". Toron entrou com uma queixa-crime contra Casoy e chamou Thomaz Bastos para tocar a causa. Os advogados do jornalista entraram com um *habeas corpus* pedindo o trancamento da ação. Toron dava como certo que Thomaz Bastos faria a sustentação oral. Mas, para alegria de Casoy, Bastos mandou Dora Cavalcanti, outra das estagiárias que formou, àquela altura uma respeitada criminalista. Toron perdeu, mudou de advogado no recurso de segunda instância e perdeu novamente. E não desculpou o amigo por não ter feito a sustentação.

Dora Cavalcanti tinha 22 anos, e estava no quarto ano da faculdade do largo São Francisco quando foi pela primeira vez à avenida Liberdade, 65. "O que eu sei aprendi com o Márcio", disse ela, "mas trabalhava como uma camela." Deu um exemplo: ao amamentar sua primeira filha, nem sempre podia ir para casa. "Eu tirava o leite no escritório, colocava numa mamadeirinha e pedia que o boy levasse para a bebê", contou. O que ela viu em Thomaz Bastos ao longo de quase dez anos como sócia minoritária (ganhava 2% do faturamento)? "O cara é bom em tudo. E sempre muito calmo. Pode estar caindo o mundo e chovendo canivete, ele não se mexe. Só fica triste quando acha que cobrou barato."

Luiz Fernando Pacheco é outro que começou como estagiário e virou sócio. Ficou dez anos com Thomaz Bastos e hoje tem um escritório de andar inteiro no mesmo edifício que dá para o monumento das musas. Das boas frases que ouviu do doutor Márcio, como o chama, se lembrou de uma: "Um caso tem que dar pão ou tem que dar glória. Se der os dois, melhor".

Na campanha de Luiza Erundina à prefeitura paulistana, em 1988, Thomaz Bastos abriu seu triplex para ajudar os cofres do PT. "Fiz um jantar para arrecadar fundos", disse. No ano seguinte, apoiou a candidatura de Lula à Presidência. "Fiz uma frase de efeito num comício que foi aplaudidíssima: 'Será que um operário pode ser presidente da República? Não só pode como deve.'" Ao apoiar o petista, desagradou a dois amigos: Ulysses Guimarães, do PMDB, e o tucano Mário Covas.

A ligação ficou mais forte depois de um escândalo que envolveu a prefeitura de Erundina e a empresa Lubeca, que teriam negociado uma suposta propina de 200 mil dólares. O acusado de negociá-la, para a campanha de Lula, era o vice-prefeito de Erundina, o advogado Luiz Eduardo Greenhalgh. No imbróglio apareceu uma fita, gravada por Eduardo Carnelós, na qual o advogado da Lubeca, José Firmo Ferraz Filho, dizia que Lula sabia da propina. No diálogo, Carnelós afirmava não acreditar nas acusações.

Em nome de Lula, dois dirigentes petistas, Hélio Bicudo e Plínio de Arruda Sampaio, pediram que Thomaz Bastos entrasse no caso. "Eu sei que o senhor é um advogado muito caro", disse-lhe Bicudo. O advogado respondeu que aceitava o caso e não cobraria nada. Brinquei com Thomaz Bastos dizendo que ele deve ter prescindido da remuneração com lágrimas nos olhos, e ele deu uma das suas raras gargalhadas.

Qualquer advogado optaria por um processo de calúnia e difamação contra Firmo — que afinal era o acusador, sem provas, do candidato a presidente. Mas não Thomaz Bastos. Ele sugeriu, e Lula aprovou, uma queixa-crime contra Carnelós. Era perder por antecipação, já que Carnelós não cometera nenhum crime. Mas assim se evitava a disputa com Firmo, potencialmente mais danosa. Foi com um sorriso plácido que Thomaz Bastos justificou a sua estratégia: "Tecnicamente, era o necessário. Mas avisei antes: 'Isso aqui está perdido, mas temos que fazer'". De fato, Carnelós foi absolvido em todas as instâncias, e não houve desavença com Firmo.

Ele passou a ser o advogado mais ilustre do PT e de Lula. Ficaram amigos durante a campanha de 1989, e mais de uma vez o candidato foi o convidado de honra em festas na cobertura triplex. Alguns de seus bons clientes compareciam. Se algum pudesse contribuir para a campanha, como aconteceu, ele fazia a intermediação. "Nunca me envolvi diretamente com isso", disse. "Mas, se queriam ajudar, eu encaminhava para a área de finanças." Foi naquela campanha, pouco antes do segundo turno contra Fernando Collor, que Bastos ouviu pela primeira vez uma sondagem para compor o ministério: "O Plínio de Arruda Sampaio e o Zé Dirceu me perguntaram: 'Você quer ser ministro da Justiça se o Lula ganhar?'. 'Quero', eu disse. Topei na hora".

"Eu defendo os meus clientes da culpa legal. Julgamentos morais eu deixo para a majestosa vingança de Deus." A frase, na tradução de Márcio Thomaz Bastos, é de Edward Bennett Williams. Está na biografia do advogado americano, *The man to see*, de Evan Thomas. Williams defendia de mafiosos a presidentes. "*I defend my clients against legal guilt. Moral judgments I leave to the majestic vengeance of God*", repetiu o criminalista, baixinho, se lembrando do original. Estufou o peito quando perguntei se ele é "o nosso" Williams. "Não sei se chego a tanto", respondeu. A frase explica a variadíssima gama de clientes que passaram pela banca da avenida Liberdade, 65, em dezoito anos de atividade. Um dos mais notórios foi o senador Antonio Carlos Magalhães — que reclamou publicamente dos altos honorários do advogado. Outro foi o bispo Edir Macedo, preso e acusado, em 1992, de charlatanismo e arrecadação criminosa de dízimo.

"Quando ele pegou o Edir Macedo, eu esperneei", disse sua filha Marcela. "Disse: 'Pai, não faça isso'. Ele falou, com a tranquilidade de sempre: 'E você acha que a Igreja Católica fez o quê durante todos esses anos?'. Eu entendi." Marcela trabalha em marketing e propaganda e faz doutorado em semiótica. "Ele pega uns casos meio cabeludos", comentou ela, lembrando-se de outro esperneio, quando o advogado defendeu o cacique Paulinho Paiakan, acusado de estupro. Do temperamento do pai, ela destaca a fleuma. Se houve exceção, foi no dia em que ele se irritou com um namorado ciumento demais. "Eu te criei numa democracia e você escolhe a ditadura", repreendeu-a.

Bastos defendeu acusados de tráfico, corrupção, sonegação fiscal, atentado violento ao pudor, assassinato, uso de drogas. Recebeu procuração de empreiteiras, bancos, multinacionais, políticos e empresários. "Você sempre cobre caro", ensinou ao sobrinho e sócio José Diogo Bastos Neto. "Se o cliente ficar assustado, podemos dividir. Se ficar impassível, podemos conversar." Ele também ouviu a resposta-padrão do tio a clientes que lhe falaram coisas como "Não sei como lhe agradecer". Nessas ocasiões, Thomaz Bastos responde, com um sorriso sedutor: "Depois que os fenícios inventaram a moeda, esse problema ficou simples de resolver". De graça, ou a preço apenas das despesas, trabalhou para Lula e o PT, além de casos de grande repercussão, como o julgamento dos assassinos de Chico Mendes, no Acre, no qual atuou como assistente da acusação, vitoriosa. No final de 1992, participou na articulação de juristas pela destituição de Fernando Collor da Presidência. "Olha o nariz dele ali", disse em sua casa, no Lago Sul de Brasília, o advogado Marcello Lavenère, presidente da OAB naquele período. O nariz estava numa grande foto, no escritório, mostrando uma passeata contra Collor. Bastos aparece na sexta fileira.

O imóvel predileto do advogado é a casa de praia em Iporanga, no Guarujá. Há vários anos, sempre em dezembro, convida dúzia e meia de bons amigos — só advogados e desembargadores — para um almoço interminável. Desenhada por Ruy Ohtake, a casa tem sauna na mata, adega e quatro quartos para hóspedes. Os encontros tiveram origem numa "confraria dos homens da lei" da qual fazem parte, entre outros, o presidente da Câmara dos Deputados Michel Temer, os ministros Cezar Peluso e Eros Grau, do Supremo, e os advogados Antônio Carlos Mendes (conhecido na roda como "ACM do Bem"), Luiz Carlos Aranha e Mário Sérgio Duarte Garcia.

"É impossível ter encrenca com o Márcio: ele é um conciliador, um político, uma pessoa de coração enorme", disse Fernando Menezes, outro integrante da confraria, mostrando fotos dos confrades na casa de Iporanga. Algumas ocorrências nos almoços de dezembro entraram para o folclore. Uma conta que Menezes, algumas caipirinhas depois, desceu do carro, que mal saíra da porta da casa, despedindo-se dos amigos e elogiando a rapidez da volta para São Paulo. Outra não foi tão engraçada: um carro bateu fortemente numa lombada, machucando a cabeça do ACM do Bem. "O Márcio é um homem que não tem medo de mostrar que está de bem com a vida", disse Antônio Carlos Mendes, elogiando a hospitalidade do anfitrião.

Thomaz Bastos contou que Cezar Peluso quase foi ministro do Supremo Tribunal Federal nos tempos da confraria, durante o segundo mandato de Fernando Henrique. "Montamos uma estratégia para tentar colocar o Peluso no Supremo, e resolvemos que primeiro ele deveria ir falar com o Serra, que era o ministro da Saúde. O Peluso foi. E o Serra disse: 'Mas se o Fernando Henrique souber que o Márcio está te apoiando, ele não vai nomear. Tirem o Márcio da lista de apoio.'" Fernando Henrique soube, e Peluso ficou na espera.

Quando Thomaz Bastos se engajou na campanha de Lula de 2002, o seu faturamento mensal estava em torno de 250 mil reais. Com mais os 200 mil que entravam da carteira imobiliária, e mais as aplicações na Bolsa de Valores (que faz pessoalmente), ele era um dos advogados mais bem-sucedidos de São Paulo. No dia em que Lula ganhou a eleição, Maria Leonor achou estranho que o marido estivesse em casa. "Você não vai comemorar com eles?", perguntou. "Não vou", disse. "Ele ficou tímido", relatou ela. "Não queria que parecesse que estava interessado em alguma coisa. Mas um dia o Lula encontrou com ele, e brincou: 'Olha lá, Marcito, você vai ficar fora do balaio.'" Thomaz Bastos não se lembra desse detalhe.

Semanas antes da posse, ele estava na casa da filha, visitando a neta recém-nascida, e o celular tocou. O presidente queria falar com ele. Marcaram um almoço no dia seguinte, no restaurante do hotel Blue Tree. Marisa, a mulher do presidente, participou do almoço, e Gilberto Carvalho ficava entrando e saindo. "No primeiro prato o Lula já falou: 'Você vai ser o meu ministro da Justiça. Mas ainda não quero que você comente com ninguém'. Eu falei: 'Está bom, presidente'", disse o advogado. "Expliquei que não queria interferência política nas indicações, e ele disse: 'Você tem toda a liberdade'."

Das poucas interferências que o ministro teve, uma foi um veto de José Dirceu ao antropólogo Luiz Eduardo Soares para ocupar a Secretaria Nacional de Segurança Pública. "Não nomeia que ele vai criar problemas", disse-lhe Dirceu. Bastos não aceitou o conselho. Não por morrer de amores por Soares — longe disso —, mas por reconhecer sua experiência no setor. Dirceu não se importou muito. Continuam amigos.

Antes de assumir o ministério, vendeu sua parte no escritório da avenida Liberdade, já então com dois andares, para os sócios Dora Cavalcanti, Sônia Ráo e Luiz Fernando Pacheco. Cobrou 5 milhões de reais, parcelados em curto prazo. "Ele não teve dó, não", contou Pacheco. Bastos levou dois dias assinando o que estimou em mil termos de desistência dos processos nos quais atuava. Para evitar eventuais conflitos de interesse, passou sua fortuna para a administração do Unibanco, sob o regime de fundo blindado, em que o banco é autônomo para tomar decisões.

"O Larry Rother estragou a minha festa na Suíça", disse o ex-ministro, ocupando um dos oito lugares da mesa, também desenhada por Ruy Ohtake, de sua sala de reuniões. A má notícia de que Lula queria expulsar do Brasil o correspondente do *New York Times* — que escrevera que o presidente bebia demais — chegou a ele, pelo telefone, na voz do ministro Luiz Gushiken. Lula ligou pouco depois, em Berna. "Ele estava puto", contou. "E eu disse que ia tentar negociar uma saída." Como o advogado do *New York Times*, Celso Mori, frequentara a confraria dos homens da lei, Thomaz Bastos ligou para ele. Surgiu a ideia de uma carta de retratação de Larry Rother. "Naquele fuso horário do cão, as minutas iam e vinham, por fax ou e-mail", disse o ex-ministro. "O Mori mandava, eu mexia, mandava de volta, e assim foi, naquela tensão. De volta ao Brasil, no aeroporto, eu tinha uma última versão da carta, aceitável. Mandei para o presidente. E liguei para ele de São Paulo, para saber a resposta. Ele disse que não ia aceitar a minuta. 'Eu não gostei da carta', falou." Disciplinado, o ministro aceitou a decisão do presidente. Mas a considerou errada.

Para desanuviar, Bastos convidou Cezar Peluso — agora finalmente ministro do STF — para almoçar no restaurante do hotel Ca'd'Oro, onde a confraria se reunia. O presidente ligou novamente. "Marcito, pensei bem e vou aceitar a carta", disse-lhe. Quem fez Lula mudar de ideia sobre a retratação de Rother foi o publicitário Duda Mendonça. Ele fez uma leitura dramática da carta, enfatizando a mais não poder as frases de retratação. (Em outubro de 2004, Mendonça foi preso numa rinha de galos. Seu primeiro telefonema foi para Thomaz Bastos.)

Fora o caso Rother, Thomaz Bastos é econômico, ou simplesmente emudece, nos comentários sobre crises do primeiro governo Lula. O mensalão e a queda do ministro José Dirceu? "Não tive papel de grande relevo", respondeu. Mas foi seu amigo Arnaldo Malheiros quem defendeu Delúbio Soares, acompanhando-o na CPI. Quebra do sigilo do caseiro Francenildo dos Santos Costa e saída do ministro Palocci? "Isso já foi muito explorado." Thomaz Bastos estava em Rondônia quando o sigilo do caseiro foi quebrado. Mas foi ele quem levou Arnaldo Malheiros a uma reunião na casa de Palocci quando voltou a Brasília. No episódio, o ministro foi criticado por um dos seus grandes amigos, o jurista Miguel Reale Jr. "Todos os fatos levam a crer que a alma do advogado prevaleceu sobre a alma do ministro Márcio Thomaz Bastos", disse Reale Jr. numa entrevista. Bastos nunca o perdoou. Por outro lado, até hoje há ruído na sua relação com Palocci. O que não impediu que Thomaz Bastos tivesse acesso à sua defesa no Supremo duas semanas antes do julgamento que o inocentou. Palocci foi ao escritório levar o cartapácio do advogado José Roberto Batochio, seu defensor, o único que não é do time de Bastos a atuar em defesa de ex-integrantes do governo. "Nem eu faria melhor", disse ele a Palocci.

Em maio de 2006, a revista *Veja* noticiou que o banqueiro Daniel Dantas tinha uma lista de contas bancárias em paraísos fiscais do presidente Lula e de outros integrantes da cúpula do governo, entre eles o ministro da Justiça. Todos desmentiram. Dias depois da publicação da reportagem, o ministro teve um jantar com Daniel Dantas na casa do senador Heráclito Fortes, aliado do banqueiro. Thomaz Bastos levou ao encontro os deputados petistas Sigmaringa Seixas e José Eduardo Cardozo. O ministro disse que foi Daniel Dantas quem organizou o jantar. Já o banqueiro falou que foi Thomaz Bastos quem tomou a iniciativa de marcar o encontro.

O grupo jantou na varanda da casa de Heráclito. No bate-papo inicial, Thomaz Bastos comentou os ataques, na véspera, do Primeiro Comando da Capital, o PCC. E disse que o governo não negociaria com os chefes do bando que estavam presos, para não correr o risco de ficar refém de criminosos. Daniel Dantas entendeu que a afirmação era uma referência indireta às supostas contas ilegais no exterior — ou seja, o governo não negociaria nada com o banqueiro — e imediatamente concordou com o raciocínio, até mesmo porque não tinha certeza da existência das tais contas. E entregou uma carta ao ministro negando ter sido ele quem entregou o dossiê à revista. Thomaz Bastos disse ao banqueiro que o governo acreditava que fora ele, sim, a fonte da revista. No mais, na lembrança de Bastos, "a comida estava cheia de alho e cebola, tinha todo o jeito de ter sido encomendada num restaurante, e o vinho era ruim".

Ele me disse que jamais pensou em negociar o quer que fosse com Daniel Dantas. Contraiu o semblante ao ouvir, na sala onde guarda sua coleção de miniaturas de advogados, que poderá entrar para a história como um ministro da Justiça que foi principalmente defensor do presidente. Mas, se esforçando por parecer indiferente, disse: "Daqui a cinquenta, cem anos, vou entrar para a história como o ministro que fez a reforma do Poder Judiciário e uma revolução na Polícia Federal". Cinquenta anos é o prazo que deu para a abertura do diário que escreveu quando era ministro. O relato, segundo ele, compromete alguns amigos.

O escritório do advogado Luiz Olavo Baptista ocupa dois andares de um prédio da avenida Paulista. Numa tarde fria, vestia calça de veludo e uma malha sobre a camisa xadrez verde e branca. Baptista, que tem 71 anos e 45 de carreira, defendeu presos políticos durante o regime militar. Em junho de 2005, policiais federais chegaram ao seu escritório às seis horas da manhã. Tinham um mandado judicial de busca e apreensão — e o cumpriram com grande estrépito. Baptista estava em Paris, de férias. "Quando me avisaram da invasão, tive a sensação de ter voltado aos tempos da ditadura", contou, emocionado. Observei que, tecnicamente, não fora uma invasão, mas o cumprimento de um mandado judicial. "Chamar puta de hetaira não vai mudar as coisas", respondeu Baptista, sério. "A responsabilidade pela invasão foi do ministro Thomaz Bastos."

Os advogados ficaram em pé de guerra, o que foi um problema para o seu sobrinho José Diogo Bastos, que era o presidente da associação da categoria. Durante uma reunião na OAB que exigia o fim das chamadas "invasões", foi apresentada uma moção para a retirada do retrato de Thomaz Bastos da galeria dos presidentes da entidade. O sobrinho ligou na hora para o ministro-tio e lhe relatou a situação. Ouviu de volta um "Puta que o pariu!" não muito frequente, e bateu-se em sua defesa num discurso candente. "O importante é que não tiraram o retrato", disse-me o ex-ministro.

Dias depois da assembleia, Thomaz Bastos assinou portarias que pretenderam coibir o exibicionismo da Polícia Federal. Houve colegas que o perdoaram, como Jorge Eduardo Prada Levy, cujo escritório também foi revistado. E houve quem não o perdoasse, caso de Luiz Olavo Baptista e Zulaiê Cobra Ribeiro. "Aquilo foi um absurdo, e a responsabilidade foi do Márcio", disse a advogada. "Eu sabia que reestruturar a Polícia Federal implicava riscos", disse Bastos na sala onde guarda, entre outras condecorações, um diploma de agradecimento do Sindicato dos Delegados da PF de São Paulo. "Sei que houve excessos e abusos, que procurei coibir. Mas entendo a mágoa do Luiz Olavo Baptista."

Cruzeiro se beneficiou com a passagem do filho ilustre pelo Ministério da Justiça. Ele instalou lá uma sede da Polícia Federal, que foi inaugurar pessoalmente em setembro de 2005, apesar de a região ter quatro municípios bem maiores — Taubaté, Pindamonhangaba, Jacareí e Guaratinguetá. A sede da PF fica em um prédio de dois andares, pintado de preto e azul, no qual trabalham três delegados, dois escrivães e vinte agentes. "Temos seiscentos inquéritos tramitando aqui", informou o delegado Dércio Carvalheda Jr. "A maioria é por sonegação fiscal." Acha que a cidade merecia ter a sede, quando outras maiores não têm? "Aí eu não sei, só se eu tivesse a visão macro que um ministro deve ter", respondeu o delegado.

O ministro também influiu para levar a Cruzeiro uma sede da Justiça Federal. Pediu a gentileza à desembargadora Diva Malerbi, sua amiga, quando ela era presidente do Tribunal Regional Federal da 3ª Região. Foi ela quem criou o Juizado Especial Federal Cível de Cruzeiro, em dezembro de 2006, também inaugurado por Thomaz Bastos. Um ano e um mês depois — quando ele não era mais ministro — a desembargadora Marli Ferreira, nova presidente do tribunal da 3ª Região, mandou fechá-lo. Transitavam ali na ocasião 3600 processos. Hoje, funciona uma distribuidora de pescados.

"O ministro Márcio realmente me pediu que pensasse a respeito", contou a desembargadora Diva Malerbi. "Eu pensei, mandei pesquisar, vi que ia beneficiar vinte e sete municípios, com um total de um milhão de habitantes, e preencheria os claros do atendimento da Justiça a esse povo tão precisado." A desembargadora emocionou-se, foi às lágrimas, e aos lenços de papel, quando lhe perguntei por que sua sucessora mandou fechá-lo. "Foi uma desumanidade, mas isso eu não posso lhe dizer", respondeu.

A desembargadora Marli Vieira não quis dar entrevista. Mas mandou a nota técnica que embasou sua decisão. Ela tem dois pontos: custo elevado de manutenção de uma estrutura jurisdicional não prevista por lei, e inexpressiva demanda judicial local devido à dificuldade de acesso dos jurisdicionados das cidades do entorno. Diz, ainda, que a manutenção do órgão acarretou "o dispêndio de recursos públicos diretamente contrários aos princípios constitucionais orçamentários da legalidade, legitimidade e economicidade". Em visita que fez à cidade depois de ter deixado o ministério, Bastos reclamou publicamente do fechamento do Juizado Federal.

Às dez da manhã de uma segunda-feira, o ministro Carlos Ayres Britto, do Supremo Tribunal Federal, estava em seu apartamento funcional. Vestia blazer sem gravata e não disfarçava a cara de sono. Fora dormir às cinco e meia da manhã, quando terminou de escrever um artigo jurídico. "Nós, os poetas, tocamos na palavra como quem toca na realidade", disse, no sofá da sala de visitas. Britto, sergipano, é poeta com cinco livros publicados. O último tem o título de *Varal de borboletras* — ele é um craque em trocadilhos. "O Brasil ainda não chegou à idade da ração", lê-se, por exemplo, no *Varal*, além de achados como "Que danosa persistência: a influência do tráfico e o tráfico de influência".

Foi Thomaz Bastos que fez Ayres Britto ministro do Supremo — um dos sete que avalizou, dos onze que hoje integram a Corte. Conheceram-se na OAB, quando Bastos era presidente. Indicou Britto, como conselheiro, para uma Comissão de Estudos Institucionais que abastecia a discussão constituinte. Reencontraram-se quando Bastos virou ministro. "Ele me chamou no gabinete para dizer que eu me preparasse psicologicamente para a possibilidade de ser indicado a ministro do Supremo", contou

Britto. As palavras do ministro da Justiça, na sua memória, foram: "Carlinhos, o Celso Antunes, o Fábio Comparato e outros intelectuais estão patrocinando sua candidatura a ministro do Supremo. O difícil é saber quem gosta mais de você: se o presidente da República ou o ministro da Justiça".

"A coisa tem futuro", achou Britto. Era abril de 2003. Em junho, o presidente Lula o indicou. "Eu e o Márcio somos democratas sociais, irmãos de ideias e de ação", disse o autor de *DNAlma*, o provável título de seu próximo livro. Ambos os ministros — um do Executivo, outro do Judiciário — amiudaram a relação na convivência brasiliense. "Nós passamos a tomar os nossos vinhos em alguns jantares", disse Ayres Britto. "Ele cuida do físico, e eu também. Não como carne, nem peixe, nem frango. Teve olho, eu não como. O Márcio sempre me perguntava: 'Carlinhos, e essa sua calma, esse seu modo zen de ser?'. Eu respondia: 'Márcio, eu faço meditação oriental há dezessete anos'." E foi assim que o ministro da Justiça aprendeu meditação.

"Expliquei a posição budista de lótus, a ficar ereto, numa postura de atenção, olhos fechados como quem está acordado, e de relaxamento como quem está dormindo, atento, mas não tenso. Aos poucos você vai percebendo que o seu papel é observar o que vai passando na passarela da sua mente", explicou Ayres Britto. Thomaz Bastos não chegou a todo esse entusiasmo. Experimentou por uns tempos, se animou mais quando Britto acrescentou que os exercícios eram vasodilatadores, mas, pragmático como um fármaco de ação instantânea, nunca passou de um simpatizante.

Eros Grau, outro juiz do Supremo, ficou amigo de Thomaz Bastos nos anos 1960, quando trabalhavam para a Companhia de Melhoramentos de Paraibuna. Em novembro de 2002, hospedaram-se no mesmo hotel, em Salvador, durante uma conferência da OAB. Já escolhido ministro, Bastos o chamou ao apartamento que ocupava e lhe disse: "Haverá três vagas no STF e o seu nome está na cabeça do presidente da República". Eros Grau pediu que não fosse indicado naquele ano — quando acabou entrando Cezar Peluso, que Fernando Henrique não indicara.

Na Semana Santa de 2004, Grau descansava em Tiradentes, em Minas, e o ministro da Justiça ligou. "Você é o novo ministro do STF, mas ainda não conta para ninguém", disse. O novo juiz tomou posse em junho. "Tive dificuldades de me acostumar com as formalidades", contou. Exemplo foi a visita que lhe fez um velho amigo de mesa de bar. "Excelência!", saudou-o, quando Eros Grau o recebeu no gabinete do STF. "Excelência é a puta que o pariu!", respondeu. "O Márcio é um cara agudo e sereno", disse Grau. "É um sujeito capaz de equacionar todos os dados de um problema. Ele fez isso para o presidente da República. Foi ao mesmo tempo ministro, advogado e conselheiro. Conseguiu ser as três coisas, quando uma coisa normalmente anula a outra."

Cármem Lúcia Antunes Rocha foi convidada, no início de 2006, para um almoço em Belo Horizonte com o ministro da Justiça. Ele lhe fez algumas perguntas, mas não falou nada de concreto. "Ele é discreto como os mineiros, até o silêncio dele fala", disse a ministra em sua mesa de trabalho. Cármen Lúcia entendeu que era uma sondagem, e também ficou calada. Num telefonema posterior, o ministro disse que havia uma cogitação sobre o nome dela. Em maio, avisou-lhe que seria indicada juíza do STF. "Ele e o presidente Lula me ofereceram uma oportunidade única, pela qual eu sempre vou ser grata", afirmou.

Thomaz Bastos não tem mais idade para ser ministro do Supremo. E disse que não gostaria de ter sido: "Não tenho vocação para juiz. Eu nunca ia ser um bom juiz. Eu sou parcial. Eu escolho lado. Não tenho aquela distância dos fatos".

"Gostei demais de ser ministro, mas estava na hora de sair", disse Márcio Thomaz Bastos sobre sua saída do governo, em março de 2007, no começo do segundo mandato de Lula. O presidente pediu que ficasse, até insistiu, mas ele não quis. "Fui para fazer uma coisa que sabia o que era — a reforma do Judiciário, por exemplo. E voltei para fazer o que eu gosto. Estou muito mais alegre agora do que eu estava quando era ministro."

Quando vai a Brasília a trabalho, o ex-ministro passa no Planalto para um abraço em Gilberto Carvalho, na ministra Dilma e, quando possível, no presidente. Ligou poucas vezes para falar com ele. Acha mais adequado que Lula telefone, na eventualidade de querer lhe falar. Se foi chamado para alguma questão relevante, Thomaz Bastos não conta. Também não comenta a atuação do seu sucessor, Tarso Genro, mas não esconde que não foi ele quem o indicou. Já com Dilma conversa com frequência. Levou-a para jantar no Vecchio Torino, outro restaurante nas imediações da Faria Lima.

Como influi na indicação de oito ministros do STF e de vários do Superior Tribunal de Justiça, sem contar o seu prestígio em setores da Polícia Federal, ele resolveu não advogar durante alguns meses. "A quarentena não era obrigatória, mas eu me impus isso", falou. O plano era passar uma temporada na Europa. Embarcaria em maio de 2007.

Bastos é hipocondríaco. Não dos que vivem tomando remédios, mas dos que não perdem oportunidade de fazer exames médicos. "Faço toque de próstata desde 1990, sem maiores traumas e sem maiores atrações", disse. Antes da viagem à Europa, fez um check-up. No dia 24 de abril, ao conferir o resultado de uma radiografia, leu: "Concavidade espessa de três centímetros no lóbulo superior esquerdo". Assustou-se. "Eu já estava me sentindo fodido", contou. Uma tomografia confirmou a suspeita: tumor no pulmão. No começo de maio, uma biópsia feita por Isidio Calich completou o diagnóstico. "Deu maligno e você vai ter que operar", disse-lhe o médico. "Mas as células são grandes e o risco de metástase é pequeno." O oncologista Riad Yunes, do Hospital Sírio-Libanês, optou por uma ablação total do lado atingido do pulmão, o esquerdo.

Riad Yunes fez a cirurgia no dia 9 de maio. Foram quatro dias de hospital, um deles na terapia intensiva. "O tumor saiu inteiro, a sorte foi o check-up", disse o ex-ministro. Ele não aceitou a opinião médica de que a quimioterapia não era necessária. "Vou fazer assim mesmo", disse para Malheiros Filho. "Márcio, o médico disse que não é preciso!", retrucou o amigo. "Se bem não fizer, mal não vai fazer", decidiu. A químio foi feita sob os cuidados de Drauzio Varella.

Retomou a advocacia no final de 2007. Poderia ter voltado à velha turma da avenida Liberdade, 65, mas achou que seus mais de quatro anos de ausência mudaram hábitos e métodos no escritório. Optou por um sistema diferente: advocacia com parcerias. "Pego os casos e trabalho com alguns escritórios", explicou. Entre os seus parceiros estão Dora Cavalcanti, Sônia Ráo & Luiz Fernando Pacheco e Arnaldo Malheiros Filho.

O ex-ministro sempre emposta a voz ao atender o telefone. Mesmo um simples "Alô" sai com ponto de exclamação. Sendo um "Ministro!", nem se fala. Foi assim, numa tarde de setembro, quando atendeu uma ligação do advogado-geral da União, José Antonio Dias Toffoli. Ele mencionara o nome de Toffoli no início do mês. Bastos abriu com cuidado a porta da sala em que seu sobrinho José Diogo me dava uma entrevista, e perguntou: "Vocês viram que o Direito morreu?", referindo-se ao ministro do Supremo Carlos Alberto Menezes Direito, que falecera naquela madrugada. Quem será o substituto?, perguntei. "O Toffoli", respondeu sem hesitar. Agora, passados uns dias, era Toffoli quem ligava.

"Ministro!!!", saudou-o Thomaz Bastos. "Agora é força total. Pode deixar que eu vou cuidar. Qualquer avanço você me liga, está bom? Abração, querido." Minutos depois, nova ligação de Toffoli. O ex-ministro ouviu e só falou no final: "Tudo bem. Eu vou falar com o nosso baixinho". É como ele se refere a Gilberto Carvalho. Toffoli foi nomeado ministro semanas depois.

O carioca Luis Felipe Salomão, de 46 anos, é o ministro mais novo do Superior Tribunal de Justiça. Quando tinha 23, em 1986, foi transferido para Cruzeiro, onde foi promotor. Thomaz Bastos não morava mais lá havia décadas, mas foi advogado de um médico local que Salomão indiciara em inquérito por suposto erro durante um parto. O médico foi preso. "Você é um bom promotor, tem muito futuro, mas nesse caso específico, tomado pela paixão, está cometendo um erro", disse-lhe o advogado no intervalo de uma audiência. Thomaz Bastos conseguiu a soltura e a absolvição do médico.

Reencontraram-se muito tempo depois, quando Thomaz Bastos era ministro da Justiça e Salomão, já desembargador, presidia a Associação dos Magistrados do Rio de Janeiro. "O senhor se lembra de um rapaz que era promotor em Cruzeiro?", perguntou Salomão. "É claro que lembro de você, Salomão", respondeu o ministro. O ministro deixou de ser ministro, o desembargador continuou desembargador e, no ano passado, Salomão entrou na lista quádrupla dos que poderiam ser indicados para o Superior Tribunal de Justiça, a critério do presidente Lula. Salomão foi ao escritório da Faria Lima. "Estou na lista e queria o seu apoio", disse. "Vou falar com o presidente", prometeu o ex-ministro da Justiça.

No começo de junho, Bastos ligou de volta. "Já dei meu depoimento a seu favor, está tudo bem encaminhado", disse-lhe. Três dias depois, Salomão foi nomeado ministro do STJ. Voltou à Faria Lima, para agradecer, e lhe deu de presente uma gravata azul-clara da Elle et Lui (no valor de 85 reais, das mais baratas da coleção de Thomaz Bastos). "Fiz o que achei melhor para o país e para o Tribunal", respondeu o criminalista ao desembargador. Salomão depois homenageou o ex-ministro com um jantar. "O vinho tem que ser bom", brincou Thomaz Bastos ao ser convidado. O escolhido foi o argentino Catena Zapata. Tomaram algumas garrafas, comeram um cordeiro de forno, e o advogado, um divertido contador de histórias, foi o centro das atenções. Usava a gravata azul-clara.

É no escritório da Faria Lima que Thomaz Bastos tem passado boa parte de seu tempo — advogando como nunca, prestando consultoria e cobrando, assumidamente, honorários superiores aos de qualquer outra banca criminalista. Para a construtora Camargo Corrêa, que tem diretores e funcionários como alvos de inquérito na Polícia Federal — na Operação Castelo de Areia —, ele cobrou 15 milhões de reais, um recorde. A empreiteira aceitou e se comprometeu a pagá-los no período de um ano. A cifra não inclui os honorários dos escritórios que o próprio Thomaz Bastos escolheu para atuar na causa: Malheiros Filho, Celso Vilardi, Dora Cavalcanti, Luiz Fernando Pacheco e Sônia Ráo. Cada um deles levará, em média, 1,5 milhão de reais.

No final de novembro passado, o repórter Fausto Macedo publicou, n'*O Estado de S. Paulo*, que a investigação da Polícia Federal sobre a Camargo Corrêa indicava pagamentos da empreiteira a políticos e administradores públicos. Entre 1995 e 1998, os pagamentos chegaram a 178 milhões de reais, em valores da época. Um dos beneficiados, segundo o *Estadão*, foi o deputado Michel Temer. Hoje presidente da Câmara dos Deputados, ele teria recebido quase 300 mil dólares. Temer não quis me dar entrevista.

O caso Camargo Corrêa provocou um dos raros atritos do ex-ministro. Ele se deu com outro totem da advocacia criminal paulista — Antônio Cláudio Mariz de Oliveira, afamado pelo pavio curto, que ganhou até neologismo nos meios jurídicos: as "marizadas". Eles eram bons colegas desde tempos imemoriais e

Bastos, ministro, o nomeou para a presidência do Conselho Nacional de Política Criminal e Penitenciária, cargo não remunerado. Mariz o exerceu sem uma única trombada com o ministro.

Advogado criminal da Camargo Corrêa desde os anos 1990, Mariz assumiu o caso Castelo de Areia. Entrou com *habeas corpus* para soltar os diretores presos e fez reuniões com os soltos, que viviam em pânico. Um deles, engenheiro, lhe disse numa reunião na sede da empresa: "Doutor Mariz, eu acordo às sete da manhã, faço a barba, tomo café, ponho o terno e fico aguardando a polícia chegar". Até com duas das herdeiras de Sebastião Camargo ele esteve, acalmando-as e orientando sobre o que fazer. Pediu 1,8 milhão de honorários. Mas ocorre que Carlos Pires, o presidente da Camargo Corrêa, é amigo de Márcio Thomaz Bastos, que o chama de "Caco". Foi ele quem contratou o ex-ministro para entrar no caso e avisou Mariz que trabalhariam juntos. Mariz concordou.

Em junho passado, quando os diretores da empresa foram denunciados pelo Ministério Público, Carlos Pires, Thomaz Bastos e Mariz combinaram um almoço, no restaurante Freddy, para definirem uma estratégia. A conversa tratou da necessidade de novos advogados, já que os réus eram sete. Pires citou os nomes que já estavam escolhidos: Arnaldo Malheiros Filho, Celso Vilardi e Sônia Ráo. Todos ligados ao ex-ministro. Mariz abespinhou-se e perguntou a Pires de que cartola ele tirara aqueles nomes. O empresário enrolou-se. "Ora, é evidente que quem indicou foi o Márcio, não foi, Márcio?", perguntou ele ao amigo. "Não fui eu, não", respondeu Bastos com veemência. Aborrecido, Mariz disse que estava fora do caso. Findo o almoço, Mariz deu carona para Thomaz Bastos. Reiterou sua contrariedade por terem vindo com a lista pronta de novos advogados, e o ex-ministro continuou negando responsabilidade pela indicação dos nomes. No dia seguinte, Bastos ligou para Mariz e perguntou se queria que ele saísse do caso. Mariz disse que não. E efetivamente saiu do caso.

"Achei que o Márcio me desconsiderou, e fiquei realmente magoado", disse Mariz no seu escritório, onde as balas e os chocolates têm invólucro personalizado. "Houve uma descortesia, e ele sabe." Thomaz Bastos não quis se estender sobre o assunto. Mas disse: "O único sujeito que vai falar mal de mim é o Mariz. Nós fomos grandes amigos, mas tivemos um mal-estar, e ele acabou saindo da causa". Os 15 milhões de reais que o ex-ministro está ganhando da empreiteira são mais do que o dobro do faturamento do escritório de Mariz no ano passado.

Desde que reabriu a banca, o ex-ministro conseguiu quase cinquenta novos clientes. Entre eles estão o empresário Eike Batista, a dona de lojas de luxo Tania Bulhões, a Federação Brasileira de Bancos (num proveitoso desvio cível, em parceria com o advogado Ives Gandra Martins) e a advogada Carla Cepollina, denunciada pelo assassinato do coronel Ubiratan Guimarães. Defende Cepollina gratuitamente, pelo desafio e pelo potencial de repercussão do caso.

Um dos novos clientes fez Marcela Bastos dar outro esperneio — o do médico Roger Abdelmassih, denunciado e preso por estupro e abuso sexual de dezenas de pacientes. "Senti um friozinho na barriga quando soube", disse a filha do ex-ministro. O caso já tinha dono. Era José Luis Oliveira Lima, de 43 anos, que os amigos chamam de "Juca". Thomaz Bastos telefonou-lhe e disse: "Juca, querido, fui convidado para entrar no caso do Roger. Você se importa?". "Imagina, doutor Márcio, é uma honra", respondeu o colega. O ex-ministro entendeu que Oliveira Lima não gostou. Passaram a trabalhar juntos para tirar Abdelmassih da cadeia. Não conseguiram, e o caso subiu para o Supremo Tribunal Federal.

Na sala de onde contempla as musas esculturais da Faria Lima, Márcio Thomaz Bastos tem, num cabideiro, duas becas. Uma ele comprou em Paris, por quinhentos euros, e nunca usou. A outra, surrada, é a de estimação. Para um supersticioso como ele

— não pode ouvir a palavra azar que bate na madeira —, a velha beca lhe dá sorte. Uma vez, a esqueceu antes de um júri e Luiz Fernando Pacheco teve que ir buscá-la, na avenida Liberdade, 65. Thomaz Bastos lhe disse que queria ser enterrado com a beca velha. É a tradução indumentária de uma de suas frases: "Eu fui ministro quatro anos e uns meses, e advogado por quarenta e cinco anos. O que eu sou mesmo é advogado".

Dezembro de 2009

A verde: Marina Silva

Daniela Pinheiro

Na manhã de domingo de muito calor, um Range Rover blindado se dirigia para a festa de comemoração do aniversário do parque da Água Branca, em São Paulo, na qual seria servido um café da manhã preparado com produtos orgânicos. Passava das dez e a dona do carro, a grã-fina Ana Paula Junqueira — cujo marido, um milionário sueco, diz ser dono de uma área na Amazônia equivalente a 200 mil campos de futebol —, conversava com sua carona, a senadora Marina Silva, candidata à Presidência pelo Partido Verde. "Marina, você vai passar por Londres depois de Copenhague?", perguntou Ana Paula, falando da conferência internacional sobre o clima. A senadora respondeu que deveria ir a Londres e Paris, onde o professor José Eli da Veiga, da Universidade de São Paulo, tentava organizar encontros com eleitores brasileiros. "É que eu queria saber se você gostaria de se encontrar com o Gordon Brown", disse a socialite. "Ele é muito amigo do meu marido, seria fácil arranjar."

Antes que a senadora pudesse responder, a outra carona, Patrícia Penna, mulher do presidente do Partido Verde, José Luiz

Penna, começou a falar da Semana de Moda do Design Sustentável, coisa que ela inventou e que o marido sustentou, inclusive com um projeto de lei, na Câmara de Vereadores, instituindo o Dia do Design Sustentável. "Marina, seria uma honra muito grande você aparecer lá", ela disse. "Vai ter muita gente ligada ao desenvolvimento sustentável, acho que seria uma oportunidade incrível." Ensanduichada entre as duas mulheres, a senadora olhava impassível para a frente. Ainda que não tivesse obtido resposta, Patrícia Penna emendou outro pedido. Queria que Ana Paula Junqueira convencesse a estilista Stella McCartney, sua amiga, a participar da Semana Sustentável no próximo ano. "Ela é vegetariana, sempre trabalhou com material sustentável", argumentou. "E estou vendo o Al Gore também. Vocês acreditam que ele cobra 200 mil dólares?" Marina Silva continuava imperturbável.

Desde que se declarara candidata ao Planalto, em agosto, sua agenda de compromissos quadruplicara. Além do trabalho no Senado, que a obrigava a passar no mínimo três dias em Brasília, o resto da semana era dedicado a viagens pelo Brasil, participando de almoços, jantares, palestras, conferências, mesas-redondas e entrevistas a estações de rádio e televisão.

Segundo as pesquisas eleitorais, Marina Silva entrou no páreo com 12% das intenções de voto, o que a colocava em um possível terceiro lugar. No começo de dezembro, caíra para 6%, com uma surpreendente rejeição: 40% dos eleitores diziam que não votariam nela "de jeito nenhum". Ainda assim, sua candidatura continuava a produzir uma aglutinação exótica de grupos de interesses distintos. Passaram a orbitar em torno dela os até então desconhecidos caciques do PV, os ricos com consciência ecológica, os desgarrados do PT e, de olho na vaga de vice, os radicais anônimos do Partido Socialismo e Liberdade, o PSOL. Se as visitas de pastores evangélicos ao seu gabinete no Senado antes eram usuais, depois se tornaram romaria. O assédio de jornalistas estrangeiros explodiu: em uma semana, recebeu oito pedidos de entrevistas de órgãos de imprensa internacionais.

Naquela manhã, Marina cumpria seu nono compromisso desde que chegara a São Paulo, na antevéspera. Teria ainda outros dois até o final do dia. No parque da Água Branca, uma turba de pessoas de camiseta e sandálias de dedo beliscava biscoitinhos de farinha integral, tomava café de grãos orgânicos, provava castanhas, granolas e afins quando ela passou reto pela mesa e foi cercada por desconhecidos que a abraçavam e tiravam fotos no celular. "Senadora, estamos com você! Vamos mudar o Brasil, você é única!", disse uma senhora de chapéu, segurando-a pelo braço. Ela sorriu, agradeceu e foi novamente interrompida por um simpatizante. "Só você para moralizar essa baderna", disse o homem barbudo. Ela retribuiu com um sorriso tímido. "Marina já", ouviu-se.

A senadora pegou o microfone e fez um rápido pronunciamento. Exaltou a necessidade de se construir uma "nação de baixo carbono" e comemorou o fato de, na véspera, ter sido divulgado o menor índice de desmatamento da Amazônia. Concluiu dizendo que "é por isso que a derrota e a vitória só se medem na história".

Aos 51 anos, Marina Silva tem o mesmo peso da juventude, 53 quilos, mantidos por uma dieta compulsória, devido a um histórico de doenças contraídas quando morava num seringal, no Acre. Ela não pode comer, usar, cheirar nem encostar numa lista infindável de coisas: frutos do mar, condimentos, lactose, carne vermelha, álcool, bebidas gasosas, qualquer cosmético, perfume, tinta de impressora, carpete, poeira. O contato com qualquer uma delas lhe causa imediatamente coceira, falta de ar e, às vezes, taquicardia.

Com uma elegância natural, quase sempre usa vestidos longos, arrematados por um xale. Tem perto de cinquenta deles. O cabelo anelado é amarrado em um coque, circundado por uma fina trança. No dedo anular esquerdo, usa uma aliança dourada com a inscrição "Jesus". Carrega uma bolsa preta quadrada, na qual não há espaço para quase nada além de uma grande Bíblia de capa de couro preta, toda grifada a lápis.

Em uma manhã de novembro, em seu gabinete em Brasília, usava um vestido longo de estampa tie-dye em matizes amarelo, verde e azul, que deixava seus braços finos e firmes à mostra. De meia-calça cor da pele, equilibrava-se com destreza em altíssimos saltos de verniz preto. Havia trazido um xale cinza, mas pediu que o motorista voltasse em sua casa e buscasse um lilás, "que era o certo" para aquela roupa.

"Eu faço tudo com muita discrição e cuidado. Não sou do tipo que vai produzir frases de efeito ou falar coisas bombásticas", disse-me, com um tom maternal. "Não vou falar mal dos outros. Tudo meu é feito com muita calma." O telefone tocou. Um de seus assessores lhe disse que um projeto de lei de sua autoria seria novamente tirado da pauta de votações. "Isso está tramitando há oito anos, e agora vão pedir vistas falando que o governo não fez parecer técnico? Me poupe!", brandiu.

Em catorze anos como senadora, Marina apresentou quase sessenta projetos de lei, quatro propostas de emenda à Constituição e dois decretos legislativos. Um dos que considera mais importantes — o que institui um repasse orçamentário para estados que possuam unidades de conservação, reservas ou terras indígenas demarcadas — está há três anos esperando ser votado pelo plenário da Câmara. De sua autoria, viraram lei o projeto que concedia anistia aos marinheiros da Revolta da Chibata, o que torna mais dura a punição de quem divulga pornografia infantil pela internet, o que criou o Dia Nacional de Luta pela Reforma Agrária e o que incluiu Chico Mendes no Livro de Aço dos Heróis da Pátria.

"Sempre houve má vontade", ela explicou. "Mesmo quando eu estava no governo e queria aprovar alguma coisa, eles me diziam: 'Se você conseguir convencer o PFL, o PMDB, tudo bem'. Só para ter uma ideia, quem fez a defesa do meu projeto de subsídio para a borracha foi o Serra. Porque, se fosse eu, não aprovavam." Ao mesmo tempo que conversava, ela lia o clipping dos jornais, despachava com assessores e checava mensagens pelo celular. "Tem muita gente que quis fazer do meu mandato algo folclórico, como fizeram com o do Juruna", disse. "Como se eu fosse algo regional ou segmentado. Quando o que sempre me propus a ter foi uma proposta ampla."

Ela perguntou a uma assessora se havia lido os jornais. Na véspera, o ex-ministro José Dirceu havia escrito em seu blog que as alianças pretendidas por Marina Silva revelavam "o caráter não programático de sua candidatura". Sem tirar os olhos do clipping, ela disse com sarcasmo: "Ele já falou que viajo por conta do Senado, quando nunca viajei. Quis que eu devolvesse meu mandato..." E calou-se.

Pouco depois de eleito, o presidente Luiz Inácio Lula da Silva foi aos Estados Unidos, onde revelou os primeiros integrantes do seu ministério: Antonio Palocci, na Fazenda, e Marina Silva, no Meio Ambiente. Sua indicação foi comemorada pelo *New York Times* e pelo *Financial Times*.

"Marina talvez seja a personalidade política brasileira mais conhecida fora do Brasil depois do Lula", lembrou o ex-deputado Fábio Feldmann, do PV. "Ela entrou no governo representando o avanço, sinalizando que haveria uma discussão ética e de futuro sobre o desenvolvimento sustentável. Ela era um cartão de visita para o governo Lula nessa área."

No primeiro mandato do presidente, Marina Silva parecia ter autonomia. Conseguiu feitos inéditos, como colocar na cadeia mais de setecentas pessoas por crimes ambientais e bater o recorde na delimitação de terras preservadas. Também aprimorou o sistema de licenciamento ambiental e diminuiu o ritmo de desmatamento da Amazônia. Mas logo houve problemas. Ainda em 2002, numa carta a entidades ambientais, ela se comprometeu com a decretação de uma moratória do comércio e da importação de produtos e sementes geneticamente modificados. No ministério, tentou manter a promessa. "Mas o Planalto se empenhava a todo custo em aprovar a liberação dos transgênicos, e não chamavam a Marina para os debates, ela telefonava e eles se faziam de mortos", contou a ambientalista Marijane Lisboa, que fez parte da equipe de Marina no ministério.

Marijane Lisboa lembrou-se de um episódio no qual a ministra estava no Xingu, incomunicável. "Abrimos o jornal e vimos que o Zé Dirceu tinha mandado buscar de avião o governador gaúcho Germano Rigotto, ligado ao agrobusiness, para fazer lobby para os transgênicos", contou. "Tentamos falar com eles e nem sequer atendiam. Fizeram de propósito porque sabiam que ela estava no cafundó de judas." Marina insistia que, antes da autorização para o plantio, fossem feitos estudos sobre o impacto ambiental do cultivo. Os ruralistas contra-argumentavam com generalidades: a ministra atrapalhava o desenvolvimento, e o agronegócio era responsável por mais de 20% do Produto Interno Bruto.

Quem melhor resumiu o pensamento do presidente sobre meio ambiente foi seu chefe de gabinete, Gilberto Carvalho, em uma entrevista à revista *Veja*, em 2008. Segundo Carvalho, Lula "acha importante a preservação, mas, entre um cerradinho e a soja, ele é soja. O ambiente é uma questão importante, mas não é decisiva. O que é decisivo é a economia". Pouco depois, por meio de uma medida provisória, o governo legalizou a primeira safra de soja transgênica. Marina Silva cogitou pedir demissão. "Depois, aprovaram a Lei da Biossegurança, que possibilitou o plantio comercial das sementes, e ficou claro que a coisa iria desandar em algum momento", disse Marijane Lisboa.

No segundo mandato, os atritos se intensificaram. Um deles dizia respeito ao asfaltamento da BR-163, que liga Cuiabá a Santarém, e ficou conhecida como "a estrada Blairo Maggi", uma referência ao governador do Mato Grosso, o grande plantador de soja. A obra, que corta uma das regiões mais ricas em recursos naturais do Brasil, barateia o escoamento da produção do norte do Mato Grosso em direção ao rio Amazonas. Marina se opunha, exigindo estudos de impacto ambiental. O mesmo ocorreu em relação à construção de duas hidrelétricas no rio Madeira, em Rondônia. Lula reclamou que as licenças ambientais demoravam demais e criticou a ministra. "Marina se revoltava porque essas não são obras para levar luz a famílias do interior, e sim para alimentar indústrias energo-intensivas que irão vender aço, celulose, alumínio e cimento fora do Brasil", afirmou a ex-assessora.

A ministra teve que ceder também na Lei de Gestão de Florestas Públicas, perdeu no debate sobre a retomada do programa nuclear e nunca foi ouvida a respeito da produção de etanol. Ainda teve que enfrentar uma greve, também criticada por Lula, de dois meses no Ibama, o Instituto do Meio Ambiente, depois da reestruturação do órgão. E quando o Instituto Nacional de Pesquisas Espaciais anunciou um aumento significativo no desmatamento da Amazônia, que vinha diminuindo nos últimos três anos, houve novo constrangimento. Blairo Maggi contestava os números e Marina Silva solicitou uma audiência ao presidente. "Ela pediu para falar antes do Blairo Maggi", contou Maristela Bernardo, outra ex-assessora da ministra. "Ficou esperando na antesala e, quando foi chamada, Lula estava conversando com o governador." Novamente, pensou em se afastar do cargo, mas acabou ficando.

Internamente, funcionários de carreira acusavam Marina de ter loteado os cargos do ministério entre representantes de organizações não governamentais e evangélicos. A senadora se irrita com a acusação. "O meu erro foi colocar gente que entende do assunto no ministério? Alguém já criticou um ministro da Fazenda por botar economistas na equipe dele?", ela me disse. "Quanto aos grupos religiosos, havia de tudo: católicos, protestantes, evangélicos, budistas, como há em toda a sociedade."

Entre os ambientalistas, também havia divisão em relação à ministra. "Está provado que energia nuclear é limpa e segura", disse o consultor ambiental Fábio Olmos. "Transgênicos, pesquisa com célula-tronco, isso você testa, vê o impacto e autoriza ou veta. Ela é do time dos que não querem nem testar."

Marina ameaçou deixar o governo mais uma vez quando o governo ventilou a possibilidade de anistiar os grandes desmatadores da Amazônia. Só se decidiu a sair ao ser surpreendida, no meio de uma cerimônia pública, com a notícia de que o Plano Amazônia Sustentável, do qual foi uma das principais articuladoras, ficaria a cargo do então ministro Mangabeira Unger. Mas saiu sem romper com Lula.

Com menos de dois minutos de propaganda gratuita na televisão durante a campanha eleitoral do segundo semestre, o Partido Verde tentava se coligar com o PSOL — o que dobraria seu tempo. "O PSOL não quer que a Marina elogie o Fernando Henrique ou o Lula", disse o presidente do partido, José Luiz Penna. "Eles também querem barrar uns apoios, estão interessados no lugar de vice. E tem essa coisa do MST, do qual eles acham que temos que ficar ao lado a qualquer custo. Não é fácil, não." Aos 64 anos, o potiguar Penna é alto, magro, usa rabo de cavalo e barba grisalhos. Sua trajetória política de militante da causa indígena se confunde com a artística: no final dos anos 1960, atuou no musical *Hair* e tocou na banda Papa Poluição. Marina Silva se filiou ao PV com a promessa de encabeçar uma reestruturação no partido, que tem como líder na Câmara o deputado Zequinha Sarney.

Em outubro, encontrei no aeroporto de Rio Branco o jornalista Toinho Alves, amigo de Marina há trinta anos. Ele estava preocupado com os rumos da candidatura. Mostrava-se aborrecido com Marina parecer estar sendo engolida por uma agenda de compromissos extensa e muitas vezes improdutiva. Estava amolado também com os factoides lançados por políticos e empresários que queriam pegar carona na sua candidatura. Até o ex-governador Luiz Antonio Fleury Filho aparecera como "alternativa verde" ao governo paulista. No cerne de suas preocupações estava o PV. "É um partido complicado. Eles são palanque do Serra no Rio e estão coligados com o DEM em alguns estados do Nordeste, tipo Maranhão", disse Alves enquanto esperava na fila de embarque. "O ministro Juca Ferreira, da Cultura, disse que o PV não estava preparado para receber a Marina. E ele está certo."

Uma jornalista francesa entrou no gabinete de Marina Silva, onde todos suavam em bicas porque a senadora não pode com ar-condicionado. Em algumas entrevistas, ela dá a impressão de se entediar com as perguntas, que parece já ter respondido milhares de vezes: por que saiu do PT, o choque com Dilma Rousseff, se ela não se acha quixotesca, se está magoada com Lula, se as metas de redução de emissões de carbono do governo são satisfatórias, o que ela pensa do pré-sal e se a Amazônia tem saída.

Quando é assim, ela toma fôlego e emenda frases de muitas, muitas, muitas palavras, com uma dicção mecânica, mas educada. Sempre menciona que o aquecimento global é uma bomba a ser desmontada nos próximos cinquenta anos. Que o Brasil tem a matriz energética mais limpa do mundo e por isso deveria dar exemplo. Que pesquisas mostram que os brasileiros preferem pagar mais caro por alguns produtos, em troca de preservar a Amazônia. Quando fala, seu olhar se desvia para a diagonal, dando a impressão ao interlocutor de que ele conversa com um cego.

Outra característica dela é não fazer ataques diretos. Na sua coluna semanal na *Folha de S.Paulo*, costuma usar imagens cifradas ou parábolas para criticar o governo. O padrão se repete nas conversas pessoais. Uma pergunta simples, como "Se perder a eleição, vai se dedicar a um papel como o do ex-vice-presidente americano Al Gore?", se transforma em uma digressão de cinco minutos, cujo resumo seria "não". É difícil dizer se ela tergiversa de propósito, é prolixa ou se tem dificuldade de sintetizar o que pensa. O fato é que ela nunca dirá: "O Lula quer faturar como pai dos pobres". Numa palestra, preferiu dizer: "A nossa sociedade é patriarcal. As pessoas querem um líder que ocupe o lugar de pai. Na democracia, você não pode oferecer um destino. Você oferece a possibilidade de um mundo melhor. E não um salvador da pátria".

Marina Silva estava atrasada para a reunião da Comissão de Constituição e Justiça, na qual um projeto de sua autoria — que cria um índice brasileiro de responsabilidade social —, apresentado em 2001, seria apreciado. Ainda assim, no caminho para o encontro ela cumprimentou copeiras, secretárias de outros gabinetes e parou para conversar com quem a interpelasse. Ao chegar, sentou-se na primeira fileira, ganhou um beijo na testa do tucano Tasso Jereissati e depois um tapinha no ombro do senador maranhense Edinho Lobão, que todos chamam de "Lobinho" por ser filho do ministro Edison Lobão. Seus assessores entravam e saíam da sala com papéis e resumos para que ela se inteirasse das demais votações. Ao contrário da maioria dos senadores, Marina prestou atenção na sessão e não bateu papo com ninguém.

Duas horas e meia depois, o projeto foi aprovado e ela voltou a seu gabinete para almoçar. Na marmita, preparada em casa, havia frango cozido, arroz, feijão, rúcula, tomate e farinha. Comeu devagar, em garfadas mínimas, arrematadas com goles de água em temperatura ambiente (não tolera bebidas geladas).

Perguntei se a candidatura do empresário Guilherme Leal — cuja fortuna foi estimada pela revista *Forbes* em 1,2 bilhão de dólares — como seu vice não traria mais benefícios para a empresa dele, a Natura, do que para a candidatura dela. "No Brasil, estamos acostumados com oligarquias", ela respondeu. "Mas não se pode confundir elite com oligarquia. O José Alencar, o Oded Grajew, o Israel Klabin, o Guilherme Leal, eles são elite. É gente que pensa o Brasil como nação, tem ideias, está verdadeiramente empenhada e é bem-intencionada. Esse é um interesse legítimo. Por incrível que pareça."

Sobre seu plano de governo, disse que uma comissão de intelectuais e políticos debateria as propostas. "Ainda temos tempo. Como te falei, faço as coisas devagar." Para que não se ficasse sem exemplo, disse que, na sua Presidência, quem produzir com vistas ao desenvolvimento sustentável será beneficiado. "Se precisar mudar a Lei de Licitações, para desonerar as exportações e atrair desenvolvimento tecnológico, vamos fazer", afirmou. "Não vamos ignorar quem fez direito, quem certificou o seu etanol, a sua madeira, quem respeita a área de preservação legal. Essa pessoa, que hoje vê o governo perdoando quem faz errado, se sente uma tola."

Sua filha mais velha, Shalon, uma pedagoga de 28 anos, lhe telefonou. Disse à mãe quanto custava a passagem para Israel, onde faria um curso de três meses. A senadora concordou em dividir o bilhete em quatro vezes, mas antes checou a possibilidade de usar milhagem. Em seguida, contou que nas horas livres gosta de costurar, fazer bijuterias étnicas (que ela mesma usa) e escrever poesia. Duas delas foram musicadas por artistas de Brasília e do Rio. Ela costuma escrever sobre temas cotidianos, ou então sobre fatos marcantes da sua vida. Prefere enfoques de viés feminino, como em "De Marias, de Amélias e de Madalenas":

No sofrimento somos Maria
Mãe de um Deus assassinado

Marias sem alegria
Dor sem futuro ou passado
Na renúncia somos Amélia
De uma triste verdade
Amélias sem sonho
Desejo ou vontade
No preconceito, Madalena
Nas praças apedrejada
Madalenas: ao pecado
E à culpa predestinadas
Só no amor temos os nomes
E as formas de nossa estima:
Velha mãe, jovem formosa
E, eternamente, menina.

No meio da tarde, a entrada de seu gabinete estava lotada. Um senhor bronzeado saiu da sala de Marina e se dirigiu, com forte sotaque carioca, a uma mulher bem penteada e maquiada, vestida de terninho creme com colar e brincos de pérola: "Oi, pastora! Você está nas minhas orações, hein?". Cinco pastores evangélicos esperavam ser recebidos. A senadora parecia cansada, mas ainda havia um encontro com uma repórter do jornal argentino *Clarín*. Durante meia hora, ela deu as mesmas respostas às perguntas de sempre.

Eram quase nove da noite quando saiu para casa. Ao cruzar a ala dos elevadores no Senado rumo à garagem, avistou a apresentadora Sabrina Sato, do programa *Pânico na TV*. Seus assessores sugeriram mudar de rota, mas ela prosseguiu. Usando um microvestido azul e salto doze, Sabrina pediu que a senadora falasse sobre políticas para tratar usuários de drogas. Quando as câmeras foram ligadas, a senadora pareceu murchar. Seus ombros se arquearam, ela se cobriu com o xale como se usasse um cobertor nas costas e sua voz ficou quase inaudível.

Talvez quisesse demonstrar gestualmente a sua seriedade, já que falava a um programa de humor escrachado. Mas, numa entrevista num estúdio de televisão, a impressão foi a mesma: o vídeo diminui sua presença. Ao se afastar de Sabrina Sato, comentou: "Essa menina é inteligente. Foi entrevistar o senador Lobinho e ele foi dizendo que a mulher dele também trabalhava em televisão. E ela disse: 'Na sua é fácil, né?'".

Aos dezenove anos, o cearense Pedro Augustinho da Silva desembarcou no Acre com a ideia de melhorar de vida cortando seringa. Tinha um parente que já estava estabelecido no seringal Bagaço, a setenta quilômetros de Rio Branco, onde passou a trabalhar dezesseis horas por dia. Tirava três latas de leite de látex diariamente. Do que ganhava, tinha que dar metade ao dono do seringal e outros 20% ao gerente. Oito anos depois, mandou buscar a mãe e a noiva, Maria Augusta. Casaram-se e tiveram onze filhos. Oito deles sobreviveram — sete mulheres e um homem. A única a ter frequentado escola foi Osmarina, nome de batismo de Marina Silva.

Em uma manhã de outubro, no escritório político dela em Rio Branco — uma casa simples, sem ar-condicionado mesmo à temperatura média de 39 graus —, Pedro Augustinho da Silva usava camisa verde, calça jeans, chinelo de dedo e boné vermelho. Aos 82 anos, aparenta sessenta. "Ela aprendeu matemática em uma noite", disse o pai. "Começamos às sete e terminamos às duas da madrugada, com aquela fumaceira da vela, os olhos pingando. Mas ela aprendeu, não sei nem dizer como." Marina só se alfabetizou aos dezesseis anos.

Seus parentes são agricultores, motoristas de ônibus, instrutores de autoescola e donas de casa. O pai vive com uma aposentadoria do INSS, já que não tinha documentos quando instituíram a pensão aos chamados "soldados da borracha". Em caso de doença e para a formação dos sobrinhos, a senadora é o arrimo da família. A única propriedade dela é uma casa, em Rio Branco.

Usando um coque e vestindo saia comprida, blusa de gola de babado e um casaquinho, a filha Lúcia lembrou-se da infância. Acordavam cedo e caminhavam sete quilômetros com o pai até o seringal. Quando a rodovia BR-364 rasgou a selva, trouxe consigo um rastro de malária e sarampo. Tios, primos e a avó de Marina sucumbiram. Entre os filhos, Marina foi a que mais adoeceu. Aos seis anos, teve o sangue contaminado por mercúrio, o que seria a origem de todos os seus problemas de saúde. Teve cinco malárias, uma leishmaniose e três hepatites.

"Ela não conseguia mais ir para o mato", lembrou o pai. "Ia devagar, arrastando os chinelos. Um dia, quando estava construindo um chiqueiro, a Marina falou que queria ir aprender em Rio Branco. E eu falei: 'E tu lá vai aprender alguma coisa?'." A irmã falou que Marina era a mais curiosa da casa. A mãe, que morreu quando ela era menina, brincava dizendo que Marina era "metida" porque tentava falar como os locutores da rádio. Em vez de *cuié*, ela insistia em dizer "colher".

Aos dezesseis anos, foi morar no convento das Servas de Maria. A vontade de ser freira veio da avó, que contava as histórias da Bíblia à neta. Matriculou-se no Mobral e aprendeu a ler. Segundo o pai, pouco depois, Marina desistiu do convento porque era obrigada a deixar com as freiras o pouco dinheiro que recebia. Foi trabalhar então como empregada doméstica na casa de Teresinha da Rocha Lopes, hoje com 76 anos.

Teresinha me recebeu na garagem de sua casa, uma construção escura, com móveis comprados na década de 1970 e sofás com paninhos de crochê no apoio dos braços. "Ela era doentinha, magrinha", comentou. "Não ganhava salário, só morava aqui. Dormia no quarto com minha filha." Teresinha recordou que Marina lamentava ter que lavar à mão a roupa cheia de lama de seu filho mais velho, que trabalhava no Instituto Nacional de Reforma Agrária. "Mas nunca reclamou ou disse que não ia fazer." Também contou que recentemente a família discutira em quem votar na próxima eleição. Um dos filhos achava que Marina não tinha chances, então cogitava outro candidato. "Mas nós votaremos nela sempre", disse olhando para o marido, um senhor de quase noventa anos.

Dois meses depois, relatei o encontro com Teresinha a Marina. "Eu gostava deles, sempre me trataram muito bem", disse. Em seguida, contou vários episódios de sua vida como doméstica, rindo de algumas situações. Eu comentei estar surpreendida por ela ainda se lembrar de tantas coisas. "Os empregados sempre se lembram da vida dos patrões, o oposto é que é raro ocorrer", falou. A saúde frágil a incomodava quando era doméstica. Com a ajuda do bispo de Rio Branco, dom Moacyr Grechi, conseguiu hospedagem e tratamento médico em São Paulo. As passagens foram providenciadas pela família, que vendeu uma égua e um filhote de outro animal cujo nome não consta no dicionário.

Na volta, conheceu Raimundo Souza, técnico em eletrônica que frequentava a mesma igreja. Foi seu primeiro namorado. Casaram-se e foram morar num barraco na periferia. A essa altura, havia concluído o supletivo de primeiro e sugundo graus e, logo depois, foi aprovada no vestibular de história da Universidade Federal do Acre. Marina continua a estudar. É aluna de pós-graduação em psicopedagogia, em Brasília.

"Na casa dela as paredes eram de lona preta", lembrou o governador do Acre, Binho Marques, amigo de Marina Silva desde o movimento estudantil. "Você não tem noção do que era. O chão tinha tábuas soltas. Um cômodo com uma cama de casal e nada mais", disse.

Na faculdade, Marina entrou num grupo de teatro, o Semente, que reunia estudantes trotskistas. Aproximou-se da política se candidatando ao Centro Acadêmico de História (perdeu) e depois se filiando ao Partido Revolucionário Comunista, organização clandestina na qual militaram José Genoino e Tarso Genro. Foi numa entrevista para um trabalho da faculdade que Marina Silva conheceu Chico Mendes. "A sintonia foi total", lembrou o governador Binho Marques. Ela dava aulas de história e passou a frequentar as reuniões de sindicalistas. Seus filhos mais velhos — Shalon e Danilo, que é publicitário em Brasília — já haviam nascido.

"Ela tinha uma oratória incrível e era aquela figura exótica, morena, com aquele cabelão solto, uns brincões, sem parecer ter medo de nada", disse Binho. O grupo, que incluía o futuro governador do Acre Jorge Viana, decidiu que deveriam se filiar ao Partido dos Trabalhadores para ajudar Chico Mendes a se eleger deputado estadual.

Nessa época, seu casamento se desfez. Sozinha com os dois filhos, Marina passou a receber a visita de um colega da faculdade que lhe levava legumes e verduras orgânicas por saber que ela tinha alergia a qualquer produto cultivado com agrotóxicos. "Eram umas alfacinhas murchas", ela brincou. Era Fábio Vaz de Lima, com quem está casada há 23 anos e é pai de suas outras duas filhas: Moara e Mayara. Alto, loiro e corpulento, Lima deixou Santos, onde cursou uma escola agrícola, para morar numa comunidade alternativa no Acre. Filiado ao PT e com um cargo no governo estadual, ele é discreto e deixa os holofotes para a mulher. Quando pedi para encontrá-lo, pelo telefone, disse que estava longe, no sul do Acre. No fim do dia, avistei-o no prédio do gabinete do governador, em Rio Branco. Com o ex-marido, que é funcionário da Embratel, Marina tem pouco contato, mas a mãe dele mora com ela em Brasília.

Naquela eleição, o PT não alcançou o quociente eleitoral, mas, dois anos depois, em 1988, Marina foi a vereadora mais votada de Rio Branco. Durante seu mandato, os acrianos ficaram sabendo pela primeira vez de que se compunha o contracheque de um vereador. Marina devolveu o dinheiro de gratificações, auxílio-moradia, auxílio-paletó e outras mordomias. Em 1990, foi eleita deputada estadual e liderou um movimento para acabar com a aposentadoria de ex-governadores.

Chegou ao Senado em 1994. No final do primeiro ano de mandato, ela passou mal depois de uma viagem. Foi internada às pressas e desenganada, devido à contaminação por mercúrio. Passou um ano e oito meses morando na casa da sogra, em Santos, onde lhe davam comida na boca. "Eu só dormia no colo do meu marido para que ele ouvisse o meu coração, de tanto medo que eu tinha de morrer", falou.

Marina se tornou evangélica da Assembleia de Deus em dezembro de 2004, surpreendendo até os amigos mais íntimos. Segundo me disse sua irmã Lúcia, que é da mesma igreja, "Marina foi curada graças a Deus. Os irmãos da Assembleia oraram muito por ela".

Dom Moacyr Grechi, hoje arcebispo de Porto Velho, conheceu Marina quando ela tinha dezessete anos. Ao decidir sair do PT, ela foi encontrá-lo, para se aconselhar. "Eu não concebia a Marina como evangélica pentecostal", ele comentou. "Porque os evangélicos luteranos, anglicanos, têm uma profunda tradição ideológica e política a favor da luta dos pobres. Mas esses pentecostais, não", disse. O governador Binho Marques tem outra opinião. "Conheci a Marina católica, meio comunista, afastada da religião, e protestante, mas ela sempre foi a mesma pessoa", afirmou. "Acho que Marina procura uma representação externa para definir o que ela é. Hoje ela acha que isso é ser evangélica, mas esses rótulos não influenciam quem ela é realmente."

Segundo Marina, uma conversão não acontece de uma hora para outra. Nem é algo que se possa explicar racionalmente. "Não é que você sente falta de alguma coisa e vai buscar outra religião", disse. "Você só se dá conta do que faltava quando experimentou a outra coisa, e aí vê o quanto agora está completa." Explicou que uma das diferenças entre a doutrina evangélica e o catolicismo diz respeito à culpa. "Como em Jeremias, a linha de medir estender-se-á para diante", afirmou. Pedi que explicasse melhor. "O que passou ficou para trás. Se você aceitou Jesus, não há por que haver culpa", falou.

Eram quatro da manhã quando Marina Silva e um assessor chegaram ao aeroporto de Brasília. Às seis, desembarcariam em Guarulhos, onde um carro os levaria para compromissos em São José dos Campos e Campinas. A agenda era pesada: um congresso de direitos dos trabalhadores rurais, uma conferência da Câmara Americana de Comércio, duas palestras na Pontifícia Universidade Católica, três entrevistas em canais de televisão e um almoço com professores da Unicamp.

Em Campinas, foi escoltada pelo ex-deputado Luciano Zica, que, como ela, saiu do PT depois de três décadas e se filiou aos verdes. A caminho do restaurante, Zica recebeu um telefonema avisando-o de que o ministro Marco Aurélio Garcia estava no local. "Mas ele já está indo embora", disse a Marina. "Por mim, tudo bem. Até queria dar um abraço nele", ela respondeu.

Sobre sua saída do PT, explicou: "Eu poderia falar que foi pelo apoio ao Sarney, pelo Collor ou porque minha saúde não me permitia mais. Mas não é isso. As minhas ideias não cabiam mais naquela configuração. Aquela cena deles se abraçando quando conquistaram a Comissão de Infraestrutura, aquilo não é fácil de ver". Contou que, na época do mensalão, sua filha de catorze anos foi chamada de "mensalinha" na escola. "Essa coisa do mensalão foi muito, muito difícil de superar", disse. "Os erros têm que ser pagos. E não pode vir com a justificativa que era algo que todo mundo fez."

O carro estacionou em frente ao restaurante, onde cerca de trinta pessoas a esperavam. Ela continuou a falar sobre o PT: "Pela minha fé, sempre espero o melhor das pessoas. Não me regozijo com a dor dos outros. Eu ficava incomodada com aquela reação dos meus ex-companheiros, como quando o Serjão ou o cara do Banco Central foram pegos cometendo irregularidades, ou quando o ministro Ricupero caiu. Aí, eles comemoravam. Eu não sou assim. Não vou deixar de me lembrar de uma coisa boa do Zé Dirceu porque ele me deu uma sacaneada".

O último compromisso em Campinas foi uma palestra em homenagem aos trinta anos da faculdade de biologia da PUC. O auditório para 250 pessoas estava lotado. Em menos de uma hora, Marina falou sobre sua vida, política, ecologia e o futuro. Citou G. K. Chesterton, Nadia Bossa, santo Agostinho, Ricardo Goldenberg, Shakespeare, Adelmo Genro Filho, Hannah Arendt, Donald Winnicott e Edgar Laurent. Se em entrevistas ela parece prolixa, e se retrai diante das câmeras de televisão, ao vivo ela é imbatível. Mesmo usando expressões como "transversalidade", "internalização do tema", "questão intergeracional", "inflexão civilizatória", "processo negocial" e "Armageddon ambiental", conseguiu hipnotizar a plateia.

Quando fala de improviso, com ou sem microfone, mesclando histórias próprias com exemplos cotidianos, ela comove os assistentes. As citações parecem combinar com o contexto, seu tom de voz ganha um *crescendo* que envolve os ouvintes, e sua figura frágil adquire firmeza. Ao final, o auditório explodiu em aplausos e gritos. Uma das professoras abraçou Marina: "Obrigada por você existir!". Houve quem chorasse. "Meu Deus, estou toda arrepiada. Valeu demais! Ela é muito inspiradora", comentava uma jovem com a amiga. Depois de dezenove horas ininterruptas de compromissos, ela ainda jantou na casa de Zica. "É sempre assim, já estou até acostumada", falou.

No dia seguinte, às dez da manhã, estava a postos para mais uma palestra. N'*O Globo*, o jornalista Arthur Dapieve escrevera uma coluna que, no início, parecia um elogio. Mas no fim criticava a mistura que a senadora faz entre religião e política. "Esse negócio de religião vai ser o calcanhar de aquiles da Marina", comentou Zica. "Eu já falei que ela tem que tomar uma posição científica, não pode falar esse absurdo de criacionismo", completou, referindo-se à interpretação literal da Bíblia. Zica se lembrou da palestra do dia anterior, quando ela disse que a natureza gastara milhões de anos para formar a savana. "Está vendo?", perguntou. "Essa afirmação dela é incompatível com o criacionismo."

Há um ano e meio, a jornalista Marília de Camargo César, do jornal *Valor*, escreve a biografia de Marina Silva. Há outros dois livros publicados sobre sua vida, ambos de 2001: *Marina Silva*, da Editora Salesiana, e *Marina Silva: defending rainforest communities in Brazil*, do qual ela diz não ter gostado porque teve a impressão de que a autora americana a colocou como uma heroína. Só aceitou que Marília de Camargo César fizesse a sua biografia porque tanto a jornalista quanto a editora são evangélicas. "Ela considerou que assim poderia alcançar uma abordagem mais ampla do que foi a sua conversão, da experiência espiritual de chegar perto da morte e da força interior da superação", disse-me Marília.

A ideia do livro é "também falar para os leigos", o que a autora acredita ser um desafio devido ao "preconceito" em relação à orientação religiosa de Marina. Citou como exemplo o programa *Roda viva*, da TV Cultura. "Foi constrangedor", disse. "Os jornalistas faziam perguntas como se fossem pegadinhas, e ficavam com um ar de sarcasmo enquanto ela respondia sobre sua fé."

Recentemente, durante um simpósio sobre criacionismo em uma universidade adventista de São Paulo, Marina Silva foi entrevistada por um jornalista evangélico. Ela disse acreditar que "Deus é o criador de todas as coisas" e que "esse Criador tem um projeto e as coisas não acontecem por acaso". O repórter perguntou o que ela achava do ensino do criacionismo em escolas confessionais que também ensinavam o evolucionismo. Ela respondeu: "A ciência se faz pela multiplicidade de olhares. Mesmo que você tenha uma visão criacionista, se você coloca claramente para as pessoas que há outra visão, a do evolucionismo, para que as pessoas tenham liberdade de escolha, não vejo demérito". E continuou: "O errado é se não formos capazes de ter uma educação plural, que seja capaz de mostrar os diferentes pontos de vista, para que as pessoas possam fazer suas escolhas".

Nos dias seguintes, blogs, jornais e revistas replicaram a notícia de que Marina Silva defendia o ensino do criacionismo. Não adiantou ela repetir à exaustão que havia sido mal interpretada. Numa viagem de carro, perguntei por que ela não dizia claramente que era contra o ensino do criacionismo nas escolas públicas e, se fosse eleita presidente, não defenderia uma mudança nesse sentido. "Eu não vou cair nessa armadilha", ela disse. "O Serra, o Lula, o Collor, o Fernando Henrique, ninguém teve que falar isso. Vai ser a primeira vez na história deste país que alguém vai ter que falar isso. O ensino religioso é optativo, e está previsto na Lei de Diretrizes e Bases da Educação. É preciso treinar professores para ensinar o que é o budismo, o cristianismo, todas as crenças. É isso o que eu quero dizer", afirmou.

Marina sentiu câimbras na perna direita e disse que passariam se ela comesse banana. Em seguida, retomou seu raciocínio: "As pessoas que falam ou temem que eu faça alguma coisa antidemocrática não me conhecem. E se o meu defeito é esse, se o meu defeito é a minha crença, que fez ser o que sou, então, paciência".

No carro, ela fazia anotações em uma pilha de papéis. Só escreve com lapiseira e costuma apagar as palavras e reescrevê-las muitas vezes. Em geral, usa letra de forma. Chegando a São Paulo, chovia e a Marginal Tietê estava parada. Motoboys passavam ao lado do carro em alta velocidade. Falou-se que dois motoqueiros morrem por dia, vítimas do trânsito. "Meu Deus", ela exclamou. "O mundo é cruel", disse em um tom de consternação. Perguntei se ela não achava que Deus seria cruel por permitir que tragédias assim acontecessem, como dissera o escritor português José Saramago em *O Evangelho segundo Jesus Cristo*. Ela disse não conhecer a obra, mas afirmou que exercícios de literatura eram muito interessantes. Depois de um silêncio, ela comentou: "Isso não é responsabilidade de Deus. Deus não é cruel e a maioria das pessoas também não. O que há é o livre-arbítrio". Para ela, não se pode culpar Deus pelas tragédias ou pela miséria, pois elas são fruto, em alguma medida, do livre-arbítrio do ser humano.

"Estou muito pálida?", perguntou Marina Silva, de bom humor, no caminho para um jantar organizado por Ana Paula Junqueira para um grupo da elite paulistana conhecer a candidata e suas propostas. A senadora vestia uma elegante saia longa de xantungue cinza e um casaco trespassado no mesmo tecido, comprados em uma loja na quadra em que mora, em Brasília. Chovia muito e Marina fixava o olhar na janela. "Ô meu Deus, está chovendo e as pessoas na chuva...", comentou, virando a cabeça enquanto o carro deixava para trás mendigos que dormiam sob marquises no centro da cidade.

Quando entrou na casa, decorada de maneira sóbria em tons de creme e cinza, com paredes cobertas por obras de artistas de vanguarda, a sala estava lotada de homens engravatados que falavam baixo e mulheres com vestidos de parar a Uniban. Aguardavam-na herdeiros de sobrenomes como Diniz, Feffer, Nigri e Nabuco. E também as ex-modelos Daniela Cicarelli e Alexia Deschamps, a apresentadora Márcia Goldschmidt, o publicitário Nizan Guanaes e o costureiro Reinaldo Lourenço.

A anfitriã, de microfone na mão, apresentou a convidada, disse que era sua fã havia anos e que aquela era uma oportunidade única para que todos a conhecessem. Sugeriu que se começassem as perguntas. Um rapaz quis saber o que Marina achava da visita do presidente iraniano Mahmoud Ahmadinejad ao Brasil. "Obviamente as relações bilaterais são mais complexas do que podemos falar quando estamos de fora", ela respondeu. Falou cinco minutos e terminou dizendo que o Brasil deveria refletir sobre "essas ampliações tão amplas" em suas relações.

Ana Paula Junqueira recuperou o microfone e incitou a segunda pergunta. Fez-se silêncio. Os convivas olhavam para o lado, esperando o vizinho se manifestar, e não houve mais perguntas. A anfitriã agradeceu e encerrou a conversa sob o olhar aturdido da senadora.

Nas rodinhas de convidados que tomavam Veuve Clicquot, o comentário era que faltava algo à candidata. "É séria, mas não empolga", disse um. "Mas ela é tão chique, não é?", respondeu sua acompanhante. "Mas deve defender esses bandidos do MST", disse um terceiro. Guilherme Leal, um dos donos da Natura, circulava pelo salão com um lenço de papel para conter o suor. Ele falou que Marina talvez tivesse que começar a esclarecer melhor algumas posições, como a política econômica. "Mas não tem que ficar espezinhando, entrando em detalhe de quem vai ser presidente do Banco Central, o que fazer com juros", disse. "A diferença dela é que falará do futuro. Então, se for falar de juros ou câmbio, o que pensamos é o mesmo consenso como se reuníssemos dez economistas hoje: dá para baixar um pouquinho, ajeitar aqui e ali, mas o resumo é que, do jeito que está, é mais ou menos isso aí."

Daniela Cicarelli se aninhou ao lado da senadora e parecia interessada. "Marina, Copenhague vai ajudar na sua candidatura, né?", perguntou. A resposta vinha devagar como se, decididamente, a senadora quisesse tergiversar. No resto da sala, grupinhos de velhos amigos pareciam colocar o assunto em dia. A senadora foi convidada para ir ao jardim tirar uma foto. Ao descer um degrau, sentiu o nervo ciático. Foi embora à francesa.

Janeiro de 2010

Posfácio
Arte & manhas do perfil jornalístico

Humberto Werneck

Se não há no mundo nada mais interessante do que gente, pode-se dizer que o perfil — gente posta em palavras — é o mais interessante dos gêneros jornalísticos. E esta é uma arte (isto mesmo, arte, pois não se trata apenas de aplicar técnicas) em que a revista *piauí* vem se esmerando desde a chegada às bancas, em outubro de 2006.

Na paisagem algo monótona da imprensa brasileira, ela veio com várias novidades, a começar pelo formato improvável: uma revista com dimensões de tabloide. A contramão pela qual enveredou incluía também grandes massas de texto, ilustradas com uma parcimônia que a muitos pareceu beirar o suicídio editorial: quem se aventuraria a desbastar tamanhas trolhas, para usar um tabuísmo que nas redações costuma designar matérias tidas como longas demais? Não tardou a correr, aliás, a historinha de alguém que, numa roda de gente letrada onde cada um falava de suas leituras — romances, ensaios, coletâneas de contos — declarou estar lendo... a *piauí*.

Malícia à parte, a anedota vinha ilustrar algo nada usual na imprensa brasileira: ali estava uma publicação jornalística que, em meio a textos de menor porte, queria oferecer ao leitor, todos os meses, matérias alentadas, cuja leitura, à prova de turbulências, exige mais do que os quarenta minutos de um voo na ponte aérea Rio-São Paulo. Nos tempos que correm, não é pequena ousadia. A *piauí*, de fato, chegou desafiando uma tendência imperiosa, para não dizer tirânica, que nas últimas décadas tomou conta do jornalismo, e não só no Brasil, baseada na convicção de que o leitor não gosta de ler, razão pela qual é preciso servir-lhe rações de texto cada vez mais reduzidas. O próprio autor destas linhas, que não pensa assim, pode ter contribuído para a imposição de dietas minimalistas quando, na chefia da redação da *Playboy*, proclamou em momento de desânimo que "o leitor não o é". Numa revista na qual o texto, ainda que no capricho, não está destinado a ser o prato principal, talvez o leitor não o seja mesmo. Mas não tem cabimento a generalização. O leitor gosta, sim, de ler — desde que, naturalmente, lhe sirvam boa leitura. Ou nem tão boa assim, mas sedutora: entre numa livraria e veja como em geral são alentados os best-sellers. Também neste terreno, conta menos o tamanho que o desempenho. A imprensa está cheia de textos mirrados de árdua digestão. E na mesma *Playboy* daquele tempo — a década de 1990 —, ao contrário, havia matérias que se derramavam em páginas e mais páginas e que só frustravam o leitor porque, num dado momento, chegavam ao ponto final.

O mesmo se diga, com mais razão ainda, de tantos textos longos da *piauí*, capazes de fazer o passageiro da Ponte Aérea ansiar por um voo bem mais demorado. Entre eles, perfis que, por sua alta qualidade, são capazes de atravessar o tempo para, lá adiante, meses, anos após sua chegada às bancas, fazerem a felicidade de quem se compraz na leitura de revistas velhas. Poderiam, quase todos, se perenizar em livros como esta primeira coletânea da *piauí*, dedicada ao que aqui se decidiu chamar, com ironia opcional, de vultos da República.

Personagens e situações terão mudado, é claro, mas o interesse e o prazer de ler continuam intactos. Sob esse aspecto, não importa tanto, por exemplo, que entre três dos personagens deste livro — Dilma Rousseff, Marina Silva e José Serra —, ligados em 2010 pela mesma ambição eleitoral, apenas um terá chegado à presidência da República: seus retratos, para além da circunstância, valem por si. Para estudantes de jornalismo e profissionais da imprensa, em especial, estes e os demais perfis aqui reunidos são ouro em pó. Sem pretensão didática, cada um deles poderia ser escarafunchado por quem queira conhecer a arte e as manhas de um bom perfil.

Arte & manhas que, a bem do jornalismo, eventualmente podem até mesmo passar ao largo daquilo que se aprende nos cursos de comunicação. Foi o que fez aqui, de modo exemplar, João Moreira Salles em "O andarilho". Quando se dispôs perfilar o ex-presidente Fernando Henrique Cardoso, ele, de saída, decidiu não usar um procedimento canônico nesse gênero, que consiste em iluminar o personagem de vários ângulos, por meio de entrevistas com outras pessoas. Nem por isso adotou o procedimento preguiçoso daqueles que usam o texto corrido para vender como perfil o que não passa de uma entrevista. João Moreira Salles procedeu um pouco como o documentarista de *Entreatos*, seu longa-metragem sobre os bastidores da campanha presidencial de Luiz Inácio Lula da Silva em 2002: ativou suas antenas e grudou no personagem, acompanhando-o *full time* num giro de onze dias pelos Estados Unidos e Europa, em março de 2007. Sem se descuidar da indispensável pesquisa prévia, que incluiu a leitura de livros de FHC, Moreira Salles não se propôs fazer uma investigação jornalística; preocupou-se mais em ouvir e observar do que em fazer perguntas. Sobretudo não aquelas perguntas que um repórter traz prontas da redação e que vai disparando, uma atrás da outra, tão atento à próxima que chega a não escutar o que está sendo dito, perdendo, assim, preciosas chances de ir mais fundo e além.

Já quando se tratava de perfilar o caseiro Francenildo dos Santos Costa, protagonista involuntário do escândalo que levou à queda do ministro da Fazenda Antonio Palocci, Moreira Salles não se limitou a conversar com o personagem "umas vinte vezes", entre setembro de 2007 e julho de 2008, inclusive nos cenários brasilienses onde a história se desenrolou, e a entrevistar dezesseis outras pessoas a ela ligadas: com paciência e meticulosidade igualmente exemplares, o repórter acredita ter lido mais de 2 mil páginas de relatórios policiais, processo criminal e transcrições de debates na CPI criada para investigar o caso. Como quem volta à cena do crime, repassou na íntegra as gravações de todas as sessões da CPI, atento não apenas ao que era dito, mas também a elementos talvez mais reveladores, como um tom de voz. De tamanho esforço resultou, acredita Moreira Salles, algo além de um perfil de Francenildo: um quadro nítido de como, em Brasília, se articulam todos os poderes, do Supremo Tribunal Federal à imprensa, passando pelos políticos da situação e da oposição, pela Receita Federal e pela Caixa Econômica, componentes de uma engrenagem em que o humilde caseiro foi moído. Não por outra razão se cogitou dar ao livro o título "O grande poder e o poder nenhum", este encarnado em Francenildo.

Não menos trabalho teve Luiz Maklouf Carvalho, o repórter que durante a campanha presidencial de 1989 investigou e trouxe à luz, no *Jornal do Brasil*, a história de Lurian, a então desconhecida filha de Lula com a enfermeira Mirian Cordeiro, reportagem cujos desdobramentos talvez tenham pesado decisivamente na derrota do candidato do PT para Fernando Collor de Mello. Para um dos perfis que lhe coube tocar para a *piauí*, o do advogado criminalista e ex-ministro da Justiça Márcio Thomaz Bastos, o personagem aceitou recebê-lo e dar depoimento (mais do que isso, até, pois sua esposa, Maria Leonor, chegou a franquear ao repórter o closet do marido, onde, entre outros requintes, dependuram-se cerca de duzentas gravatas). Mas se Thomaz Bastos foi cooperativo, o que facilitou a composição do que é de longe o seu melhor perfil até agora, o mesmo não se passou com a ex-ministra e já presidenciável Dilma Rousseff, que só a contragosto admitiu falar com Maklouf, ainda assim por telefone e, a princípio, sobre um único ponto, assunto para ela delicado, o dos cursos de pós-graduação que teria ou não levado a cabo. "Foi uma conversa de uns quarenta minutos", lembra-se o repórter, "que começou com a coisa dos títulos, para em seguida fluir". Graças à habilidade de Maklouf, a ex-ministra daí a pouco estava falando de arte, da farta pinacoteca que guarda no computador — para no final conceder o que ele desde o início vinha pedindo, uma entrevista frente a frente. Das origens búlgaro-mineiras à unção como candidata à cadeira de Lula, ainda não se escreveu nada de mais completo sobre Dilma Rousseff como nesse perfil em duas partes.

Paciência precisou ter também Consuelo Dieguez, a repórter a quem coube outra "pedreira": mostrar ao leitor quem é Sérgio Rosa, o poderoso presidente do Previ, a caixa de previdência dos funcionários do Banco do Brasil, que vem a ser o maior fundo de pensão da América, com um patrimônio que, à época, alcançava 121 bilhões de reais. O "gancho" jornalístico era o fato de que Rosa, em 2009, ganhara a queda de braço com o banqueiro Daniel Dantas pelo controle da Brasil Telecom — motivo adicional para que ele, já de si reservado, relutasse ainda mais em receber a repórter da *piauí*. Depois de ter estado a pique de desistir, tamanha era a inapetência do perfilado, ela não só conseguiu dobrá-lo como, graças a duas belas "espiãs", pôde se inteirar dos detalhes — decoração, comida, música e, claro, convidados — da fechadíssima festa com que Sérgio Rosa comemorou no Rio seus cinquenta anos de idade. "Tempos depois da publicação da matéria", conta Consuelo Dieguez, "esbarrei com Sérgio na Previ e perguntei o que ele tinha achado. Como é do seu estilo, foi seco, curto e grosso, antes que a porta do elevador se fechasse e ele desaparecesse: 'Gostei de umas coisas, de outras, não'". Um pouco, aliás, como Fernando Henrique Cardoso, que depois de ler o texto de João Moreira Salles disse a outros interlocutores que ficou incomodado com uma frase a ele atribuída, segundo a qual o desfile de 7 de setembro é uma "palhaçada". Vinda de filho de militar, a declaração era "um pouco forte demais", explicou FHC, certo de haver dito "uma maçada".

Encarregada de escrever três dos perfis reunidos neste livro, a repórter Daniela Pinheiro teve mais do que tarefa tripla. No caso do ex-ministro José Dirceu, por exemplo, a apuração da matéria requereu estar com ele numa variedade de lugares, no exterior inclusive, para que daí pudesse nascer, no fio da navalha, um retrato nuançado de quem é, entre vultos da República, um dos mais controversos. Testemunhou, em mais de uma ocasião, a espantosa fleuma com que José Dirceu, num restaurante e em dois aeroportos, ouviu insultos à sua pessoa, alguns deles proferidos a poucos centímetros de seu imperturbável rosto. Com a capacidade de observação que distingue os melhores perfiladores, Daniela Pinheiro descobriu também que, vaidoso, José Dirceu não passa em frente a um espelho sem conferir a imagem de que cuida com notável aplicação — de cremes, inclusive.

Peregrinando ao lado de Marina Silva, a repórter, entre outros achados, pôde constatar que nenhum vídeo faz justiça à figura física da senadora e presidenciável acriana. Em José Serra, por fim, personagem à primeira vista já explorado à exaustão, Daniela Pinheiro descobriu a frustração de não ter sido ator, e a revelação, em boca alheia, de que foi um dia "o galã das meninas", em cujos ouvidos cantarolava com veludos vocais de Nat King Cole. Fofocas, irrelevâncias? Longe disso: com a devida licença de Erasmo & Roberto, são detalhes não tão pequenos de nós todos, indispensáveis à composição de um perfil jornalístico de qualidade.

Sobre os autores

CONSUELO DIEGUEZ trabalhou em *O Globo* e *Exame*. É co-autora de *Cuidado! Seu príncipe pode ser uma cinderela.*

DANIELA PINHEIRO foi repórter na *Folha de S. Paulo* e editora em *Veja*.

JOÃO MOREIRA SALLES é documentarista. Dirigiu *Nelson Freire*, *Entreatos* e *Santiago*.

LUIZ MAKLOUF CARVALHO foi repórter na *Folha* e no *Estado de S. Paulo*. Publicou *O coronel rompe o silêncio* e *Já vi esse filme*.

ESTA OBRA FOI COMPOSTA EM MINION PELO ACQUA ESTÚDIO E IMPRESSA
PELA GEOGRÁFICA EM OFSETE SOBRE PAPEL PÓLEN SOFT DA SUZANO PAPEL
E CELULOSE PARA A EDITORA SCHWARCZ EM JULHO DE 2010